北京师范大学史学文库

华北北部旧石器文化

杜水生 著

商务印书馆
2007年·北京

图书在版编目(CIP)数据

华北北部旧石器文化/杜水生著.—北京:商务印书馆,2007
(北京师范大学史学文库)
ISBN 978-7-100-05429-4

I.华… II.杜… III.旧石器时代文化—研究—华北地区 IV.K871.110.4

中国版本图书馆 CIP 数据核字(2007)第 035490 号

所有权利保留。
未经许可,不得以任何方式使用。

HUÁBĚI BĚIBÙ JIÙSHÍQÌ WÉNHUÀ
华北北部旧石器文化
杜水生 著

商 务 印 书 馆 出 版
(北京王府井大街36号 邮政编码100710)
商 务 印 书 馆 发 行
北 京 龙 兴 印 刷 厂 印 刷
ISBN 978-7-100-05429-4

| 2007年12月第1版 | 开本 880×1230 1/32 |
| 2007年12月北京第1次印刷 | 印张 10 |

定价:20.00元

《北京师范大学史学文库》编辑委员会

顾　问：何兹全　龚书铎　刘家和
主　任：郑师渠　晁福林
副主任：杨共乐　李　帆
委　员（按姓氏笔画为序）：
　　　　　马卫东　王开玺　王东平　宁　欣　汝企和
　　　　　李梅田　张　皓　张建华　侯树栋　耿向东
　　　　　郭家宏　梅雪芹

《北京师范大学史学文库》总序

  北京师范大学历史学系是中国高校最早形成的系科之一,由1902年创办的京师大学堂"第二类"分科演变而来。1912年称北京高等师范学校史地部,1928年单独设系。1952年院系调整,北京师范大学历史学系与辅仁大学历史学系合并。北京师范大学历史学系的师资力量与综合实力,由此得到了前所未有的加强,为日后的发展奠定了良好的基础。

  在百年的演进历程中,一批享誉海内外的著名学者,如李大钊、钱玄同、邓之诚、朱希祖、王桐龄、张星烺、楚图南、陈垣、侯外庐、白寿彝、柴德赓、赵光贤等,先后在北京师范大学历史学系辛勤耕耘。经几代人的努力开拓,北师大历史学系学术积累丰厚,学风严谨,久已形成了自身的优势与特色。

  如今的北京师范大学历史学系是我国历史教学与研究的重镇,学科门类大体齐备,师资力量较为雄厚,既有国内外知名的老教授何兹全、龚书铎、刘家和等,又有一批崭露才华并在国内外史学界颇具影响的中青年学者,综合实力居全国高校历史学科前列。在教学方面,我系的课程改革、教材编纂、教书育人,都取得了显著的成绩,曾荣获国家教学改革重大成果一等奖。在科学研究方面,同样取得了令人瞩目的成就,如由白寿彝教授任总主编、我系众多教师参与编写的多卷本《中国通史》,被学术界誉为"20世纪中国史学的压轴之作"。其他教师的学术论著也多次荣膺国内外各类学术奖项,得到学界好评。

北京师范大学历史学系业已铸就自己的辉煌,但学术的发展无止境。今天,中国社会政通人和,学术研究也日新月异,我们又面临着新的挑战与机遇。为了更好地传承先辈学者的治学精神,光大其传统,进一步推动学科与学术的发展,本系决定编辑《北京师范大学史学文库》,陆续出版我系学者的学术论著,以集中展示北京师范大学历史学系的整体学术水准。同时,相信这也将有助于推动我国历史学的发展。

商务印书馆向以奖掖学术、传播文化著称,此次《北京师范大学史学文库》的编辑出版,也承蒙其大力支持。在此,谨致由衷谢忱!

《北京师范大学史学文库》编辑委员会

目 录

第一章 绪论……………………………………………… 1
  第一节 发现与研究简史………………………………… 1
  第二节 研究内容和方法………………………………… 12

第二章 地层、时代和文化分期………………………… 15
  第一节 河湖相遗址……………………………………… 15
  第二节 洞穴遗址………………………………………… 51
  第三节 年代序列与文化分期…………………………… 72

第三章 旧石器文化的发展……………………………… 86
  第一节 东谷坨文化期…………………………………… 86
  第二节 北京人文化期…………………………………… 110
  第三节 许家窑文化期…………………………………… 123
  第四节 爪村文化期……………………………………… 133
  第五节 峙峪文化期……………………………………… 135
  第六节 虎头梁文化期…………………………………… 145
  第七节 和其他地区比较………………………………… 154
  第八节 华北北部旧石器文化的总体特征……………… 166

第四章　石器原料与文化成因 ………………………… 169
第一节　石制品的大与小 ……………………………… 169
第二节　中西文化比较 ………………………………… 188
第三节　石制品的进步性与原始性 …………………… 197

第五章　石器原料与人类行为 ………………………… 210
第一节　石料的获取与人类行为 ……………………… 211
第二节　北京人对环境的适应行为 …………………… 232

第六章　细石器文化的起源 …………………………… 248
第一节　楔形石核的类型划分与细石器的起源 ……… 248
第二节　中国北方旧石器晚期文化的发展谱系与细石器
　　　　的起源 ………………………………………… 269
第三节　细石器文化起源的环境背景 ………………… 293

结语 …………………………………………………………… 305

后记 …………………………………………………………… 308

第一章 绪 论

以泥河湾盆地和周口店为中心的华北北部和东北南部地区是中国旧石器考古开展最早、研究程度最深入的地区。80多年来,经几代学者的努力,取得了丰硕的研究成果。近20多年来,随着泥河湾盆地一大批考古资料的公布,重新认识本区旧石器文化发展过程成为学界共同关心的话题。由于中外学术交流活动的增多,国外学者对本区旧石器文化发展也提出了一些不同的认识。另外,随着学科的发展,旧石器考古的研究重心由对文化描述转向对文化成因的探讨。本书即在这样的学术背景下对华北北部和东北南部旧石器文化的发展过程、文化成因及人类行为进行探讨。

第一节 发现与研究简史

1921年,安特生第一次来到周口店龙骨山并注意到堆积物中有石英碎块,是华北北部旧石器时代考古的开端[①]。周口店遗址的发现和研究是20世纪古人类学和旧石器时代考古研究上具有划时代意义的事件,先后发掘的有第1地点、第13地点、第3地

---

① 贾兰坡、黄慰文:《周口店发掘记》,天津技术出版社1984年版。

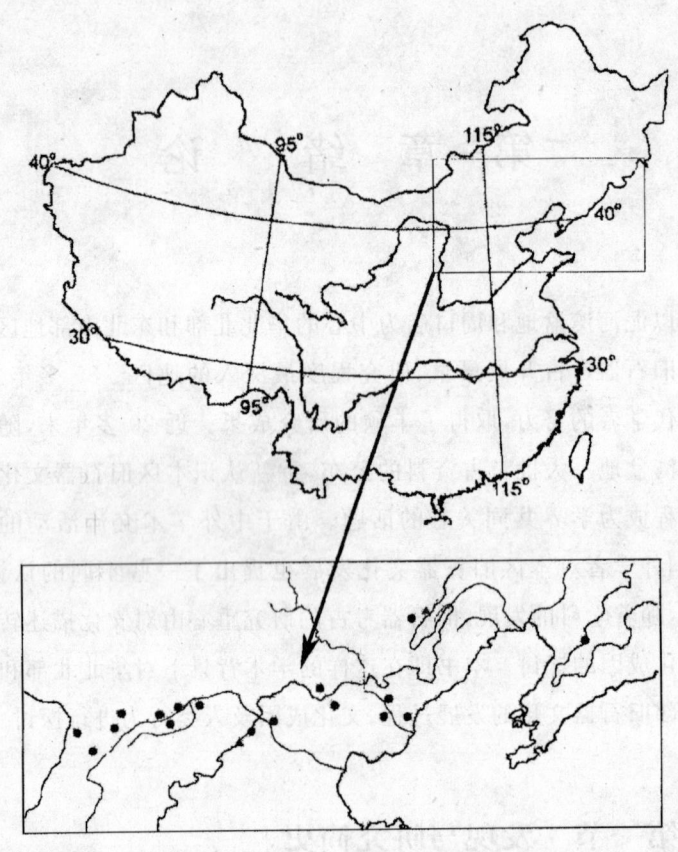

图 1—1　本区所在的地理位置及主要的旧石器文化遗址分布图

点、第 4 地点、第 15 地点、第 22 地点及山顶洞[①]。这里丰富的文化内涵不仅初步建立起中国旧石器文化发展序列,而且对周口店遗址的研究在发掘技术、研究方法、研究理论上为中国旧石器考古奠定了基础。

这一时期旧石器考古工作多由国外学者及系统受过西方考古

---

① 裴文中、张森水:《中国猿人石器研究》,科学出版社 1985 年版。

学训练的学者进行,因此遗址中与西方文化类同的文化因素受到了更多的关注①,反映了"传播论"思想和"典型标本法"研究方法在学者思想中仍然占有一定的地位。但中国学者已经注意到"史前文化本身很难用于中国和欧洲之间的对比,因为两个地区的石器制造技术有着很大的区别"。② 西方学者莫维斯(Movius)在这一时期提出了"两大文化圈理论"③标志着"考古学文化"理论已为旧石器考古学者所接受。然而,初步建立起的中国旧石器文化发展序列仍然主要基于地层古生物方面的证据,而不是建立在"考古类型学"和"考古学文化"上。

1935年,法国学者步日耶(Breuil)从德日进(Teilhard de Chardin)在泥河湾村北的下沙沟村附近的更新世堆积中发现的材料中识别出一些具有人工打击痕迹的动物骨骼和一件粗糙的细晶岩(aplite)手斧,是泥河湾盆地最早探讨古人类活动的记录④。虽然德日进对这件石制品持保留态度⑤。

从20世纪50年代至80年代末,探讨中国远古文化的生成和

---

① 裴文中:《新的旧石器遗址——周口店15地点的初步研究》(节译),载裴文中:《裴文中科学论文集》,科学出版社1990年版。

② 裴文中:《欧洲和中国第四纪地质、古生物和史前文化的初步对比》,载裴文中:《裴文中科学论文集》,科学出版社1990年版。

③ Movius H. L., "Early Man and Pleistocene Stratigraphy in Southern and Eastern Asia." *Paper of Peabody Museum of American Archaeology and Ethnology*, Harvard University, 1944,14 (3): 1—125. Movius H. L., "The Lower Paleolithic Cultures of Southern and Eastern Asia." *Transaction of the American Philosophical Society*, 1948, NS,33(4):329—420.

④ Breuil H., "Etat actuel de nos connaissances sur les industries Paleolithiques de Choukoutian(et nihowan)." 1935, *Lanthropologie*, 45, 740—746.

⑤ Teihard de Chardin, "Les recents progres de la prestoire en Chine." *Lanthropologie*, 1935,45,735—740.

发展及中华人种的形成过程成为旧石器考古的主要任务和中国学者致力追求的学术目标[①]。但是受当时社会思潮甚至于政治因素的影响,中国旧石器考古学走上了一条独特的发展道路。

50年代本区的主要工作仍集中在周口店地区[②],而后丁村遗址的发现与研究也引起学者重新思考中国猿人的文化特点。为此学者开始全面总结已有的考古材料,中国的旧石器文化自人类开始使用工具始就发展成相当丰富的中国猿人文化,其后又自行发展成一个自成系统的不同时期的文化,丁村遗址的发现和研究使人们认识到在中国境内在丁村文化期存在着不同的文化类型[③]。学者也开始探讨不同遗址之间的相互关系。贾兰坡认为中国猿人文化与周口店第13地点、第15地点、丁村文化、水洞沟文化保持联系[④]。值得注意的是,虽然文化的内涵十分广泛,但在实际操作中,文化的内涵往往主要指石器的打片方法、修理技术和石器的类型等,尤其是典型标本在判定文化之间传承关系时更为重要。此后,在相当长的一段时间内,这样的研究成为中国旧石器研究的常用模式。

60年代关于中国猿人石器是否为最原始的石器和中国猿人是否使用骨器的争论实际上是中国旧石器考古中关于研究方法的第一次

---

① 裴文中:《中国文化之生成及其发展》,载《裴文中科学论文集》,科学出版社1990年版。

② 贾兰坡:《中国猿人化石产地1958年发掘报告》,《古脊椎动物与古人类》1959年第1期。赵资奎、李炎贤:《中国猿人化石产地1959年发掘报告》,《古脊椎动物与古人类》1960年第2期。赵资奎、戴尔俭:《中国猿人化石产地1960年发掘报告》,《古脊椎动物与古人类》1962年第3期。

③ 裴文中:《中国旧石器时代的文化》,载《裴文中科学论文集》,科学出版社1990年版。

④ 贾兰坡:《中国猿人的石器和华北其它各地旧石器时代早一阶段的石器关系》,《古脊椎动物与古人类》1960年第2期。

大争论,至今仍对学术界产生影响①,一些学者开始致力于打制骨器的实验研究②,一些学者开始对中国猿人石器进行分层定量研究③。

70年代河北阳原虎头梁遗址的发现和研究正式揭开了泥河湾盆地旧石器文化研究的序幕④。根据对峙峪和许家窑遗址的研究,贾兰坡等提出了华北旧石器两个传统的假说,即匼河—丁村系与周口店第1地点—峙峪系,简称大石器传统和小石器传统⑤,并进一步认为细石器文化即产生于小石器传统,而后向东北亚传播⑥。在这里,"典型标本法"仍是判断文化间相互关系的主要方法,华北北部被认为是小石器传统的中心地区,而"石器细小"似乎也概括了本地区旧石器文化的主要特色。东北南部地区的旧石器考古工作虽然可以上溯到50年代,但真正的研究应该说始于70年代。辽宁喀左鸽子洞遗址在50年代发现后,1973年又进行了重新发掘⑦,在辽宁

---

① 裴文中:《关于中国猿人骨器问题的说明和意见》,《考古学报》1960年第2期。裴文中:《"曙石器"问题回顾——并论中国猿人文化的一些问题》,《新建设》1961年第7期。裴文中:《中国猿人究竟是否最原始的"人"?》,《新建设》1962年第4期。贾兰坡:《关于中国猿人骨器问题》,《考古学报》1959年第3期。贾兰坡:《谈中国猿人石器的性质和曙石器问题——与裴文中先生商榷》,《新建设》1961年第8期。贾兰坡:《中国猿人不是最原始的人——再与裴文中先生商榷》,《新建设》1962年第7期。
② 吕遵谔、黄蕴平:《大型食肉类破碎骨骼和敲骨吸髓破碎骨片特征》,《纪念北京大学考古专业三十周年论文集》,文物出版社1990年版。
③ 裴文中、张森水:《中国猿人石器研究》,科学出版社1985年版。
④ 盖培、卫奇:《虎头梁旧石器时代晚期遗址的发现》,《古脊椎动物与古人类》1977年第2期。
⑤ 贾兰坡、盖培、尤玉柱:《山西峙峪旧石器时代遗址发掘报告》,《考古学报》1972年第1期。
⑥ 贾兰坡:《中国细石器的特征和它的传统、起源和分布》,《古脊椎动物与古人类》1978年第1期。
⑦ 鸽子洞发掘队:《辽宁鸽子洞旧石器遗址发掘报告》,《古脊椎动物与古人类》1975年第2期。

营口金牛山还发现了两处重要的古人类文化遗址分别称为 A 地点和 B 地点[1],这些工作为北方小石器文化增加了新的内容。

80 年代初期,泥河湾盆地小长梁早期旧石器文化的发现引起了考古界第二次争论[2],虽然争论双方在对石器年代的判定上出现分歧,但都认为打制技术原始的文化一定较早,打制技术复杂的文化一定较晚。这一以"直线进化"的思想来看待旧石器文化发展过程,实际上在 60 年代有关中国猿人石器问题的争论中已有所反映。

《中国猿人石器研究》和《北京猿人遗址综合研究》两部著作相继问世。《北京猿人遗址综合研究》中关于中国猿人狩猎行为的探讨,显然较过去认为中国猿人不仅可以狩猎食草类而且可以狩猎大型食肉类的思想更为合理;而关于猿人洞发育与使用过程的研究,为解释猿人的行为特征提供了背景资料。年代学、第四纪环境学的综合研究确立了第一地点的年代学框架[3]。《中国猿人石器研究》澄清了长期以来对中国猿人石器文化进步或原始的争论,认为中国猿人文化显示出统一性,又有发展性,在其发展过程中还可看到一定的阶段性,同时全面讨论了中国猿人文化与中国南北旧石器文化的关系。虽然在分析文化关系时打片方法、修理方法及石器类型仍作为旧石器文化的主要内涵,但作者已注意到在分析文化关系时应注意因遗址使用性质不同而出现的文化差异,并以垣曲盆地为例作了分析[4]。学者也尝试从不同角度用不同方法对

---

[1] 金牛山联合发掘队:《辽宁营口金牛山旧石器文化的研究》,《古脊椎动物与古人类》1978 年第 1 期。
[2] 尤玉柱、汤英俊、李毅:《泥河湾组旧石器的发现》,《中国第四纪研究》1980 年第 1 期。
[3] 吴汝康主编:《北京猿人遗址综合研究》,科学出版社 1985 年版。
[4] 裴文中、张森水:《中国猿人石器研究》,科学出版社 1985 年版。

中国猿人生存环境作了较为深入的探讨①。

在辽宁南部又有一些重要发现,金牛山古人类化石的发现②,引发了学术界对金牛山遗址时代、地层③以及金牛山人在人类演化上意义的大讨论④。辽宁本溪庙后山遗址⑤、海城小孤山遗址⑥发现与研究,为中国旧石器时代晚期文化增添了新的内容。

80年代末,《中国远古人类》的出版,标志着中国古人类连续进化的观点和本区旧石器文化持续渐进观点的形成⑦。综观这一时期,中国旧石器考古研究方法逐渐成熟,表现在以打片技术、修理方法、石器类型作为"考古学文化"的主要内涵,在进行遗存分析、文化对比研究中成为固定模式;建立在"直线进化论"基础上的

---

① 贾兰坡:《北京人时代周口店附近一带的气候》,《地层学杂志》1978年第2期。徐钦琦、欧阳涟:《北京人时代的气候》,《人类学学报》1982年第1期。刘泽纯:《北京人洞穴堆积反映的古气候变化及气候地层上的对比》,《人类学学报》1983年第2期。李炎贤、计宏详:《北京猿人生活时期自然环境及其变迁的探讨》,《古脊椎动物与古人类》1981年第4期。

② 吕遵谔:《金牛山猿人的发现和意义》,《北京大学学报》(哲学社会科学版)1985年第2期。

③ 黄万波、尤玉柱、高尚华等:《关于金牛山遗址洞穴的探讨》,《中国岩溶》1987年第1期。尤玉柱:《金牛山A点的地层剖面及溶洞的形成和堆积过程》、《金牛山A点溶洞堆积物中的脊椎动物化石埋藏》、《金牛山(1978年发掘)旧石器遗址综合研究》,中国科学院古脊椎动物与古人类研究所集刊第19号,科学出版社1993年版。吕遵谔:《金牛山遗址1993、1994年发掘收获和时代探讨》,《东北亚旧石器文化——1996年国际学术会议》,韩国国立忠北大学先史文化研究所,中国辽宁文物考古研究所,1996年版。

④ 吴汝康:《辽宁营口金牛山人化石头骨的复原及其主要性状》,《人类学学报》1988年第2期。吕遵谔:《金牛山人时代及演化地位》,《辽海文物学刊》1989年第1期。

⑤ 辽宁省博物馆、本溪市博物馆:《庙后山——辽宁省本溪市旧石器文化遗址》,文物出版社1986年版。

⑥ 张镇宏等:《辽宁海城小孤山遗址发掘简报》,《人类学学报》1985年第1期。黄慰文等:《海城小孤山的骨制品和装饰品》,《人类学学报》1986年第3期。

⑦ 吴汝康、吴新智、张森水主编:《中国远古人类》,科学出版社1989年版。

"技术累进"思想和建立在"传播论"基础上的"典型标本法"成为考古学文化研究的主导思想和方法。但一些学者已经注意到这种研究的局限性,在研究文化关系时,指出要注意由于遗址使用性质的不同而出现的文化差异,在遗存分析中应注意器物的数量关系[1];也有的学者在类型学研究中尝试运用"动态类型学",以复原石器的制作过程[2]。

90年代后,本区旧石器时代考古研究又取得了一些新的进展,主要表现在以下三个方面。

首先,本区旧石器文化发展谱系进一步完善,文化分期引起争议。

在泥河湾盆地随着大规模考古调查的开展,发现了大量的旧石器文化遗存,这些遗存不仅在时间上丰富了该地区旧石器文化发展序列,而且在空间上扩大了同一时期旧石器文化的分布范围,属于旧石器早期的遗址。继小长梁遗址发现后,又先后发现了东谷坨遗址[3]、半山遗址[4]、马圈沟遗址[5]、飞梁遗址[6];分布在湖积台地湖滨相中更新统地层属于旧石器早期的遗址有青瓷窑[7]、南磨、

---

[1] 裴文中、张森水:《中国猿人石器研究》,科学出版社1985年版。
[2] 盖培:《阳原石核动态类型学研究及其工艺思想分析》,《人类学学报》1984年第3期。
[3] 卫奇:《东谷坨旧石器初步观察》,《人类学学报》1985年第4期。
[4] 卫奇:《泥河湾盆地半山早更新世旧石器遗址初探》,《人类学学报》1994年第3期。
[5] 河北省文物研究所:《马圈沟旧石器时代早期遗址发掘报告》,《河北省考古文集》,东方出版社1998年版。
[6] 中美泥河湾考古队:《飞梁遗址发掘报告》,载河北省文物研究所编:《河北省考古文集》,东方出版社1998年版。
[7] 李超荣:《大同青瓷窑旧石器遗址的发掘》,《人类学学报》1985年第3期。刘景芝:《山西大同青瓷窑旧石器遗址的新发现》,《考古》1990年第9期。

西沟、上沙嘴、马梁①、岑家湾②；属于旧石器时代中期的遗址有大西梁南沟、漫流堡③、雀儿沟④；分布在河流阶地上属于旧石器晚期的遗址有籍箕滩⑤、油房⑥、西白马营⑦、神泉寺⑧、板井⑨。对泥河湾盆地地质、地貌、古环境、年代测定等方面的研究也在向纵深发展，逐步弄清了泥河湾盆地地质地貌演变过程⑩，在此基础上，学者尝试建立泥河湾盆地旧石器时代考古地质序列⑪。

华北北部其他地区的考古调查也颇有收获。在冀东地区和北

---

① 卫奇：《泥河湾盆地考古地质学框架》，《演化的实证——纪念杨钟健教授百年诞辰论文集》，海洋出版社1997年版。

② 谢飞、成胜全：《河北阳原岑家湾发现的旧石器》，《人类学学报》1990年第3期。谢飞、李珺：《岑家湾旧石器时代早期文化遗物及地点性质研究》，《人类学学报》1993年第3期。谢飞等：《岑家湾遗址1986年出土石制品的拼合研究》，《文物季刊》1994年第3期。

③ 谢飞：《泥河湾盆地旧石器研究新进展》，《人类学学报》1991年第4期。

④ 谢飞、梅惠杰、王幼平：《泥河湾盆地雀儿沟遗址试掘简报》，《文物季刊》1996年第4期。

⑤ 谢飞、李珺：《籍箕滩旧石器时代晚期细石器遗存》，《文物春秋》1993年第2期。

⑥ 谢飞、成胜泉：《河北阳原油坊细石器发掘报告》，《人类学学报》1989年第1期。

⑦ 谢飞：《河北阳原西白马营晚期旧石器研究》，《文物春秋》1989年第3期。

⑧ 杜水生、陈哲英：《山西阳高神泉寺遗址石制品初步研究》，《人类学学报》2002年第1期。

⑨ 李炎贤、谢飞、石金鸣：《河北阳原板井子石制品的初步研究》，载中国科学院古脊椎动物与古人类研究所编：《参加国际第四纪地质大会论文集》，北京科学技术出版社1991年版。

⑩ 陈茅南：《泥河湾层的研究》，科学出版社1988年版。周廷儒等：《泥河湾盆地晚新生代古地理研究》，科学出版社1991年版。夏正楷：《大同—阳原盆地的晚新生代沉积和环境演变》，载王乃樑主编：《山西地堑系新生代沉积》，科学出版社1996年版。

⑪ 卫奇：《泥河湾盆地考古地质学框架》，《演化的实证——纪念杨钟健教授百年诞辰论文集》，海洋出版社1997年版。

京周口店以外的其他地区,在重新研究了迁安爪村遗址[①]的基础上又发现了四方洞[②]、孟家泉遗址[③]、渟泗涧遗址[④]和东方广场遗址[⑤],丰富了本地区的旧石器文化。

对金牛山遗址的发掘仍在继续进行,经过多年的发掘,基本弄清了金牛山 A 地点的堆积过程,为确定金牛山遗址的时代提供了坚实的基础[⑥]。

关于细石器的起源问题也有新的认识,盖培认为楔形石核的制作技术可以在第 15 地点找到渊源[⑦],而侯亚梅对东谷坨定型石核的研究表明在 100 多万年前就出现了楔形石核的雏形[⑧]。

进入 21 世纪,随着现代人起源的研究成为国内学术界关注的一个热点问题,对于旧石器时代中晚期文化的研究受到重视,周口店第 15 地点的研究显示其打片技术与第 1 地点明显

[①] 张森水:《河北迁安县爪村地点发现的旧石器》,《人类学学报》1989 年第 2 期。

[②] 中国科学院古脊椎动物与古人类研究所、河北省文物研究所:《四方洞——河北第一处旧石器时代洞穴遗址》,《文物春秋》1992 年增刊。

[③] 河北省文物研究所等:《河北玉田孟家泉旧石器遗址发掘简报》,《文物春秋》1991 年第 1 期。

[④] 河北省文物研究所等:《河北昌黎渟泗涧细石器地点》,《文物春秋》1992 年增刊。

[⑤] 李超荣、郁金城、冯兴无:《北京市王府井东方广场旧石器时代遗址发掘简报》,《考古》2000 年第 9 期。

[⑥] 吕遵谔:《金牛山遗址 1993、1994 年发掘收获和时代探讨》,《东北亚旧石器文化——1996 年国际学术会议》,韩国国立忠北大学先史文化研究所、中国辽宁文物考古研究所 1996 年版。

[⑦] Gai Pei,1991,"Microblde Tradition around the Northern Pacific Rim: A Chinese Perspective",载中国科学院古脊椎动物与古人类研究所:《参加第十三届国际第四纪地质大会论文集》,科学技术出版社 1991 年版。

[⑧] 侯亚梅、卫奇、冯兴无:《泥河湾盆地东谷坨遗址再发掘》,《第四纪研究》1999 年第 2 期。

不同①,引发了人们对第 1 地点和第 15 地点关系的进一步思考。旧石器时代文化的分期问题也引起了争论,高星认为"鉴于'中国旧石器中期'不是一个严格和有学术意义的概念,因而中国旧石器考古学应摒弃传统的三期断代模式,而改为早晚两期的二分法"②;而黄慰文认为旧石器文化的分期应以年代学为基础,因此应仍然保留三期划分方案③。

其次,学者开始探讨本区旧石器文化的成因。张森水认为,中国北方旧石器存在多种石器工业或组合,其中小石器工业具有区域特点;与邻近地区文化交流明显发生在距今 3 万年以后,改变了该地区的工业格局,北方旧石器发展缓慢的原因有三:继承性影响创造性;原料质劣影响技术发挥;缺乏文化交流,有碍工业发展④。也有学者更多地强调了环境因素在中国旧石器文化成因上的作用,王幼平认为相对独立的地理位置和相对稳定的环境变化是中国旧石器文化不同于旧大陆西侧旧石器文化的主要原因⑤;黄慰文认为中国大陆的环境变化与世界其他地区一样,东亚地区并不是冰期时代的"诺亚方舟",而制约中国旧石器文化面貌的主要因

---

① 高星:《周口店第 15 地点剥片技术研究》,《人类学学报》2000 年第 3 期;《关于周口店第 15 地点石器类型和加工技术的研究》,《人类学学报》2001 年第 1 期。

② 高星:《关于"中国旧石器时代中期"的探讨》,《人类学学报》1999 年第 1 期。

③ 黄慰文:《中国旧石器文化序列的地层学基础》,《人类学学报》2000 年第 4 期。

④ 张森水:《中国北方旧石器工业的区域渐进与文化交流》,《人类学学报》1990 年第 4 期。

⑤ 王幼平:《更新世环境与中国南方旧石器文化发展》,北京大学出版社 1997 年版。

素是劣质的原料[1]。

第三,研究目标向复原人类行为转移。美国学者宾福德等对周口店第 1 地点的埋藏过程、人类行为、用火等提出了新的解释[2]。以中美合作发掘东谷坨遗址为标志[3],在泥河湾盆地开展了埋藏学、石器拼合、石料、打制实验等研究项目,提取了大量的人类活动信息。全面复原远古时期的人类社会开始成为学科发展的新趋势。

第二节 研究内容和方法

从以上简单的回顾我们可以看出,虽然本地区发现的旧石器文化遗址十分丰富,研究工作也已取得了许多成果,为我们进一步研究奠定了坚实的基础,但存在的问题也十分紧迫。一方面受国际旧石器考古研究的影响,探讨文化成因、研究人类行为等前沿学术课题已引起学者关注,但另一方面关于文化谱系的建立、文化分期的确定等基础研究工作仍然在学术界存在争论。面对这种情况,全面总结本区旧石器文化发展过程、文化成因以及人类行为的演变仍然存在一定困难,因此,本次研究主要探讨本区石器原料、

---

[1] 黄慰文、侯亚梅:《关于东亚早期人类环境的重建》,《第四纪研究》1999 年第 4 期。

[2] Binford, L and Chuan Kun Ho., "Taphonomy at a Distance: Zhoukoudian, The Cave Home of Beijingman?" 1985. *Current Anthropology*. Vol. 26, No. 4; Weiner S. et al., "Evidence for the use of fire at Zhoukoudian, China." *Science*, 1998, 281 (5374):251;刘东生、吴新智、张森水等:《对美国"科学"杂志关于周口店第 1 地点用火证据的文章的评论》,《人类学学报》1998 年第 4 期。

[3] Schick K. D. et al., " Archaeological perspective in the Nihewan Basin, China."1991, *Journal of Human Evolution*, 21, pp. 13—26.

旧石器文化发展与环境变化之间的相互关系。为了完成上述学术目标,我们首先要从最基本的研究入手,建立本区旧石器文化的发展序列与文化分期,然后探讨文化成因及人类行为。具体来讲,包括以下几个方面:

(1)年代学问题仍然是我们探讨一切问题的基础。虽然本区研究程度较高,但仍然存在许多问题,以动物群来看,由于对不同动物的断代意义和某些种属的鉴定上存在差异而在相对年代的判断上出现争议。根据遗址所处的地貌位置确定遗址的时代时,常常因为对于同一遗址所处的地貌位置没有统一的认识而出现争论;同位素等科技方法测定的年代也存在一些问题,有些遗址虽然使用了不同方法进行测定,但数据之间尚不能很好地吻合,有的遗址只有一两个测年数据,有的遗址尚无测年数据。为此,本书将以全球气候变化为标尺,充分吸收地质地貌、动物群、孢粉和绝对年代数据等方面的研究成果,初步建立起本区旧石器文化发展的时间框架。

(2)石器的技术和类型是反映人类文化的主要内涵。从本区的研究成果来看,学者对文化性质的争论主要表现在使用"典型标本法"和"定量统计法"所得出的结论,比如在关于中国猿人文化进步与原始的讨论中以及近年关于东谷坨遗址文化性质的争论。其实,两种方法都从不同侧面揭示了某一文化所具有的特征:有的器物数量虽少但因技术含量高,已具有一定的加工程序而应肯定其所代表的文化意义;有的器类只有在具有一定的数量后才能判断它是否属于一种技术稳定的器类。

(3)为了更好凸显区域文化的特殊性,我们把本区旧石器文化和其他区域文化进行比较研究。这些区域包括华北南部、南方地区、西南地区、西北地区、东北亚地区以及旧大陆西侧,从而了解研究本区旧石器文化发展在中国大陆、东亚地区以及全人类演化与扩散中的作用。

(4)石器原料与文化成因和石器原料与人类行为是本次研究的重点。关于文化成因的研究,本书将综合考虑文化发展和环境变化、栖居形式和石器原料等因素之间的耦合关系,以了解究竟什么是决定文化成因的决定因素。在研究石器原料与人类行为时,首先运用岩石学的方法对遗址中的石料进行岩性鉴定,然后根据区域地质图,寻找各类岩石的可能产出层位与区域,在此基础上进行区域地质调查,最后通过对石制品的大小、颜色、风化程度、表面状况等指标,确定石料产地、原始特征及如何选择并输送到遗址中去。另外直立人和早期智人对环境适应行为的比较也是本书讨论的一个重点。

(5)细石器的出现是本区旧石器文化发展史上一个十分引人注目的文化现象,关于它的起源历来是学者探讨的重点问题。本研究将从技术工艺、文化谱系、环境背景等方面讨论这一问题。

第二章 地层、时代和文化分期

建立旧石器文化发展的时间序列是探讨其他问题的前提。本章将尽可能地利用第四纪地质学研究的最新成果确定所研究的考古学遗址的年代,并试图以全球气候变化的曲线为标准建立本地区旧石器文化发展序列。为便于叙述,先按照不同的堆积类型分别介绍各遗址的研究成果,然后再进行综合分析,确定主要遗址在全球气候变化曲线上的位置。

第一节 河湖相遗址

一、泥河湾盆地东部遗址群

泥河湾盆地东部旧石器早期遗址位于河北省阳原县大田洼台地北缘的"泥河湾层"中。由于受到强烈的剥蚀作用,台地前缘的泥河湾层被侵蚀地沟壑纵横,为寻找古人类遗迹提供了较好的条件。从露出的地层来看,泥河湾层直接叠压在由震旦系的白云岩和侏罗系的隐晶硅质岩、火山角砾岩组成的基岩上。

认识"泥河湾层"经历了一个历史过程。把"泥河湾层"作为一个地层单位(Nihowan Beds)是 1924 年由巴尔博(G. B. Barbour)首先提出的,他认为这套地层形成年代相当于黄土形

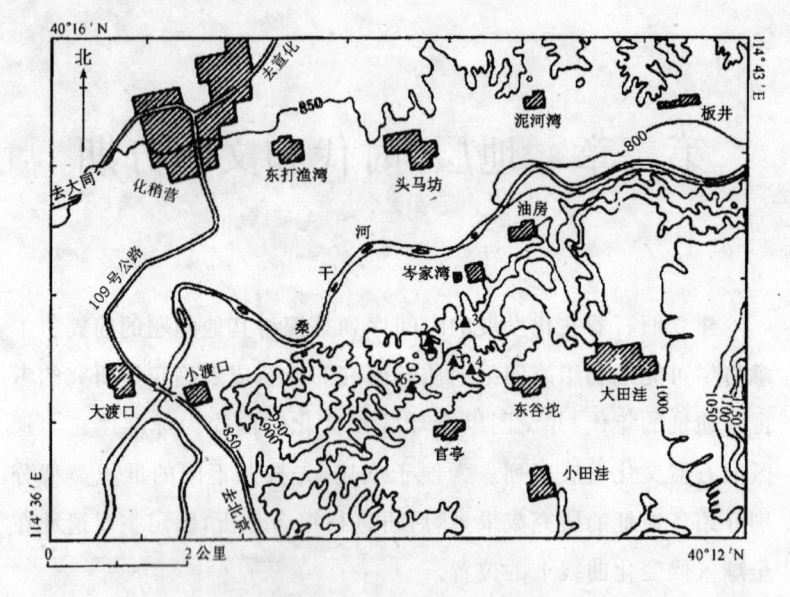

图 2—1　泥河湾盆地东部旧石器时代早期遗址分布图
(据河北省文物研究所,1998)
1.半山;2.马圈沟;3.岑家湾;4.东谷坨;5.飞梁;6.小长梁

成之前①。1927年巴尔博、桑志华、德日进根据对下沙沟一带的化石研究将三趾马红土层以上的泥河湾层与欧洲的维拉方(Villafranchian)相对比②。1948年在英国伦敦举行的第18界国际地质大会上,上新世—更新世分界委员会建议把意大利的维拉方层划为更新世初期,中国学者杨钟健考虑到泥河湾层的哺乳动物群化石与维拉方层哺乳动物群化石极为相似,把泥河湾层作为我国北方早更新世的地层代表。1954年为我国地质学界正式采纳,自

---

① Barbour, G. B., "Preliminary observation in kalgan area." 1924, *Bull. Geol. Soc. China*, Vol. 3.

② Barbour, G. B., Licent, E., Teihard de Chardin, "Geological study of the deposits of the sangkanho Basin." 1927, *Bull. Geol. Soc. China*, Vol. 4, No. 1.

此，泥河湾层就成为我国北方第四纪初期的标准地层[1]。1961年，杨景春根据对大同盆地东部第四纪地层和构造活动的研究认为：泥河湾层一直延续到中更新世才消亡，其下部属早更新统，上部属中更新统[2]。1976年，贾兰坡、卫奇在许家窑灰绿色湖相黏土层上部发现旧石器时代文化层，同时还发现了原始牛化石及其他属于晚更新世的哺乳动物化石，从而认为泥河湾层的时代延续到中更新世晚期或晚更新世早期[3]。

进入80年代后，学者的研究重点集中在运用多学科综合研究的手段对不同剖面进行划分与对比。

1988年，陈茅南等根据孢粉、碳酸钙含量、岩矿组合分析，认为自更新世初至晚更新世末反映气候循环达十一二次之多；并根据磁性地层、岩石地层和生物地层学的原则，将泥河湾层划分为三个阶段即下更新统泥河湾组、中更新统小渡口组和上更新统许家窑组，泥河湾组的沉积始于310万年，结束于贾拉米洛事件的底界即97万年，中上更新统的界限在20万年左右[4]。

1991年，周廷儒等通过对红崖、下沙沟、大黑沟剖面的研究认为古湖下段沉积应属早更新世，上段属中更新世[5]。

1996年，夏正楷通过对红崖沟、郝家台、虎头梁、小长梁、肖家

---

[1] 周廷儒、李华章、李容全等：《泥河湾盆地新生代古地理研究》，科学出版社1991年版。

[2] 杨景春：《大同东部地貌育第四纪地质》，《北京大学学报》（自然科学版）1961年第2期。

[3] 贾兰坡、卫奇：《阳高许家窑旧石器时代文化遗址》，《考古学报》1976年第2期。

[4] 陈茅南：《泥河湾层的研究》，海洋出版社1988年版。

[5] 周廷儒、李华章、李容全等：《泥河湾盆地新生代古地理研究》，科学出版社1991年版。

窑头、许家窑六个剖面的对比研究,提出了本区第四纪地层详细的划分方案:上新世南沟组、早更新世泥河湾组、中更新世郝家台组和晚更新世虎头梁组之间的界限分别为 248 万年、97 万年和 13 万—12 万年[①]。

1996 年,袁宝印等通过对大道坡、洞沟等剖面的磁性地层学的研究将泥河湾组划分为Ⅰ、Ⅱ、Ⅲ段分别与黄土高原的红黏土层、午城黄土层、离石黄土层对比,Ⅰ、Ⅱ、Ⅲ段的起始年代分别为 340 万—248 万年、248 万—97 万年和 97 万—13 万年[②]。

1997 年,卫奇将大道坡剖面划分为 7 个较大的沉积旋回,每个旋回表现为下黄上灰、下粗上细,下更新统泥河湾组与中更新统小渡口组的界线在灰 3 与黄 4 之间,中更新统小渡口组与上更新统许家窑组的界线位于灰 5 与黄 6 之间[③]。

2000 年,闵隆瑞将泥河湾盆地内第三纪红黏土之上的地层分为泥河湾组、小渡口组、静儿洼组,认为下、中更新统的界限应划在 120 万—100 万年,相当于黄土高原午城剖面底界的年龄[④]。

随着研究的深入,不同学者对于泥河湾组的划分方案渐趋一致,如多数学者认为早中更新世的界限在大约 97 万年,中晚更新世界限在 12 万年左右。这是我们判断遗址的年代的基础。现将

---

① 夏正楷:《大同—阳原盆地的晚新生代沉积和环境演变》,载王乃樑主编:《山西地堑系新生代沉积》,科学出版社 1996 年版。
② 袁宝印等:《泥河湾组的时代、地层划分和对比问题》,《中国科学》1996 年第 1 期。
③ 卫奇:《泥河湾盆地考古地质学框架》,《演化的实证——纪念杨钟健教授百年诞辰论文集》,海洋出版社 1997 年版。
④ 闵隆瑞、迟振卿:《对中国第四系中统划分方案的回顾与讨论》,《第四纪研究》2000 年第 2 期。

不同遗址的地层序列和各家的年代学研究结果分述如下：

（一）马圈沟遗址

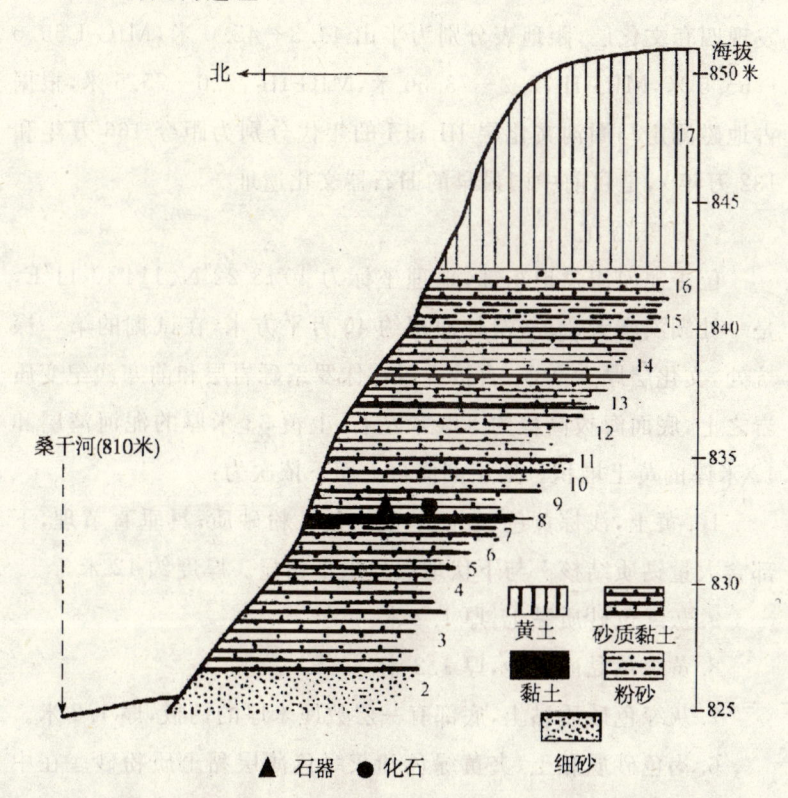

图 2—2 马圈沟遗址 I 层地质剖面图（据河北省文物研究所，1998）

马圈沟遗址位于阳原县大田洼乡岑家湾村西南马圈沟近南端东侧，地理坐标为 40°13′31″N、114°39′47″E，含文化层的地层为一套灰黄色和灰绿色交替出现的湖滨相沉积，上覆一层黄土，下伏侏罗系火山岩。1990 年曾经在同一剖面上发现半山遗址，1992 年在半山遗址下 25 米左右发现马圈沟文化层 I，1993 年发掘了 20 平方米，获得石制品 111 件，2001 年和 2002 年又连续发掘了马圈沟文化层 II 和马圈沟文化层 III,分别发掘了 $40m^2 \times 50cm$ 和 $85m^2 \times 36cm$,分别获得石制品 226 件和 443 件。这样在同一剖面上共发现四套文化层,距地表分别为半山 44.3—45.0 米,MJG-I 65.0—65.5 米,MJG-II 73.2—73.56 米,MJG-III 75.0—75.5 米,根据古地磁测定马圈沟文化层 III 和 I 的年代分别为距今 166 万年和 132 万年[①],是目前中国最早的旧石器文化遗址。

（二）东谷坨

位于泥河湾盆地东部,地理坐标为 40°13′22″N、114°40′11″E,是一处湖滨露天遗址,遗址面积约 40 万平方米,在试掘的第一探坑处,文化层厚 3.2 米,直接叠压在侏罗系砾岩层和前寒武纪变质岩之上,底面海拔高程为 933 米左右,上覆 33 米厚的泥河湾层和 12 米厚的黄土堆积。地层剖面自上而下依次为:

10. 黄土,浅棕黄色,表面呈微红色。粉砂质,具垂直节理,下部含大量钙质结核。与下伏地层界限不明显。厚度约 12 米。

9. 灰绿色砂质黏土,厚 1.2 米。

8. 黄绿色黏质粉砂,厚 1.2 米。

7. 灰绿色砂质黏土,底部有一层数厘米厚的钙板,厚 1.2 米。

6. 褐色砂质黏土,夹黄绿色和灰绿色薄层黏土质粉砂。在中上部有三层薄钙板层,靠近顶部含大量软体动物化石,厚 4.2 米。

5. 灰色粉砂质黏土和黏土质粉砂。在上部有三层薄钙板层,底部含大量软体动物化石,厚 2.8 米。

4. 黄褐色粉砂、粉细砂。顶部呈黄色含棕色斑点;上部分

---

① R. X. Zhu, R. Potts, F. Xie, et al. ," New Evidence on the Earliest Human Presence at High Northern Latitudes in Northeast Asia", *Nature*, 2004, Vol. 431, pp. 559—562.

有三至四层 1—2 厘米厚的钙板,并有一层含软体动物化石的灰色黏土质粉砂层;中部呈褐色夹灰绿色砂质黏土层;下部分呈黄绿色夹黏土质粉砂,有两层 3—4 厘米厚的钙板,离底界 2.3 米上有厚 80 厘米的棕黄色粉砂;底部为 40 厘米厚的褐红色黏土,层中夹有大量灰绿色黏土团块。与下伏地层呈侵蚀不整合接触。厚 15 米。

3. 灰绿色砂质黏土和黄绿色粉砂互层,具棕色斑点,下部离底面 2 米高的位置上有大量的石制品和动物化石残片,底部有分选较差的砾石和角砾。

~~~~~~~~~不整合~~~~~~~~~

2. 侏罗系砾石层

1. 震旦系石英岩

与文化层伴生的哺乳动物化石有:中华鼢鼠(*Myospalax* cf. *fontanieri*)、狼(*Canis* sp.)、古菱齿象(*Palaeoloxodon* sp.)、三门马(*Equus sanmeniensis*)、披毛犀(*Coelodonta antiquitatis*)、野牛(*Bison*)、羚羊(*Gazella* sp.)。

发掘者根据所处的地貌部位认为东谷坨和小长梁的时代相当,属于早更新世[1],古地磁测定为 100 万年左右[2],1992 年中美合作测定结果支持这一看法,贾拉米洛事件位于文化层之上[3]。但也有学者根据动物群的性质对东谷坨遗址的时代提出异议,认

---

[1] 卫奇:《东谷坨旧石器初步观察》,《人类学学报》1985 年第 4 期。
[2] 李华梅、王俊达:《泥河湾层的磁性地层学研究》,《中国科学院地球化学研究所年报(1982—1983)》,贵州人民出版社 1984 年版。
[3] 卫奇:《泥河湾盆地考古地质学框架》,《演化的实证——纪念杨钟健教授百年诞辰论文集》,海洋出版社 1997 年版;Schick K. D. et al., "Archaeological perspective in the Nihewan Basin, China." *Journal of Human Evolution*, 21, pp. 13—26.

为东谷坨遗址的年代可能很晚[①]。

（三）小长梁

位于东谷坨遗址西侧官亭村。小长梁遗址和东谷坨遗址第一探方相距800米左右，地理坐标为40°13′13″N、114°9′34″E，1978年发现后，立即进行试掘[⑤]，文化层是0.5－0.8米厚具棕色条带的中砂层。海拔915－916米，相对河床高约110米，上覆泥河湾层和黄土堆积65米，遗址的地层剖面如下：

第四纪黄土

16. 黄土，浅棕黄色含零星钙质结核，厚度8－15米。

~~~~~~~~~~不整合~~~~~~~~~

第四纪泥河湾层

15. 褐黄色砂层，厚3.5米。

14. 灰白色含钙质黏土，局部相变为泥灰岩，厚1.2米。

13. 褐黄色砂层含砂礓，厚13米。

12. 灰白色含钙质黏土，厚3米。

11. 褐黄色砂层，夹钙质结核带，中部的结核带含有三趾马（$Hipparion$ sp.）、鹿等化石，厚32米。

10. 锈黄色砂层，厚1.5米。

9. 灰白色砂层，厚3.5米。

8. 黄绿色黏土，厚2米。

7. 具锈黄色条带中粒砂层，含石器及哺乳动物化石，厚0.5－0.8米。

6. 灰绿色黏土，厚1.5米。

[①] 张森水：《在中国寻找第一把石刀》，《人类学学报》1997年第2期。

5. 黄色砂层,厚1米。

4. 浅砖红色砂层,厚6.1米。

3. 黄色、浅紫色砂岩,厚2米。

2. 灰紫色砾石层,砾石以火山为主,磨圆度中等,厚0.5米。

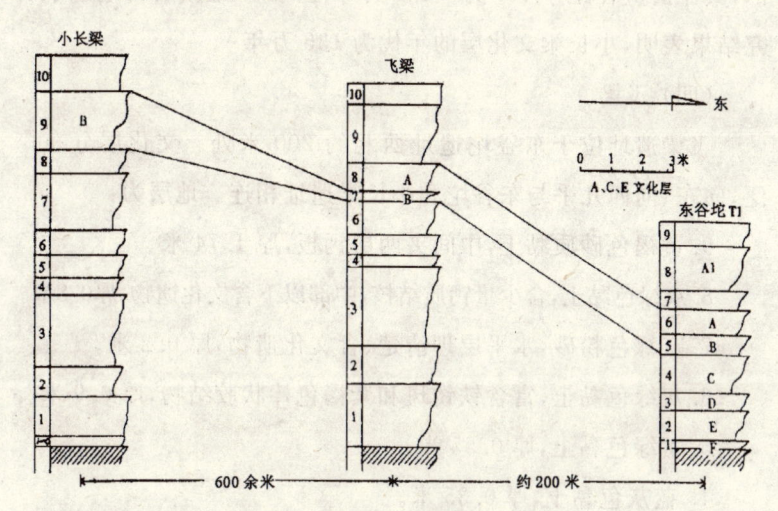

~~~~~~~~~~不整合~~~~~~~~

前第三纪基岩

1. 变质岩及火山岩

图2—3 东谷坨、小长梁、飞梁遗址地层剖面对比图
(据谢飞等,1998)

伴生的动物化石有:啮齿类(Rodents)、鬣狗(*Hyaena* sp.)、古菱齿象(*Palaeoloxodon* sp.)、三趾马(*Hipparion* sp.)、三门马(*Equus sanmeniensis*)、腔齿犀(*Coelodonta* sp.)、鹿(*Cervus* sp.)、羚羊(*Gazella* sp.),动物化石中代表古老动物群的种属三趾马(*Hipparion* sp.)、古菱齿象(*Palaeoloxodon* sp.)、三门马(*Equus sanmeniensis*)等说明文化层的年代应属于早更新世。

古地磁的测量结果一致,支持属早更新世的判断:最初的测定结果表明在距今 300 万－152 万年之间[1]。1995 年又在石器层上 20 多米处发现 Jaramillo Subchron(97 万－92 万年)的磁性现象,而在层位以下 5 米处发现正负极混合的磁性反应表明接近 Olduwai Subchon 的上界,因而确认为 167 万年[2]。对大道坡剖面测量后推测小长梁旧石器遗址的层位相当于 Olduvai 正极性亚时的底部,其年龄应在距今 187 万－167 万年之间[3]。最新的古地磁学研究结果表明,小长梁文化层的年代为 136 万年[4]。

(四) 飞梁

飞梁遗址位于东谷坨遗址西北约 200 米处。文化层分布广泛,向东、向西几乎与东谷坨和小长梁遗址相连。地层为:

9. 黄褐色砂质黏土,中间夹两层钙板,厚 1.74 米。

8. 灰绿色黏土,含少量钙质结核,中部以下含文化遗物,厚 0.8 米。

7. 灰绿色粉砂,水平层理清楚、含文化遗物,厚 0.2 米。

6. 灰绿色黏土,富含铁锈斑和紫褐色棒状胶结物,厚 0.9 米。

5. 黄绿色黏土,厚 0.55 米。

4. 蓝灰色黏土,厚 0.35 米。

3. 红黄色砂质黏土,厚 2.3 米。

---

[1] 尤玉柱、汤英俊、李毅:《泥河湾组旧石器的发现》,《中国第四纪研究》1980 年第 1 期。

[2] 汤英俊等:《河北阳原小长梁哺乳类化石及其时代》,《古脊椎动物学报》1995 年第 1 期。

[3] 袁宝印等:《泥河湾组的时代、地层划分和对比问题》,《中国科学》1996 年第 1 期。

[4] R. X. Zhu, K. A. Hoffman et al. ," Earliest presence of human in northeast Asia", Nature, 2001, Vol. 413 , pp. 413－417.

2. 灰绿色黏土质砂,含大小不等的角砾,厚1.1米。

1. 砾石层,夹黄绿色粗砂,厚1.8米。

用"探方法"对遗址的分布,与东谷坨、小长梁遗址的地层进行了对比研究结果发现:东谷坨遗址自下而上可分5层,基底为侏罗系的火山角砾岩和震旦系的白云岩,其上为角砾层,砾石成分与基岩相同,磨圆较好,大小多在10厘米以下,最大可达几十厘米;再上为粗砂、细砂、粉砂为主的沉积物。文化层上普遍有一层较纯净的灰绿色黏土。如果以砾石层和覆盖文化层的灰绿色黏土为标志层,小长梁遗址的砾石层位于文化层以下,因此其文化层应相当于东谷坨文化层的上部B层,但厚度较大;飞梁遗址的文化层紧邻灰绿色黏土层之下,而底部砾石层则位于文化层之下,估计其时代应相当于东谷坨遗址的A、B层[①]。

（五）半山

半山遗址位于东谷坨遗址北侧岑家湾的马圈沟,遗址距桑干河右岸岑家湾村SW25°约900米,地理坐标为40°13′32″N、114°39′47″E,文化层底界海拔857.76米,比东谷坨遗址低70余米,但由于其间存在一条北东－南西向正断层,断层倾向大约NW40°倾角70°左右,断层上盘不仅下降而且朝东北方向倾斜,故其真正层位应相当于东谷坨文化层顶部的一部分[②]。

全新统

25. 砂质黄土,夹砂砾层,含陶片,与下伏地层不整合接触,厚

[①] 中美泥河湾考古队:《飞梁遗址发掘报告》,载河北省文物研究所编:《河北省考古文集》,东方出版社1998年版。

[②] 卫奇:《泥河湾盆地半山早更新世旧石器遗址初探》,《人类学学报》1994年第3期。

约 10 米。

上更新统

24. 砂质黄土,夹砂砾层,含细石器与下伏地层不整合接触,厚 20 余米。

23. 黄土,黄褐色,下部粉砂质,具垂直节理,与下伏地层界限不明显,厚 9.9 米。

22. 粉砂质黏土,灰褐色,顶部含大量钙质结核,厚 2.4 米。

21. 细砂,黄色,具水平层理,厚 1.0 米。

20. 粉砂质黏土,浅灰色,厚 0.7 米。

19. 粉砂,上部浅黄色,下部黄褐色水平层理发育,底部为薄层黄色细砂层,厚 2.6 米。

18. 粉砂质黏土,浅灰色,厚 1.5 米。

17. 粉砂,黄褐色,厚 2.6 米。

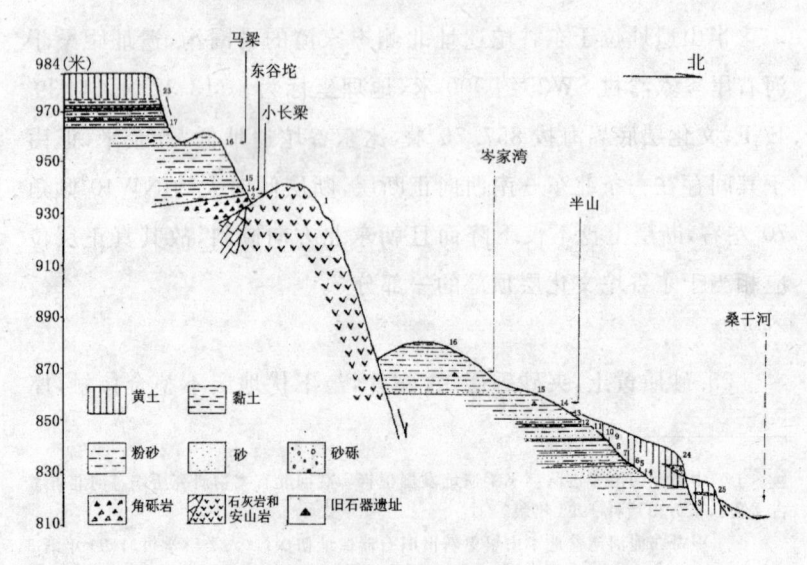

图 2—4　半山遗址地质剖面图(据卫奇,1994)

中更新统

16. 粉砂,灰褐色,下部有一层黄色细砂,厚 7.5 米。

15. 粉砂,黄褐色,夹多层红褐色黏质粉砂,中部含细砂层,厚 15.4 米。

下更新统

14. 上部为浅灰色黏质粉砂,下部为灰黄色粉砂或沙砾层并含石制品和动物化石。

13. 粉砂,灰褐色夹薄层灰黄色细砂和灰黄色中细砂,厚 5.2 米。

12. 粉砂质黏土和黏质粉砂,褐色,底部有薄层棕黄色中细砂,厚 1.7 米。

11. 粉砂质黏土和粉砂,灰色,中部夹薄层浅黄色中细砂,厚 1.4 米。

10. 粉砂质黏土和粉砂,黄褐色,下部为厚层浅黄色细砂,厚 5.1 米。

9. 黏质粉砂,浅灰色,具水平层理,厚 1.2 米。

8. 粉砂,黄褐色,厚 2.9 米。

7. 黏质粉砂,灰褐色,底部为黄色中细砂,厚 1.6 米。

6. 粉砂和粉细砂,褐色,具水平层理,夹黏质粉砂层,厚 3.0 米。

5. 粉砂,灰色,夹砂砾含动物化石和石器,厚 1.4 米。

4. 细砂、黄色,顶部为薄层黄褐色粉砂,厚 4.6 米。

3. 砂质粉砂,灰褐色,可见厚度约 4 米。

~~~~~~~~~~不整合~~~~~~~~~~

侏罗系

2. 砾岩,厚数米至数十米。

～～～～～～～～～不整合～～～～～～～～

元古界

　1.变质岩系

　（六）岑家湾

　　岑家湾遗址位于阳原县大田洼乡岑家湾村西南150米处。地理坐标为114°40′11″E、40°13′44″N。遗址埋藏在泥河湾层里,文化层是10—30厘米厚的古土壤层,岩性为红褐色黏土质粉砂,上覆有细砂层、粉砂层和黏土层组成的约3米厚的泥河湾层,文化层底面海拔869.6米,比东谷坨遗址第一探坑低63.4米。古地磁测定认为岑家湾遗址地层属于正向极性。根据和东谷坨一带地层对比研究,卫奇认为这个正极性期应代表Jaramillo事件,绝对年代大约为90万—97万年[1]。

　　10.马兰黄土,厚0.8米。

　　9.黄色粉砂,厚1.1米。

　　8.棕黄色黏土,中部含石制品和哺乳动物化石,厚2.3米。其中,文化层厚10—30厘米。

　　7.灰绿、灰黄、灰红色薄层黏土互层,含少量哺乳动物化石,厚1.3米。

　　6.红黄色黏土,含哺乳动物化石,厚2.8米。

　　5.灰绿色黏土,含哺乳动物化石,厚1.6米。

　　4.红黄色黏土,厚3.4米。

　　3.灰绿色粉砂,厚0.5米。

---

[1] 卫奇:《泥河湾盆地旧石器遗址地质序列》,载中国科学院古脊椎动物与古人类研究所:《参加第十三届国际第四纪地质大会论文集》,北京科学技术出版社1991年版。

2. 黄红色黏土,厚 1.3 米。

1. 灰黄色黏土夹黄色粉砂,顶部为钙板,厚 1.2 米。

(七) 马梁

马梁遗址位于东谷坨遗址东约 500 米处东谷坨村北侧的马梁,地理坐标为 40°13′22″N、114°40′38″E。文化层由含小砾石的细砂和粉砂组成,最大厚度有 60 厘米,底面海拔高程 952.1 米,出土遗物主要由黑色燧石作成的石制品,伴生的哺乳动物化石有古菱齿象(*Pleaoloxodon* sp.)、马(*Equus* sp.)、披毛犀(*Coelodonta antiquitatis*)等,文化遗物被水冲动过,但磨损程度甚微[①]。

从上述研究可以看出,除小长梁、东谷坨和马圈沟遗址外,对泥河湾盆地东部诸遗址年代的研究目前仍主要依赖于岩性的对比和动物群的比较,但有两个因素影响岩性对比的结果:一是由于遗址处于湖盆边缘,地层相变较大,很难确定一个稳定的标志层;二是遗址群被一断层分割为两部分,一部分位于上盘,一部分位于下盘,上盘为下降盘,断距最大可达 30 米左右。如果这个断层是在遗址形成之后形成,这意味着上下盘遗址的年代、地层具有一定的可比性,如果是在遗址形成之前已经形成并且以后没有进一步的活动,则上盘(下降盘)上遗址的年代应早于下盘(上升盘)上遗址的年代。

对于第一个问题 1992 年中美联合考察队通过大量的地质调查和考古发掘,确定一条"厚层棕色砂"为区域地层对比的标志层,经详细对比岑家湾遗址位于标志层以下 1 米、半山 6 米、东谷坨

---

① 卫奇:《泥河湾盆地旧石器遗址地质序列》,载中国科学院古脊椎动物与古人类研究所:《参加第十三届国际第四纪地质大会论文集》,北京科学技术出版社 1991 年版。

10米、小长梁16米、马圈沟28米。

　　杨晓强在详细研究了郝家台、小长梁、东谷坨剖面地层的沉积特征后，系统采集样品，进行磁化率的研究确认三个剖面沉积序列具有一定的可比性。虽然这种方法克服了由于地层相变在地层对比中所带来的困惑，但仍有待于进一步验证，如果在其他遗址上进行同样的尝试，可能会收到一定的效果[①]。

　　夏正楷根据古湖演化过程和湖岸线的变化认为泥河湾古湖曾发生两次大规模扩张和三次大规模收缩，第一次大规模扩张发生在早更新世早期最高时湖面达海拔1150—1170米，第一次大规模收缩发生在早更新世中期，此时湖面稳定在现海拔1100—1130米，东部诸遗址的年代应在湖泊第一次大规模收缩到第二次大规模扩张之间，湖泊在第一次大规模收缩时从现今海拔1100—1130米，下降到900米，后在早中更新世之交扩张到海拔1050—1070米，在东谷坨、小长梁、飞梁、岑家湾遗址顶部都发育一层灰绿色黏土应是这次湖盆扩张的反映[②]。

　　根据以上分析，本文认为这些不同遗址应该反映了湖盆从第二次大规模收缩到第二次大规模扩张之间，古人类在湖滨河畔生活时所遗留下的文化遗物。在此阶段，湖进人退、湖退人进，因此我们可将这些不同遗址看作一个大的时期。

　　但这并不意味着这些遗址的年代没有差异，从动物化石所提供的相对年代来看，处于遗址群东部的东谷坨遗址的年代明显晚

---

　　① 杨晓强、李华梅：《泥河湾盆地典型剖面沉积物磁化率特征及意义》，《海洋地质与第四纪地质》1999年第1期。

　　② 夏正楷：《大同—阳原盆地古泥河湾湖的岸线变化》，《地理研究》1992年第2期。

于处于遗址群西部的小长梁遗址,例如小长梁遗址的动物群中三趾马(*Hipparion* sp.)、古菱齿象(*Palaeoloxodon* sp.)、三门马(*Equus sanmeniensis*)都是代表早更新世的典型动物,而东谷坨动物群明显要年轻许多。

从层位上来看马梁遗址和马圈沟遗址海拔高度相差100多米(即使考虑到构造运动的影响),它们在时代上应该存在一定的区别。

从绝对年代来看,目前较早的两个遗址的年代都位于遗址的西部遗址,小长梁遗址的年代至少应大于136万年,马圈沟遗址III层的年代为150万—160万年。根据上面的论述,本文将泥河湾盆地东部诸遗址的年代暂划分为早中晚三个阶段:

早期:马圈沟遗址,绝对年代在150万—160万年。

中期:小长梁遗址、半山遗址,绝对年代为130万—140万年左右。

晚期:东谷坨遗址、岑家湾遗址、飞梁遗址、霍家地遗址、马梁遗址,其绝对年代应在90万—100万年之间;也有学者认为马梁遗址的年代可能更晚,年代为中更新世。

二、泥河湾盆地西部遗址群

处于泥河湾盆地西部的遗址主要有:许家窑、神泉寺、虎头梁、籍箕滩、西水地、雀儿沟、西白马营、新庙庄、峙峪、高山镇、青瓷窑,板井子、油坊、头马房遗址虽然位于泥河湾盆地东部,但所处地貌部位和西部遗址群比较一致,我们放在一起讨论。同泥河湾盆地东部遗址群不同,这些遗址主要位于桑干河及其支流的阶地上,因此在确定这些遗址的年代序列时,首先要了解桑干河及其支流阶地的发育过程。

周廷儒认为晚更新世时泥河湾古湖发生了两个重大的地质事件：一个是晚更新世早期阳原湖西迁形成了虎头梁、许家窑残湖，根据对虎头梁剖面的研究，由于构造运动活跃，在山地边缘发育了规模较大的洪积扇裙；另一个是晚更新世晚期，由于石匣峡谷区被切穿，引起水系发生变化，造成了河流向东流去，导致阳原古湖的消失和桑干河的形成[①]。

夏正楷认为，统一的泥河湾古湖一直延续到中更新世，并在中更新世后期迅速后退，并逐渐开始消亡，在盆地东部的郝家台、石匣、东大沟等地中更新世湖积地层与上覆离石黄土呈逐渐过渡关系，反映在这些地区湖泊已为中更新世离石黄土所取代。而在盆地的另一些地区如阳原虎头梁、大同许堡、阳原大田洼等地湖泊一直残存到晚更新世晚期，比如虎头梁顶部的钙积层的年代为距今31920±1300年，大同许堡东大沟的湖积层顶部的水菱镁矿的年代为距今25850±300年，大田洼的官厅村北湖积物顶部与上覆黄土之间有连续的钙质沉积层其年代为距今27700±550年，说明晚更新世泥河湾盆地的古地理格局首先是统一的泥河湾古湖分解为若干小湖，最后再形成桑干河[②]。

上述两种说法基本一致，统一的桑干河最早出现在晚更新世晚期，大致在距今3万年以后才形成，此后由于新构造运动，桑干河切入湖积层并形成二级阶地，据统计下切幅度达48米。

(一)青瓷窑遗址

---

① 周廷儒等：《泥河湾盆地晚新生代古地理研究》，科学出版社1991年版。
② 夏正楷：《大同—阳原盆地的晚新生代沉积和环境演变》，载王乃樑主编：《山西地堑系新生代沉积》，科学出版社1996年版。

位于泥河湾盆地西部边缘山西省大同市西郊青瓷窑村附近，遗址由三家村(40°06′18″N、113°10′30″E)和瓦渣沟(40°06′18″N、113°10′40″E)两部分组成，分布在十里河左岸二级阶地后缘含角砾的灰黄色和灰绿色粉砂层中。

遗址中哺乳动物化石的种类有狼(*Canis lupus*)、古菱齿象(*Palaeoloxodon* sp.)、披毛犀(*Coelodonta antiquitatis*)、三门马(*Equus* cf. *sanmeniensis*)、羚羊(*Gazella* sp.)、扭角羊(*Spirocerus* sp. A&B)等。动物群中能够鉴定到种的化石只有披毛犀和三门马，其中披毛犀在更新世早中晚都存在，而三门马化石的存在说明青瓷窑遗址的年龄应早于晚更新世[①]。

在青瓷窑附近十里河的二级阶地呈基座阶地，高出河床二三十米，二级阶地的地层中含有湖相地层，说明该阶地堆积物形成时泥河湾盆地的湖水依然存在，十里河谷曾经被湖水倒灌过较大的距离。值得注意的是在中更新世中期，泥河湾盆地东部也存在一次湖侵，如果这两次湖泊扩张事件可以对比，对判断青瓷窑遗址的时代会有一定的帮助。但根据目前的资料青瓷窑遗址的年代只能暂定为中更新世中期。

(二)许家窑/侯家窑遗址

该遗址由两个地点组成，编号为73113(40°06′53″N、113°57′31″E)和74093(40°06′02″N、113°58′39″E)，均在山西省阳高县许家窑村和河北省阳原县侯家窑村之间的梨益河西岸河边，构成梨益河二级阶地前缘陡坎，剖面厚18米，由粉砂和黏土组成，根据岩性特

[①] 李超荣：《大同青瓷窑旧石器遗址的发掘》，《人类学学报》1985年第3期。卫奇：《泥河湾盆地旧石器遗址地质序列》，载中国科学院古脊椎动物与古人类研究所：《参加第十三届国际第四纪地质大会论文集》，北京科学技术出版社1991年版。

征、生物化石和铀系法测年数据剖面,由下而上可划分为5层,归并成三个岩性段①:

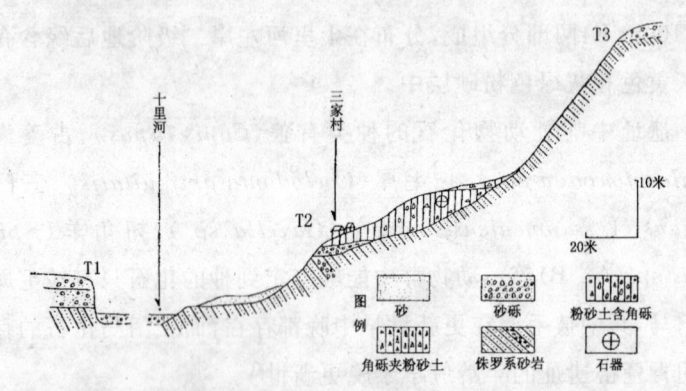

图 2—5 青瓷窑遗址地质剖面图

第一岩性段(1层):此段主要为粉砂质黏土,厚度大约8米。此层中微体化石以凝湖花介为代表,与盆地中其他剖面中更新世地层所含微体化石组合一致,因此此段可以置于中更新世。

第二岩性段(2层):此段主要为粉砂质黏土,厚2米。含大量石制品和哺乳动物化石,化石有鼠兔(Ochotona sp.)、中华鼢鼠(Myospalax fontanieri)、拟布氏田鼠(Microtus brndtioides)、狼(canis lupus)、虎(Panthern)、诺氏古菱齿象(Palaeoloxodon cf. Noumanni)、野马(Eequus przewalskui)、野驴(Equus hemionus)、披毛犀(Coelodonta antiquitatis)、猪(Sus sp.)、河套大角鹿(Megaloceros ordosianus)、马鹿(Cervus elaphus)、葛氏梅花鹿(Cervus nippon grayi)、许家窑扭角羚羊(Spiroceros hsuchiayaosus)、裴氏扭角羚羊(Spiroceros peii)、普氏原羚(Procapra picti-

---

① 夏正楷:《大同—阳原盆地的晚新生代沉积和环境演变》,载王乃樑主编:《山西地堑系新生代沉积》,科学出版社1996年版。

caudata prezewalskyi)、哦喉羚（*Gazella subgutturosa*）、羚羊（*Gazella* sp.）、原始牛（*Bos* sp.）等[1]，铀系年龄 10 万年左右[2]。此段暂归晚更新世早期。

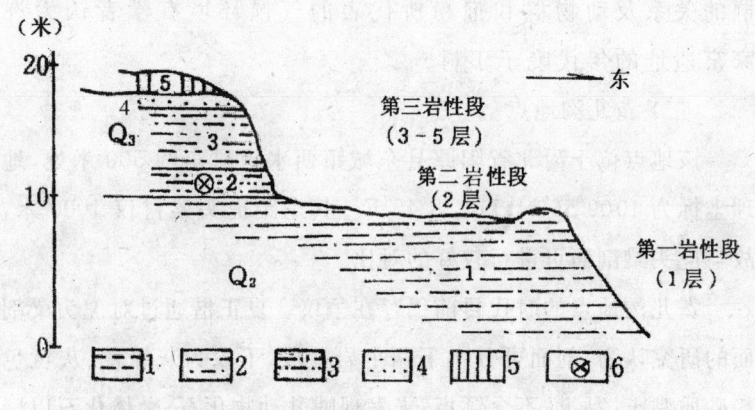

图 2—6　许家窑遗址地质剖面图（据夏正楷等，1996）
1.黏土；2.粉砂质黏土；3.黏土质粉砂；4.砂；5.黄土；6.化石层位

第三岩性段（3—5 层）：此段为棕褐色粉砂质黏土和棕黄色粉砂，向南相变为棕黄色细沙，并切入第二岩性段的地层之中，侵蚀面清楚，为阶地堆积物，厚 8.5 米，产鸵鸟蛋化石、丁氏鼢鼠，因此此段应划归晚更新世中、晚期。

关于许家窑遗址的年代学术界仍然存在不同意见。最初，贾兰坡先生认为"含文化遗物的所谓'泥河湾层'绝不可能属于早更新世，它的地质时代无疑属于晚更新世，从动物组合来看它的下限可能达到丁村文化的后半期，上限可和峙

---

[1] 贾兰坡、卫奇：《阳高许家窑旧石器时代文化遗址》，载卫奇、谢飞编：《泥河湾研究论文集》，文物出版社 1989 年版。

[2] 陈铁梅等：《铀子系法测定骨化石年龄的可靠性研究及华北地区主要旧石器地点的铀子系法的年代测定序列》，《人类学学报》1984 年第 3 期。

峪文化相接",[①]后因为许家窑遗址中有北京人时代的代表化石——裴氏扭角羊,认为许家窑遗址的年龄应早于丁村 100 地点为中更新世晚期[②]。根据许家窑遗址动物群和其他动物群的关系及动物群和孢粉所代表的气候环境有学者认为许家窑遗址的年代晚于丁村[③]。

(三)雀儿沟地点

该地点位于河北省阳原县东城镇西水地村东约 500 米处,地理坐标为 40°09′56″N、114°28′45″E。其东距虎头梁村仅 1000 米,故与虎头梁剖面可进行较好的对比。

雀儿沟地点的时代目前仍存在争议。夏正楷通过对虎头梁剖面的研究认为,剖面可分上下两个岩性段,下段为灰绿色、灰黄色粉砂质黏土、黏土,不含钙板,未发现哺乳动物化石,微体化石以疑湖花介为代表,古地磁测定均为布容正极性,其时代应为中更新世,厚 25.6 米。上段为灰绿色黏土、棕黄色粉砂、细砂和灰白色砾石互层,厚 37 米,本段下部发育两层叠层石年龄分别为 12.3 万年、9.3 万年[④]。有的研究者认为雀儿沟文化层正位于两层叠层石之间,时代应属于晚更新世相当于深海氧同位素阶段 5[⑤]。但卫奇认

[①] 贾兰坡、卫奇:《阳高许家窑旧石器时代文化遗址》,载卫奇、谢飞编:《泥河湾研究论文集》,文物出版社 1989 年版。

[②] 贾兰坡、卫奇、李超荣:《许家窑旧石器时代文化遗址 1976 年发掘报告》,《古脊椎动物与古人类》1979 年第 4 期。

[③] 郑家坚、徐钦琦、金昌柱:《中国北方晚更新世哺乳动物群的划分及其地理分布》,《地层学杂志》1992 年第 3 期。

[④] 夏正楷:《大同-阳原盆地的晚新生代沉积和环境演变》,载王乃樑主编:《山西地堑系新生代沉积》,科学出版社 1996 年版。

[⑤] 谢飞、梅惠杰、王幼平:《泥河湾盆地雀儿沟遗址试掘简报》,《文物季刊》1996 年第 4 期。

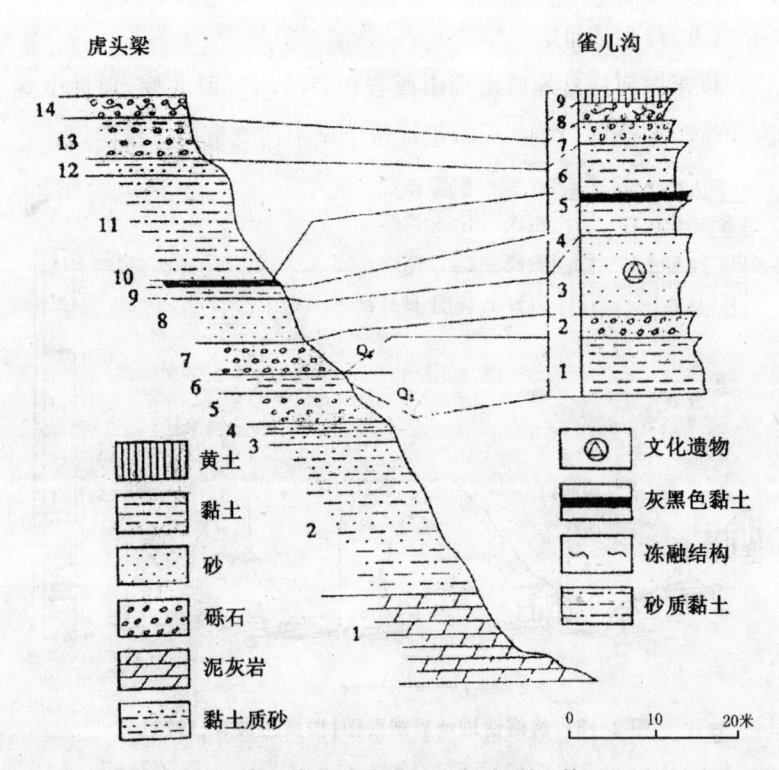

图 2—7 雀儿沟遗址地质剖面图(据谢飞等,1996)

为其年代要早一些[①]。

(四)漫流堡遗址

位于东井集乡漫流堡村南约 1 公里,北距许家窑遗址 74093 地点 2 公里,石制品位于泥河湾层顶部灰绿色黏土中,时代与许家窑遗址时代相当[②]。

---

① 卫奇:《泥河湾盆地旧石器遗址地质序列》,载中国科学院古脊椎动物与古人类研究所:《参加第十三届国际第四纪地质大会论文集》,北京科学技术出版社 1991 年版。

② 谢飞:《泥河湾盆地旧石器研究新进展》,《人类学学报》1991 年第 4 期。

(五)峙峪遗址

位于泥河湾盆地西南端山西省朔县峙峪村西北侧,地理坐标为 39°24′11″N、112°21′05″E,遗址位于桑干河支流的二级阶地。

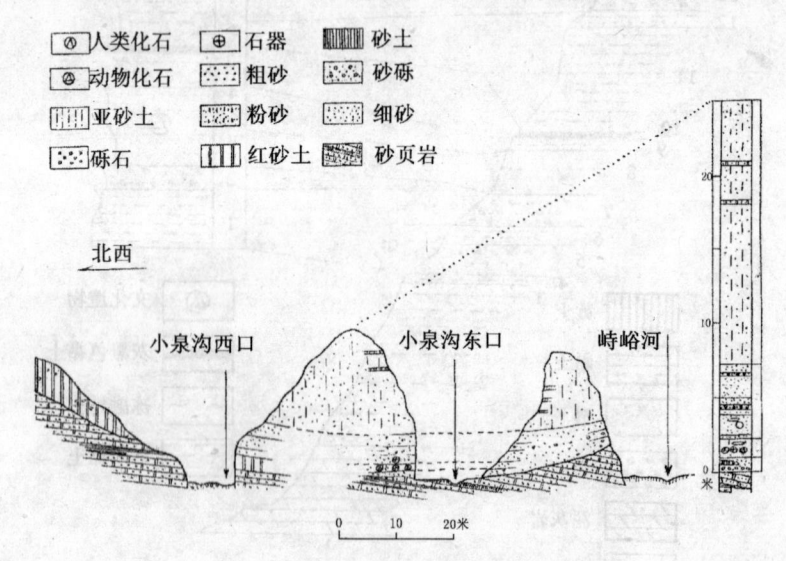

图 2-8 峙峪遗址地质剖面图(据贾兰坡等,1972)

与文化遗物伴出的哺乳动物化石有:刺猬(*Erinaceus* sp.)、鼠兔(*Ochotona* sp.)、鼢鼠(*Myospalax* sp.)、犬类(canids)、虎(*Panthern cf. tigris*)、纳玛古菱齿象(*Palaeoloxodon namadicus*)、野马(*Eequus przewalskui*)、野驴(*Equus hemionus*)、披毛犀(*Coelodonta antiquitatis*)、河套大角鹿(*Megaloceros ordosianus*)、马鹿(*Cervus elaphus*)、扭角羚羊(*Spiroceros* sp.)、恰克图扭角羚羊(*Spiroceros kiakhtensis*)、原始牛(*Bos* sp.)[①]。峙峪遗址的 ^{14}C 年龄为 28130±1370 年、28945

---

① 贾兰坡、盖培、尤玉柱:《山西峙峪旧石器时代遗址发掘报告》,《考古学报》1972年第1期。

±1370 年①和 33155±645 年②。

（六）西白马营遗址

遗址位于河北阳原县西白马营村南约 300 米的南沟东壁，地理坐标为 40°07′28″N、114°14′19″E。文化层所在的地貌部位属桑干河支流南沟的二级阶地底部的细沙层内，和峙峪遗址的地貌部位相当，伴生的哺乳动物化石有鸵鸟（Strothio sp.）、原始牛（Bos primigenius）、野马（Equus przewalski）、野驴（Equus hemionus）、普氏羚羊（Gazellap praewalskyi）、鹿（Cervus sp.）、野猪（Sus sp.）、

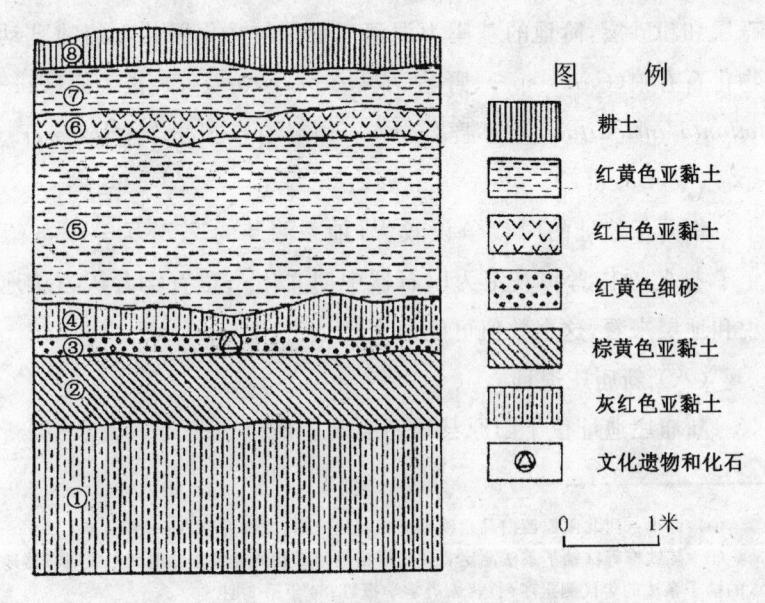

图 2—9 西白马营遗址地质剖面图（据谢飞等，1989）

---

① 中国社会科学院考古研究所：《中国考古学中碳十四年代数据集》(1965—1991)，考古学专刊乙种第 28 号，文物出版社 1991 年版。
② 原思训：《加速器质谱法测定兴隆纹饰鹿角与峙峪遗址等样品的 ^{14}C 年代》，《人类学学报》1993 年第 1 期。

犀牛（*Coelondonta* sp.）、象（*Elephas* sp.）、食肉目（*Carnivora*），皆为晚更新世哺乳动物。铀系测年定为 1.8±0.1 万年、1.5±0.1 万年[①]，笔者认为这个年代数据偏小，可能与测年方法有关。

（七）板井子遗址

板井子遗址位于泥河湾村东约 2 公里的板井子村北，地理坐标为 40°15′48″N、114°42′23″E。遗址的地貌部位属桑干河第三阶地的上部，高出现代河床 50 余米，文化层由灰褐色含砂砾粉砂组成，上覆 4 米左右厚的含砾粉砂层和次生黄土，下伏 30 多米厚砂砾层和粉砂层，阶地的基座为泥河湾层。与文化层共生的哺乳动物化石有狼（*Canis* sp.）、野马（*Equus przewalskyi*）、披毛犀（*Coelodonta antiquitatis*）、赤鹿（*cervus elaphas*）、扭角羊（*Spiroceros* sp.）、牛（*Bos* sp.）。

板井子遗址的时代争议较大，铀系测年为 7.4 万—10.8 万年[②]，据此原作者将其定为旧石器中期文化[③]；也有学者认为从地貌和地层来看，这个数值可能偏大[④]。

（八）新庙庄遗址

新庙庄遗址位于阳原县浮图乡新庙庄村西北约 150 米[⑤]。新

[①] 谢飞：《河北阳原西白马营晚期旧石器研究》，《文物春秋》1989 年 3 期。

[②] 陈铁梅等：《铀子系法测定骨化石年龄的可靠性研究及华北地区主要旧石器地点的铀子系法的年代测定序列》，《人类学学报》1984 年第 3 期。

[③] 李炎贤、谢飞、石金鸣：《河北阳原板井子石制品的初步研究》，载中国科学院古脊椎动物与古人类研究所：《参加第十三届国际第四纪地质大会论文集》，北京科学技术出版社 1991 年版。

[④] 卫奇：《泥河湾盆地旧石器遗址地质序列》，载中国科学院古脊椎动物与古人类研究所：《参加第十三届国际第四纪地质大会论文集》，北京科学技术出版社 1991 年版。

[⑤] 谢飞：《泥河湾盆地旧石器研究新进展》，《人类学学报》1991 年第 4 期。

庙庄村所在的地理位置属于一山间盆地,从出露的地层来看,盆地也经历了一个由湖泊向河流的演变过程,在湖泊逐渐缩小的过程中盆地稍高部位堆积了较厚的马兰黄土;河流形成以后发育了两级阶地。现将阶地剖面描述如下:

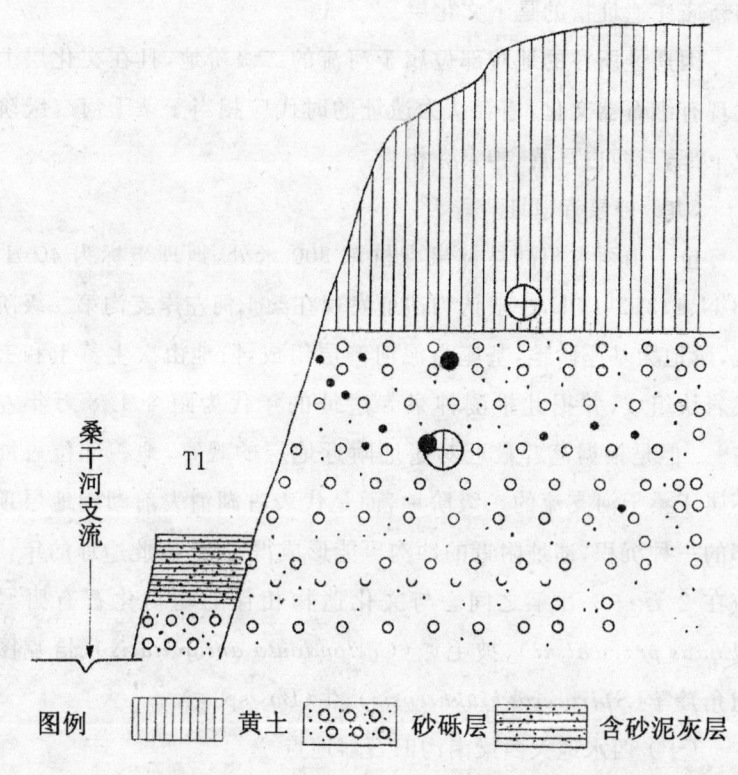

图 2—10 新庙庄遗址地层剖面示意图

一级阶地:前缘高出现代河床 2—3 米,呈二元结构,下部为砂砾层,沙占 50%、砾石中小于 1 厘米者占 30%,1—5 厘米者占 15%、大于 10 厘米者极少占 5% 左右;上部为河漫滩相堆积层理发育。

二级阶地:高出现代河床20余米,阶地呈二元结构,下部为砾石层,中夹数层黑色淤泥层,可能代表当时河滨存在小湖沼;上部为马兰黄土。含两个文化层,一为小石器,位于砾石层的中下部;另一为细石器,位于砾石层的顶部与马兰黄土交接处。本节所说的新庙庄遗址指的是下文化层。

因遗址所在的地貌部位属于河流的二级阶地,且在文化层上发现有细石器文化,笔者认为遗址的时代应相当于桑干河二级阶地下部,与西白马营、神泉寺相当。

(九) 神泉寺遗址

位于山西省阳高县神泉寺村东 300 米处,地理坐标为 40°01′23″N、113°52′43″E,一般认为遗址发现在桑干河左岸支沟第二级阶地,阶地为基座阶地,基座由泥河湾层组成,阶地由次生黄土和玄武岩块组成,并据此推测神泉寺遗址的年代为距今 1.8 万年左右[①]。但是根据笔者最近对遗址附近地层的观察,地貌部位可能不属于桑干河支流的二级阶地,而是代表古湖消失前湖相地层顶部的一种沉积,遗址附近的冲沟可能形成得很晚,因此遗址的年代应在 2 万－3 万年之间。与文化遗物相伴的动物化石有野马 (*Equus przewalski*)、披毛犀 (*Coelondonta antiquitatis*)、恰克图扭角羚羊 (*Spiroceros kiakhtensis*)、牛 (*Bos sp.*) 等。

(十) 西水地大西梁南沟旧石器地点

该遗址位于阳原县西水地村西约 1 公里处,南距桑干河 1

---

① 卫奇:《泥河湾盆地旧石器遗址地质序列》,载中国科学院古脊椎动物与古人类研究所:《参加第十三届国际第四纪地质大会论文集》,北京科学技术出版社 1991 年版;杜水生、陈哲英:《山西阳高神泉寺遗址石制品初步研究》,《人类学学报》2002 年第 1 期。

公里,地貌部位属于桑干河二级阶地,比虎头梁文化层低10米左右①。

(十一) 虎头梁文化遗址群

虎头梁文化是泥河湾盆地发现最早的旧石器时代文化,经过多年的调查,发现这一文化在西至阳高神泉堡,东达大田洼的油坊,南抵前述的新庙庄遗址这一广大范围内都有分布,而且从石料到技术表现出相当的一致性。主要代表遗址有虎头梁遗址群、西水地遗址群、籍箕滩遗址群、神泉堡遗址群、新庙庄上层文化等。文化层或位于二级阶地顶部或位于泥河湾层顶部的马兰黄土中②。

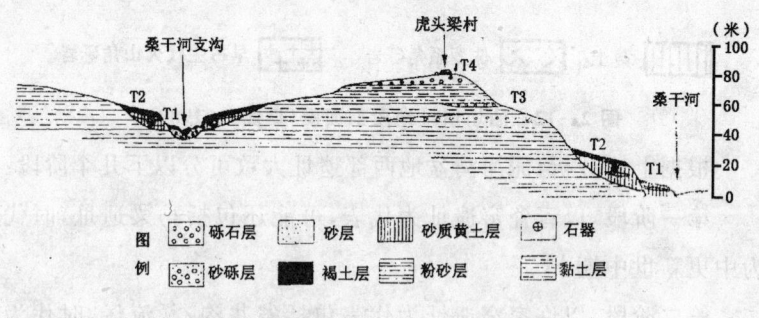

图 2—11 虎头梁遗址地层剖面图

(十二) 油坊遗址

位于阳原县城东 50 余公里的大田洼乡油坊村南 500 米处,地理坐标为 40°13′52″N、114°40′56″E,文化遗物发现在冲谷坡第二级阶地的砂质黄土中,文化遗物中包括典型的细石核和石叶等细石

---

① 谢飞:《泥河湾盆地旧石器研究新进展》,《人类学学报》1991 年第 4 期。
② 贾兰坡、盖培、尤玉柱:《山西峙峪旧石器时代遗址发掘报告》,《考古学报》1972 年第 1 期。

器文化类型,伴生的哺乳动物化石有鼢鼠($Myospalax$ $sp.$)、羚羊($Gazella$ $sp.$)等,根据这些材料只能确定遗址的时代为晚更新世末期[①]。

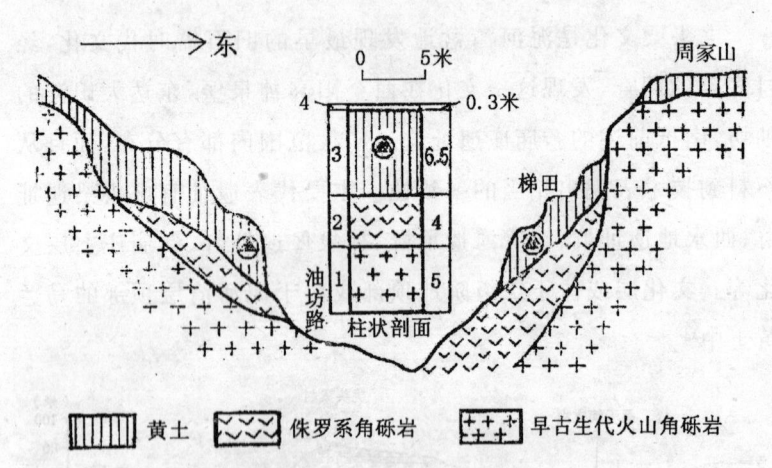

图 2—12 油坊遗址地质剖面图(据谢飞,1989)

根据上述分析,泥河湾盆地西部遗址大致可分以下几个阶段:

第一阶段,以青瓷窑遗址为代表,可能还包括马梁遗址,时代为中更新世中期。

第二阶段,以许家窑遗址为代表包括雀儿沟、漫流堡,时代为中更新世晚期到晚更新世早期。

第三阶段,以板井子为代表,时代为晚更新世中期。

第四阶段,以峙峪为代表,包括神泉寺、西白马营、新庙庄、大西梁南沟、漫流堡等遗址,时代相当于晚更新世中期。

第五阶段,以虎头梁遗址为代表,包括西水地、籍箕滩、二和尚

---

① 谢飞、成胜泉:《河北阳原油坊细石器发掘报告》,《人类学学报》1989 年第 1 期。

沟、油坊,相当于晚更新世之末,绝对年代1.3万－1.1万年。

三、冀东遗址群

20世纪80年代以后,中国科学院古脊椎动物与古人类研究所与河北省文物研究所在北京市怀柔、密云、平谷、延庆、门头沟和冀东秦皇岛、唐山一带进行了几次较大规模的调查,发现了一批重要的旧石器时代文化遗址,这些遗址大多为河流阶地上的旷野遗址。

（一）孟家泉遗址

孟家泉遗址位于河北省玉田县城东约3公里的石庄村村北200米,遗址西依荣辉河,处于京秦公路和京坨公路之间,地理坐标为39°52′N、117°47′E。

孟家泉遗址附近地势较平坦,海拔13米左右,遗址以西约1000米是荣辉河,孟家泉是一小型支流的发源地,在遗址附近露出的地层全部为晚更新世的堆积物,北部近山处有10余米厚的棕红色黏土,在较平坦的地带,地层相变不明显,自下而上依次为:

6.灰黑色、灰黄色黏土。

5.灰黑色黏土含腐殖质。层内可见大小不等的泉眼,泉眼被细砂充填。

4.灰绿色砂,含少量砾石,顶面平坦,底面起伏较大,泉眼与上层相连,富含石制品和动物化石,并有晚期遗物混入。

3.棕红色砂,含砾石较多,原生层,出石制品和动物化石。

2.灰绿色砂砾层,甚坚硬,含少量动物化石。

1.棕红色砾石,砾石多扁平,磨圆度较好,多为火成岩,厚度变化大。

从对剖面的描述,我们可以看出,遗址存在两个自然文化层,即下部的棕红色砂层和上部的灰绿色砂层,下层为原生文化层,上层形成后受泉水扰动,有晚期文化混入。根据地层对比及所在地貌位置,原作者认为孟家泉遗址的时代大致与附近河流二级阶地的形成时期相当。

文化层中含有大量的哺乳动物化石,但能鉴定到种的不多,主要有诺氏古菱齿象(Paleoloxodon naumanni)、披毛犀(Coelodonta antiquitatis)、普氏野马(Equus przewalskyi)、野驴(Equus hemionus)、原始牛(Bos primigenius)、赤鹿(Cervus canadensis)、葛氏斑鹿(Cervus grayi)、虎(Panthera tigris)。在这些动物群中诺氏古菱齿象(Paleoloxodon naumanni)、披毛犀(Coelodonta antiquitatis)、原始牛(Bos primigenius)、葛氏斑鹿(Cervus grayi)是晚更新世的典型动物,其他动物为现生动物,因此遗址的相对年代应为晚更新世晚期[1]。

除孟家泉遗址外,唐山地区还发现十多个旧石器地点如迁安爪村、石淀乡东灰山等,从目前掌握的资料查看,这些旧石器地点主要分布在燕山南麓的山前地带及河流两岸的阶地中,在唐山地区河流冲刷切割形成的阶地,一般可见二至三级,这些遗址大多发现于河流两岸第二级阶地的砂质土层中,土质呈灰绿色或灰黄色,含少量砾石或钙质结核,伴生的哺乳动物群和孟家泉者大同小异,时代亦应大致相当。

(二)昌黎渟泗涧遗址

渟泗涧遗址位于昌黎县城东北2公里处,距其东南的渟泗涧

---

[1] 河北省文物研究所等:《河北玉田孟家泉旧石器遗址发掘简报》,《文物春秋》1991年第1期。

村约 0.5 公里,地理坐标为 119°10′E、39°44′N。海拔 65 米,该地点背靠燕山余脉亮甲山,南为平原,京山铁路从地点南部穿过,其东南 14 公里为渤海。

淳泗涧南为饮马河,东北为东沙河,两河向东注入渤海。地点附近的山前地带为饮马河的支流,支流两岸有两级阶地发育。二级阶地紧靠山脚,石制品发现于二级阶地堆积的上部。淳泗涧村坐落在宽阔平坦的一级阶地上①。地层剖面自上而下为:

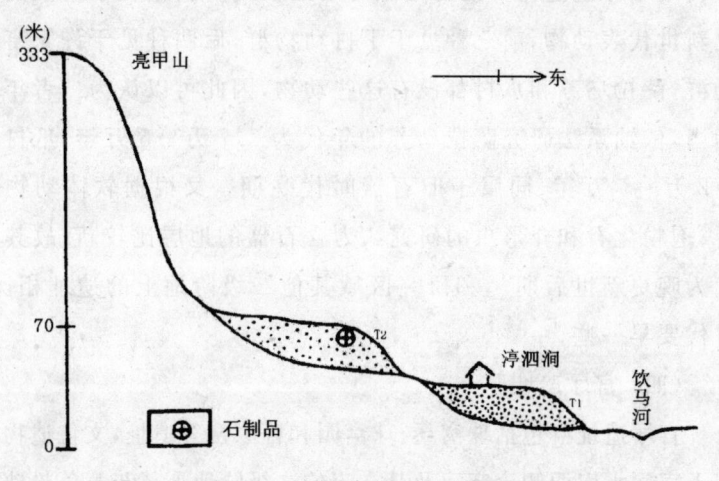

图 2—13 淳泗涧遗址地质剖面图

1. 耕土层:厚 0.2 米。

2. 棕红、棕黄色黏土层:厚 2.8 米,含细砂条带或透镜体。向东变得较为纯净。石制品出自该层上部。

3. 基岩:未见底,为震旦系硅质灰岩。

(三)迁安爪村遗址

---

① 河北省文物研究所等:《河北昌黎淳泗涧细石器地点》,《文物春秋》1992 年增刊。

迁安爪村旧石器地点位于迁安县城东南约10公里的爪村附近，发掘点在原公社所在地西约500米处。1958年发现的石制品和哺乳动物化石发现于滦河二级阶地上，高出河水面约20米，1973年发现的石制品位于同一级阶地，只是层位略高一些。

爪村出土的动物群与丁村、许家窑和萨拉乌苏的性质基本相似，但在爪村动物群中没有德永氏象、梅氏犀和葛氏斑鹿、裴氏转角羊。上述四种动物被认为是延续到更新世较早阶段的中更新世代表动物，前三种见于丁村动物群，后两种见于许家窑动物群，萨拉乌苏和爪村都没有这些动物，因此可以认为二者年代相当，依铀系法研究萨拉乌苏的年代为3.7万—5万年，爪村为4.2万—5万年，同属于旧石器时代晚期。又根据软体动物化石、孢粉化石和介形虫的研究认为含石器的地层比较新，故其时代为晚更新世后期[①]，和研究区域其他二级阶地上的遗址相比，时代要早一些。

（四）官厅遗址群

官厅遗址群包括珠窝堡、珠窝园和曹家窑等遗址，文化遗物发现于官厅水库西侧永定河及其支流的二级阶地上部灰黄色粉沙质黏土或黏土质粉砂中，地质时代为晚更新世之末或全新世之初[②]。

（五）北京地区的露天遗址

近十多年来，在北京地区发现的旷野类型旧石器遗址多达三四十处，这些遗址主要位于河流的二、三级阶地，时代涵盖旧石

[①] 张森水：《河北迁安县爪村地点发现的旧石器》，《人类学学报》1989年第2期。

[②] 李超荣、郁金城、冯兴无：《北京地区旧石器考古新进展》，《人类学学报》1998年第2期。

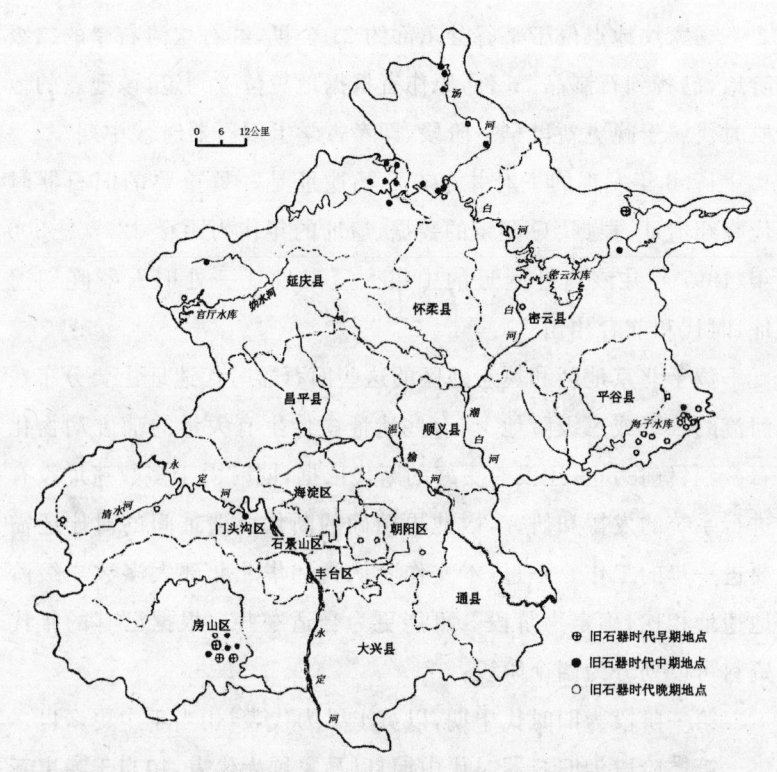

图 2-14　北京地区旧石器时代遗址分布图(据李超荣,1999)

时代早、中、晚期[①]。

黄土梁地点位于密云县北部山区的上甸子乡,处于潮河右岸的三级阶地,发现石制品50件。根据所在位置的地貌和地层,遗址的地质时代应为中更新世、旧石器时代早期。

旧石器时代中期遗址发现更多,平谷、密云、怀柔、延庆、门头沟都有发现,其中平谷县马家坟地点石制品比较丰富。

---

① 李超荣、郁金城、冯兴无:《北京地区旧石器考古新进展》,《人类学学报》1998年第2期。

马家坟地点位于平谷县东部约 21 公里,红石坎河右岸的二级阶地,已找到石制品 26 件,原作者根据地貌位置判定,该地点的地质时代属于晚更新世早一阶段,即考古学上旧石器时代中期。

1996 年发现的王府井东方广场遗址是一处重要的旧石器时代晚期遗址,根据^{14}C 测定的数据,遗址的年代为距今 22670±300 年,1997 年在该遗址附近的中银大厦又发现一处旧石器晚期遗址,时代和前者相当[①]。

位于北京地区和冀东地区的这些旧石器时代遗址主要分布在河流的二级或三级阶地上,有些遗址中伴生有大量的哺乳动物化石。到目前为止,还没有更好的断代依据,同时由于多数遗址没有进行系统的发掘和研究,因此更精确的断代及遗址间的对比还需要进一步的工作。不过,本文作者认为和华北北部大多数二级阶地遗址相比,确定为阶段 3 可能更为合适一些。根据已有的年代资料可以划分为四个阶段:

第一阶段为旧时代中期,以黄土梁为代表,相当于中更新世。

第二阶段为旧石器时代中期,以马家坟为代表,相当于晚更新世早期。

第三阶段为旧石器时代晚期文化,以迁安爪村为代表,年代为距今 3.5 万—5 万年,相当于晚更新世中期。

第四阶段为旧石器时代晚期,包括淳泗涧、孟家泉、王府井等北京地区的露天遗址、官厅水库遗址群等,相当于晚更新世晚期。

---

① 李超荣、郁金城、冯兴无:《北京市王府井东方广场旧石器时代遗址发掘简报》,《考古》1999 年第 9 期。夏正楷、郑公望、岳升阳等:《北京王府井东方广场工地旧石器遗址地层》,《第四纪研究》1998 年第 2 期。

第二节 洞穴遗址

一、周口店遗址群

周口店遗址群位于北京西南约 50 公里的周口店镇的龙骨山，是中国旧石器考古的摇篮。自 1918 年春，瑞典人安特生(Anderson)发现鸡骨山化石地点，至今已发现的旧石器或其他文化遗物的地点共有 7 处，它们是周口店第 13 地点、第 1 地点、第 4 地点、第 3 地点(只发现用火遗迹)、第 22 地点(只发现 5 件石英)和山顶洞文化遗址，其中周口店第 1 地点、第 15 地点和山顶洞最重要。

(一)第 13 地点

该地点于 1933 年发现，同年 11 月至次年 7 月由裴文中主持发掘，获大量化石及部分遗物。地层分上下两部分，上层由极薄层的砂质红壤组成，几乎不含石灰岩碎块，上层上部变得模糊、沉积物颜色变得更黑暗，大部分土壤中观察到几层薄的不规则的方解石层理。下层堆积物的表面经过逐渐变化，石灰岩块更丰富，土壤中充填了更多的钙质，最终沉积物全部由嵌在坚硬土壤中的小石块组成，偶尔混有大的石笋状碎块。两层之间呈渐变过渡，下层代表一个洞穴或隐蔽的裂隙，上层则代表洞顶全塌之后的堆积。

第 13 地点发现的动物化石有以下几个特点：第一，种类全，有食虫类：刺猬(*Erinaceus* sp.)，食肉类：变异狼(*Canis lupus variabilis* pei)头骨及肢骨、狐(*Vulpes.* cf. *Corsac l.*)的头骨、熊(*Ursus* sp.)下颌骨、獾(*Meles* cf. *leucurus* Hodg)头骨、鼬(*Mustela* sp.)下颌骨和头骨、中国鬣狗(*Hyaena sinensis* Owen)头骨等、猎豹(*Cynailurus* sp.)几个牙齿；啮齿类：黄鼠(*Spermophilus* sp.)

下颌骨、旱獭（*Arctomys* sp.）、丁氏鼢鼠（*Myospalax tingi Yong*）、豪猪（*Hystrix* sp.）头骨和下颌骨、鼠兔（*Ochotona* sp.）、兔（*Lepus* sp.）许多头骨；奇蹄类：三门马（*Equus* cf. *Sanmeniensis* T. et P.）下颌骨、梅氏犀（*Rhinoceros mercki Kaup.*）头骨和骨架、披毛犀（*Coelodonta antiquitatis blumenbach*）一个下颌骨；偶蹄类：李氏野猪（*Sus lydekkeri Zdansky*）、大角鹿、斑鹿。第二，化石完整，多以完整的头骨和骨架保存。第三，含一些早更新世种如丁氏鼢鼠及中更新世较早的标本，故其时代应略早于第1地点[①]。

（二）第1地点

周口店第1地点是一大的垂直型山洞，东西长140米，南北最宽处约20米，向西渐渐变窄，洞西现存堆积宽约2.5米，再向西有渐灭趋势。

洞的发育、形成、使用与废弃过程受地质地貌及古气候的影响明显。它发育于奥陶纪灰岩之中，由于构造运动，灰岩在此处产状接近90°，上新世时北京地区气候温暖湿润，因此在地下水沿层面溶蚀作用下，洞穴至迟在更新世初期即已形成。起初为一封闭溶洞，后因周口河的侧蚀作用，在洞穴东部形成一洞口，由于洞穴底部低于周口河，使得周口河水携带沉积物于洞内，形成中更新统的龙骨山组（相当于16—17层）。根据龙骨山组与其上周口店组的不整合接触和沉积物来判断[②]，至少在14层时洞顶有部分坍塌，形成天窗，与此同时洞穴底部逐渐填平并干燥。这样在猿人进入洞穴之前，洞穴基本上是一顶部有天窗、地面干燥而平整的一个垂

[①] 裴文中：《周口店13地点的发掘报告》，载《裴文中科学论文集》，科学出版社1990年版。

[②] 黄万波：《中国猿人洞穴堆积》，《古脊椎动物与古人类》1960年第1期。

直型大型溶洞①。

周口店第 1 地点的地层厚达 30 多米,文化层被划分为 13 层,另有四层不含动物化石和文化遗物,今据贾兰坡 1959 年发表的剖面,自上而下叙述如下②:

中更新世晚期 Q_2^3

第 1 和第 2 层为含化石的角砾岩,中夹多层"钙板",从中出土少量的石制品,厚约 4 米。

第 3 层为角砾岩堆积,中含化石、石器、用火遗迹,Ⅴ号猿人头骨及残下颌骨两件,厚约 3 米。

用 U 系法测年,第 3 层的年代为 $23.3 \pm_{2.3}^{3}$ 万年。1—3 层的

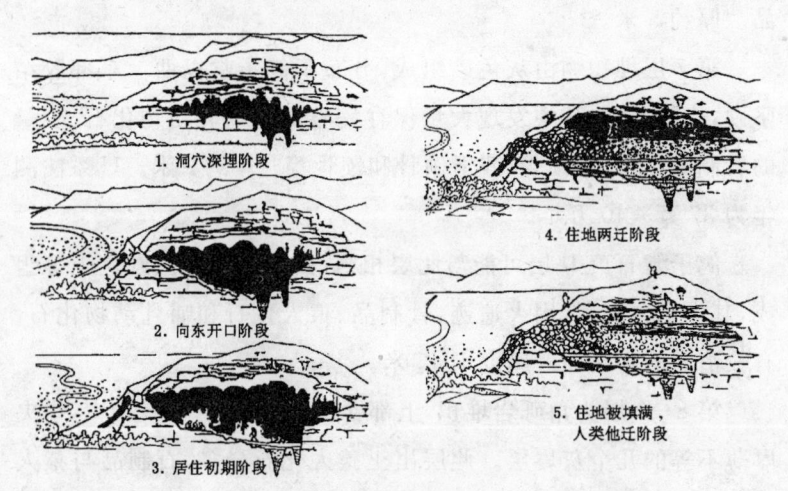

图 2—15　北京人洞穴使用过程(据吴汝康等,1985)

---

①　任美锷、刘泽纯等:《周口店洞穴发育及其与古人类生活的关系》,载吴汝康、任美锷主编:《北京猿人遗址综合研究》,科学出版社 1985 年版。
②　贾兰坡:《中国猿人化石产地 1958 年发掘报告》,《古脊椎动物与古人类》1959 年第 1 期。

代表化石有:肿骨鹿(*Megaloceros pachyosteus* Yong)、赤鹿(*Cervus elaphus*)、中国鬣狗(*Hyaena sinenis* Owen)、最后鬣狗(*Crocuta ultima*)。

中更新世中期 Q_2^2

第 4 层为松散的灰烬堆积,从中发现大量的小哺乳动物化石、多件猿人化石、数以千计的石制品,为上文化层,厚约 6 米。本层热释光测年为 29 万－31.万年,U 系测年为 $30.0\pm^4_3$ 万年。

第 5 层青灰色硬灰层,含化石和少量石器。厚约 1 米。

第 6 层系角砾岩堆积,上部胶结坚硬,下部渐变疏松,中夹大块灰岩。从此层中发现过烧骨、相当丰富的哺乳动物化石和石制品。厚约 5 米。

第 7 层堆积物由灰色砂组成,分布于鸽子堂以西。东部胶结坚硬,西部松散,从中发现大量保存完整的大哺乳动物化石、少量的石制品、猿人右顶骨、残下颌骨和锁骨等。厚约 2 米。U 系法测年为 37 万－40 万年。

鸽子堂石英 II 层可能与此层相当,由角砾、灰烬、红色土等组成,其中富含石器、用火遗迹、骨制品、猿人化石和哺乳动物化石,有较清楚的生活面。厚度 1.45 米。

第 8－9 层为角砾岩堆积,上部含土多,下部含砂量增大,中夹厚薄不等的几个灰烬层。此层出土猿人化石最多,石制品与猿人化石亦相当丰富,为下文化层。厚约 6 米。本层 U 系法测年为 $42\pm^{1.8}_{1.0}$ 万年。

第 10 层红土层,下部夹有一薄层灰烬。从中发现一些哺乳动物化石和猿人化石左上颌骨 1 件。厚约 2 米。热释光测年 52 万－61 万年,裂变径迹法为 46.2 ± 4.5 万年。

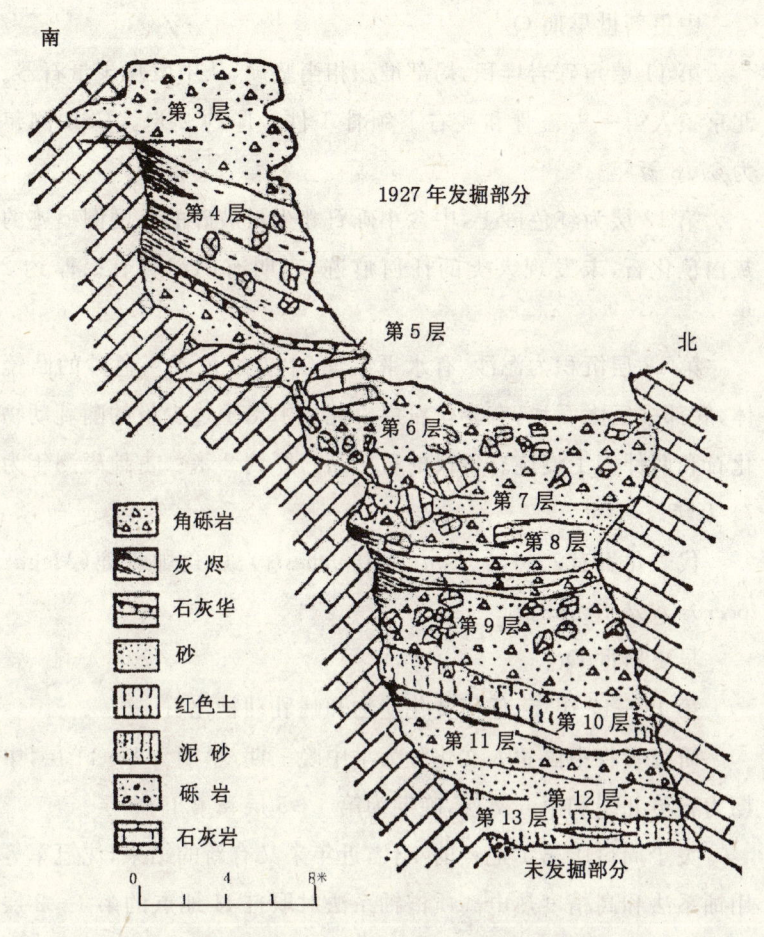

图 2—16 周口店第 1 地点地层剖面图(据贾兰坡,1959)

第 4—10 层代表化石有:剑齿虎(*Megantereon inexpectatus*)、居氏大河狸(*trogontherium cuvieri*)、肿骨鹿(*Megaloceros pachyosteus* Yong)、葛氏斑鹿(*Cervus grayi*)、李氏野猪(*Sus lydekkeri*)、中国鬣狗(*hyaena sinensis*)、变异狼(*Canis variabilis*)、硕猕猴(*Macaca robustus*)、狼(*Canis lupus*)等。

中更新世早期 Q_2^1

第11层角砾岩堆积,局部堆积相当坚硬,从中发现少量石器、北京猿人第一头盖骨和残右下颌骨1件。厚约2米。ESR测年为57.8万年。

第12层为红色砂土,中含小砾石和少量破碎的有磨圆痕迹的灰白色化石,未发现人类的任何痕迹,表明有阴河存在。厚约2米。

第13层沉积为泥沙,有水平层理,中夹红色或灰色砂的凸镜体,底部多巨大石块,有粪化石层。此层中出土过少量的哺乳动物化石和两件人工痕迹有争议的石质品。厚约2米。古地磁测年为71万年。

代表化石有三门马(*Equus sanmenesis*)、扁角肿骨鹿(*Megaloceros flabelltus*)。

早更新世 Q_1

第14－17层,无任何文化遗物和哺乳动物化石。

研究者将中国猿人文化分为早中晚三期,早期为8－11层,中期为石英Ⅱ层和第6、7层,晚期为第4－5层和第1－3层。

关于周口店第1地点的年代,近年来又有新的结果,沈冠军等用铀系法和高精度热电离质谱铀系法对取自H地点的第1－2层即钙板层的样品测定后分别为 $42\pm^{0.11}_{0.05}$ 万年[1]和 41 ± 0.01 万年[2],这一结果与以前的结果出入较大,如果这一结果最终证明无误的话,对人类学、考古学的研究将会产生很大影响。但有人认为采集

---

[1]　沈冠军、金红林:《北京人遗址上限再研究》,《人类学学报》1991年第4期。
[2]　沈冠军、顾德隆等:《高精度热电离质谱铀系法测定北京猿人遗址年代初步结果》,《人类学学报》1996年第3期。

标本的钙板可能是早期洞穴堆积物的残留体①。有鉴于此,本书仍暂以过去的测年为准。

(三) 第 15 地点

第 15 地点位于北京猿人之南约 70 米,西距周口店第 4 地点约 10 米,为一裂隙或完全坍塌的洞穴堆积。已发掘部分东西长 13 米、南北宽 16 米、深 10 米,堆积物自上而下可分三层,上层主要是浅黄色土,中夹虫状钙质物,中层为大块灰岩,下层为含灰岩块的浅灰色物,石器和哺乳动物各层都有,在中层还有灰烬层、朴树籽和烧骨②。

遗址中出土的动物化石有 33 种——翼手类 2 种,肉食类 3 种,啮齿类 15 种,奇蹄类 2 种,偶蹄类 7 种,长鼻类 1 种,其中鉴定到种的有虎(Felis tiglis)、披毛犀(Coeloadonta antiquitatis)、肿骨鹿(Megaloceros pachyosteus)、赤鹿(Cervus elaphas)、普氏羚羊(Gazella ppraewalskyi)5 种。

根据哺乳动物化石,裴文中认为这个地点虽然存在肿骨鹿,像周口店那样属黄土前期,但发现的赤鹿和普氏羚羊是第 1 地点不具备的,而第 1 地点的代表性动物剑齿虎、大河狸、梅氏犀、转角羊、水牛、鬣狗等则不见于第 15 地点,肿骨鹿在第 1 地点十分丰富,而在第 15 地点罕见,并被下颌骨稍薄的种取代,故推测与第 1 地点同属黄土前期而应晚于第 1 地点③。

---

① 张银运:《直立演化拟或分支演化——中国的人类化石证据》,《第四纪研究》1999 年第 2 期。

② 邱中郎:《中国旧石器时代中期文化》,载吴汝康、吴新智、张森水主编:《中国远古人类》,科学出版社 1989 年版。

③ 裴文中:《新的旧石器遗址——周口店第 15 地点的初步研究》(节译),载《裴文中科学论文集》,科学出版社 1990 年版。

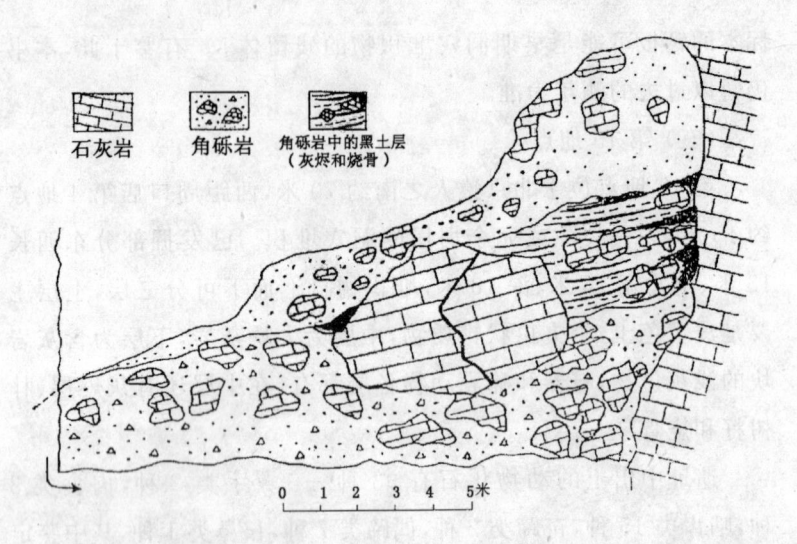

图 2-17　周口店第 15 地点南北向剖面图(据裴文中,1939)

（四）第 4 地点

第 4 地点位于龙骨山南坡,距第 1 地点 70 余米,在第 15 地点西,两地点紧相邻。该地点高出周口河 46 米,洞口向南,发现时洞口已大部分坍塌,基本上属于露天堆积。

第 4 地点先后进行过两次发掘,第一次是由裴文中先生 1937 年主持发掘的,他把第 4 地点的堆积分为上下两个部分,上部堆积呈灰色,与大量看起来新鲜的蜗牛壳、土状堆积胶结在一起,然而至较深处,沉积物变得较红,且胶结得相当坚硬,并认为上部堆积有点像山顶洞的堆积[1]。

1967 年发现与第 4 地点相连的新洞,后经发掘,始知所谓

---

[1] Pei, W. C. ,1939, "New Fossil Material and Artifacts Collection from the Choukoutian Region during the Years 1937－1938." *Bull. Geol. Soc. China*, 19: 207－234.

新洞实际上是第 4 地点的一部分，第 4 地点位于洞口，其上洞顶已经坍塌，新洞位于洞内，虽然洞顶保存较好，但洞中实际上并没有文化遗物，从地质学上判断，两地点实际为一个洞穴。在这次发掘中，顾玉珉对地层也作了记述：堆积物为黄色砂砾层，含有大量的石灰岩块，呈角砾状。根据沉积物的胶结情况，可分上下两层，上层松散，下层胶结坚硬，上下层均发现动物化石和石制品[①]。

在第 4 地点发现了大量的哺乳动物化石，其中啮齿类和鸟类占有相当的比例，岩松鼠（*Sciurotamias davidianus*）和赤鹿（*Cervus elaphus*）是晚更新世典型动物，而硕猕猴（*Macaca robustue*）、翁氏鼢鼠（*Myospalax wongi*）、似李氏野猪（*Sus cf. lydekkeri*）、肿骨大角鹿（*Megacerospach yosteus*）和似翁氏兔（*Lepus cf. wongi*）常见于周口店第 1 地点，总体来看，在第 4 地点中绝灭种占 17.5%，绝灭属占 6.06%，年代明显晚于第 1 地点、早于山顶洞，和周口店第 15 地点相当。

表 2—1　第 4 地点哺乳动物化石绝灭属、种的对比一览表

	绝灭属	绝灭种	现生种
第 4 地点	6.06%	17.5%	82.5%
第 1 地点	10.94%	63.07%	36.93%
第 3 地点	2.27%	10.53%	89.47%
第 15 地点	7.14%	12.5%	87.5%
山顶洞	0	12.1%	87.9%

---

① 顾玉珉：《周口店新洞人及其生活环境》，载中国科学院古脊椎动物与古人类研究所编：《古人类论集》，科学出版社 1978 年版。

目前,关于周口店第 4 地点的绝对年代测定数据有三类:以灰烬中灰土样测定的^{14}C 数据大于 4 万年;以灰烬中石英为样品测得的热释光数据为 25.7±3.6 万年;铀系法以鹿牙为样品,测定了 5 个数据,分别为:第 3 水平层 12.2 万—17.1 万年,第 4 水平层 10.0 万—16.0 万年,第 6 水平层到第 7 水平层为 17.1±$^{1.5}_{1.3}$万年和 15.6±$^{1.3}_{1.1}$万年,第 7 水平层为 12.4 万—16.1 万年。总体来看,和哺乳动物化石对年代的判断相符,属于中更新世晚期[①]。

(五)第 22 地点

周口店第 22 地点,位于太平山西南脚下,南距周口店 250 米左右,为一裂隙堆积。文化遗物和动物化石均出自红色土堆积中,动物化石中既有晚更新世的最后鬣狗(*Crocuta ultema*)和赤鹿(*Cervus elaphus*),也有梅氏犀(*Rhinoceros mercki*)和肿骨大角鹿(*Euryceros* sp.),另外还有葛氏斑鹿(*Pseudaxis* cf. *grayi*)、水牛(*Bubalus* sp.)和羚羊(*Gazella* sp.)等[②]。其时代应晚于周口店第 1 地点,和第 15 地点相当。

(六)山顶洞文化

山顶洞由洞口、上室、下室和下窨组成,其文化层分布如下(图 2—18)[③]:

a:洞口和"上室"

[①] 吴汝康、任美锷、朱显谟等:《北京猿人遗址综合研究》,科学出版社 1985 年版。

[②] 贾兰坡:《中国猿人化石产地 1958 年发掘报告》,《古脊椎动物与古人类》1959 年第 1 期。

[③] 裴文中:《周口店山顶洞之文化》,载《裴文中科学论文集》,科学出版社 1990 年版。

第1层(最顶层):在靠近洞口的地面之上3米处,厚约30厘米。由此发现少量人骨,一枚穿孔的牙齿和两件火石石器。

第2层:再分成若干薄层,在上室地面之上1米,有少许人骨和28枚穿孔的牙齿。

第3层:在"上室"最底部,土色甚黑,厚达60厘米。文化遗物很少,但有清楚的人类居住的痕迹:钟乳石地面和石灰岩被烧过。

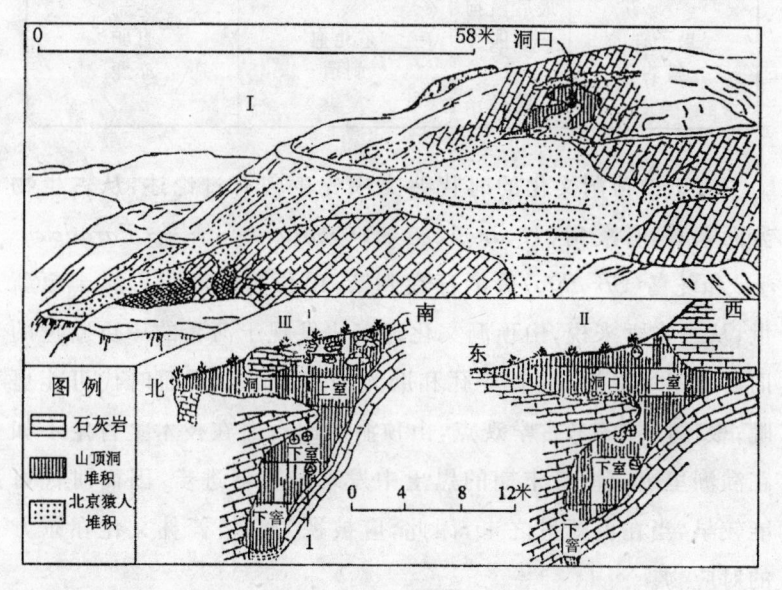

图2-18 山顶洞遗址剖面图(据裴文中,1939)

b."下室"

第4层:下室地面之上5米。

第5层:正好在下室地面上。

第4、5两层比较厚,出土了几枚单个的人牙、许多穿孔的牙齿骨坠以及一件燧石石片。在它稍上面一点,发现三具完整的人类头骨和一批其他部分的人骨。这里可能是一葬地,后为食肉类动物所扰乱,但不是一个住地。在下窨除了发现聚集在一起的动物骨头和骨架外,没有发现人类遗骸和异物。遗址中发现的动物化石有 49 种,可分 4 个类型。

表 2—2 山顶洞动物群分类表

今限于南方类型	绝灭类型	与东北动物群有关的类型	与西北动物群有关的类型
果子狸 猎豹	最后鬣狗 洞熊 象 鸵鸟	东北狍 刺猬	野驴 赤鹿

关于山顶洞文化的时代裴文中先生曾有过论述:从古生物方面来看,有鬣狗(*Hyana*)、猎豹(*Cynilurus*)、香猫(*Paradoxurus*)和鸵鸟(*Struthio*)等的存在判断,山顶洞的堆积仍属于更新世;从考古学来说,山顶洞文化肯定比发现于河套的中更新世的旧石器遗址更进步(有穿孔和磨光的装饰品),因而时代可能更晚;根据同样的考古学观点,山顶洞的旧石器在技术上肯定不如在满洲里更新世最末期的黑土中发现的石器进步,因而时代可能较早,当在更新世之末,因此,应被视为马格德林文化在东方的对应物。

根据测年数据,一般将山顶洞的年代定在 18340±410 年,标本来自下窨,文化层中的样品差距较大,如常规 ^{14}C 为 10470±360 年(标本来自 L4),U 系法为 19000±1000 年(标本无层位)[①],加速器质谱 ^{14}C 测定山顶洞文化层堆积的年龄为距今 2.7 万年左

---

① 张森水:《环渤海地区旧石器时代考古回顾》,载河北文物研究所编:《环渤海考古国际学术讨论会论文集》,知识出版社 1996 年版。

右,而下窨是从 3.4 万年开始堆积的①。

二、东北南部几个洞穴遗址

(一) 金牛山

金牛山遗址位于营口县大石桥镇西南 6 公里田屯村西。金牛山是一孤山,由灰岩和白云质灰岩组成,面积不到半平方公里,海拔 70 米。由于岩溶作用山体形成多个洞穴和裂隙,有些被化石和第四纪堆积所充填。1974 年由于开山取石发现两处古人类文化遗址即 A 地点和 B 地点,均含有石制品、用火遗迹、骨制品和哺乳动物化石。1984 年在 A 地点发掘时,在遗址的居住面上发现有人类化石,大量敲骨食髓后遗留下的碎骨片。

关于金牛山遗址的时代,一直认为和北京人晚期文化相当,自从金牛山发现人类化石以后,有学者认为金牛山 A 点洞穴是一天窗型漏斗式垂直洞穴,即洞穴的开口朝天,上宽下窄,靠近溶洞南壁处的"暗洞"是漏斗的颈部,是一排泄孔道。由于流水作用,久而久之,在中更新世地层中形成一次生洞穴,次生洞穴中的堆积物应为晚更新世堆积②。根据人类化石的特征认为金牛山人的年代应是晚更新世之初③。

但是随着对金牛山遗址进一步的发掘和研究,发现金牛山遗址的洞穴不是上开天窗的漏斗形,而是两壁几乎垂直,上有洞顶的

---

① 陈铁梅:《山顶洞遗址第二批加速器质谱 ^{14}C 年龄数据与讨论》,《人类学学报》1992 年第 2 期。
② 黄万波、尤玉柱、高尚华等:《关于金牛山遗址洞穴的探讨》,《中国岩溶》1987 年第 1 期。
③ 吴汝康:《辽宁营口金牛山人化石头骨的复原及其主要性状》,《人类学学报》1988 年第 2 期。

洞穴,自上而下可将洞穴中的堆积划分为11层,层与层之间既无倒置关系也无打破关系:

1. 棕褐色黏土质粉砂,含少量零星分布的结核和骨渣,上部和洞顶直接相连,不见空隙。厚1.3米。

2. 棕黄色黏土质粉砂,含四层薄结核层,胶结较坚硬。有鹿、扭角羚羊、洞熊等化石。厚约2米。

3. 洞穴角砾,胶结极坚硬,含鹿类碎骨化石。厚约0.5米。

4. 棕黄色黏土质粉砂,下部有一钙板层,含有个别大石块。有赤鹿等丰富的动物化石。厚1.2米。

5. 大石块角砾层,填充棕红色砂质粉砂,胶结较坚硬。含啮齿类、鹿和犀牛等化石。厚约2.5米。

6. 洞穴角砾,填充物为棕红色砂质粉砂,胶结很坚硬。含化石丰富,有肿骨鹿、獾、硕猕猴等。厚1.8米。

7. 棕红色粉沙质砂。由1—5厘米厚的薄水平互层组成,含黄绿色啮齿类凸镜体及小量角砾(大者径45厘米)。南部厚度变大,向北厚度变薄并逐渐过渡为厚50厘米之棕红色砂黏土及钙板,含动物化石丰富,有野猪、斑鹿、大角鹿、犀牛和熊。在近南壁的水平砂层中,出土有一较完整的熊骨架。该层底部有略呈层状排列的大石块将其与下部地层分开。厚0.5—2.8米。

8. 棕红色砂黏土层,即文化层。上部含砂稍多,下部多黏土。含零星角砾,一般为1厘米左右,个别的为大石块,径可达40厘米。含丰富的文化遗物和动物化石,本层向北厚度逐渐变薄。厚1.3—1.5米。

9. 钙板、棕红色砂黏土互层。钙板厚4—8厘米,共11层,砂黏土层厚6—16厘米,含少量完整的动物化石。本层只出露于发

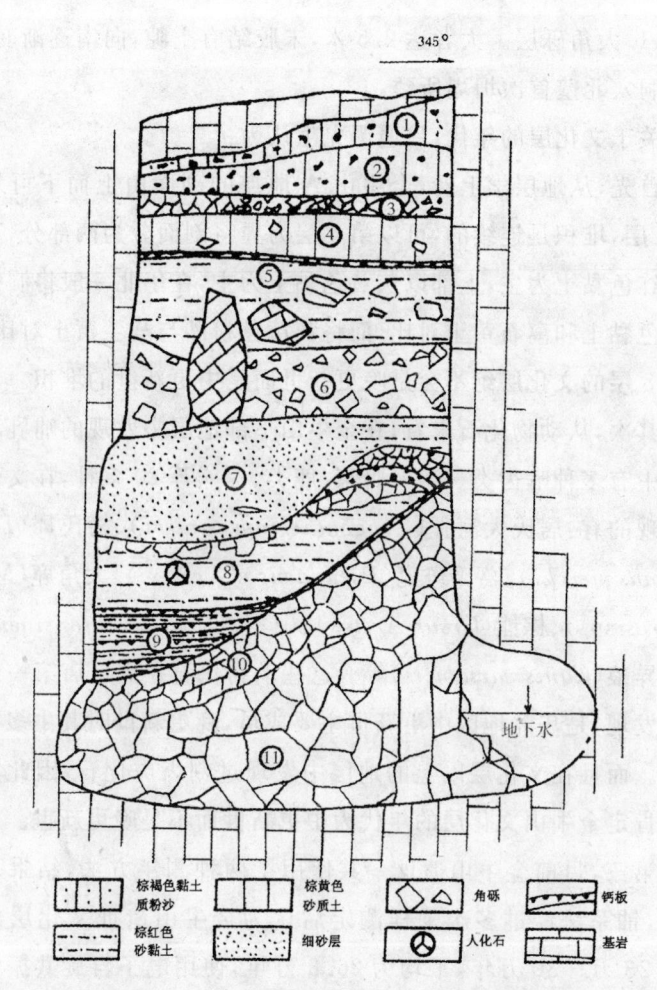

图 2—19 金牛山遗址地质剖面图(依吕遵谔,1996)

掘区的中间以南部分。厚 1.6 米。

10. 角砾层。本层层面倾斜,倾向为 163°,倾角 24°坡面长 6.3 米,角砾最大者 15 厘米,一般在 15 厘米之间,从产状和结构看显然是洞穴北壁坍塌所致。

11.大角砾层。大者达 2.5 米,未胶结有空隙,向南逐渐变薄,应是洞穴北壁首次坍塌所致。

关于文化层的年代,吕遵谔先生认为:

首先,从地层学上看,金牛山 A 地点的剖面由上而下可划分为 11 层,堆积是连续的,可以第 4 层为界将剖面分为两部分,下部以棕红色黏土为主,上部以灰黄色黏土为主,在华北一般将洞穴中棕红色黏土和离石黄土对比,而将灰黄色粉砂与马兰黄土对比,处于第 8 层的文化层绝不会是晚更新世而是中更新世的堆积。

其次,从动物化石来看,在金牛山下部地层中发现的哺乳动物化石中有多种啮齿类、犀牛、野猪、鹿类、棕熊等 20 多种,在文化层中发现的有:居氏大河狸(*Trogontherium cuvieri*)、梅氏犀(*Dicerorhinus mercki*)、葛氏斑鹿(*Pseudaxis* cf. *grayi*)、大角鹿(*Megaloceros* sp.)、棕熊(*Ursus Arctos*)、中华貉(*Nyctereutes sinensis*)和变异狼(*Canis variabilis*)等。这些动物化石在周口店第一地点都有发现,是华北地区中更新世主要成员,晚更新世时其中多数绝灭了。而且在文化层以上的地层中发现过剑齿虎化石,因此完全可以肯定金牛山文化层的年代为中更新世而不是晚更新世。

第三,目前金牛山遗址一共使用了两种测年方法,结果基本吻合,铀系法经过多次采样测定后认为金牛山遗址文化层的年代为 23 万-30 万年,平均为 26.3 万年,使用电子自旋共振法测定的年代数据有两个,一个为 22.8 万年,一个是 18.7 万年,两个数据使用的是同一批样品。虽然这两个数据年代明显偏小,但是据样品提供者提供的资料,得出这两个年代数据的样品中只有两个来自文化层,其余均采自洞壁外侧,而来自文化层两个样品的年代分别为 $30.4\pm_{3.6}^{5.4}$ 万年和 $25.8\pm_{2.6}^{3.2}$ 万年,和铀系法测年结果基本一致①。

综合以上论述,金牛山遗址中代表人化石的文化层的年代为中更新世晚期,和北京人晚期文化的年代相当,绝对年代为距今26万年左右。

(二)鸽子洞

鸽子洞遗址位于辽宁省喀左县水泉乡瓦房附近,在41°15′N、124°50′E,海拔250米,高出大凌河水面约35米。发现于1956年,是我国东北地区最早发现的旧石器时代洞穴地点,1956年和1973年先后进行过两次发掘,文化遗物主要在A洞中发现。地层自上而下共分为6层②:

1.灰黄色土层。堆积十分松散,颗粒极细,内含石灰质物质,粒径一般为1毫米,大者达1厘米,但为数极少。层理不显,最厚达1米,其中含辽金陶瓷片等遗物。

2.灰岩角砾。文化层。角砾都是片状石灰岩,有些裹有坚硬的风化外壳,粒径一般为4—6厘米,最大者达18厘米,在砾石间填有浅黄色土,其中发现多种哺乳动物化石和数十件石器,最厚处达1.2米。

3.灰烬——文化层。此层呈凸镜体状分布,中部最厚达50厘米,向南延伸至洞壁,向北尖灭。灰烬层堆积疏松,质细,无黏性,颜色有黑、黄、粉、白和灰色相间。在这一层发现烧骨、木炭、烧土

---

① 吕遵谔:《金牛山遗址1993、1994年发掘收获和时代探讨》,《东北亚旧石器文化——1996年国际学术会议》,韩国国立忠北大学先史文化研究所、中国辽宁文物考古研究所,1996年。

② 鸽子洞发掘队:《辽宁鸽子洞旧石器遗址发掘报告》,《古脊椎动物与古人类》1975年第2期。

块、旧石器和哺乳动物化石。

4. 灰色土层。是一凸镜体，分布范围与第三层相似。此层堆积致密，相当坚硬，垂直节理发育，堆积物颗粒极细，最厚处 50 厘米，未发现任何动物化石和文化遗物。

5. 黑色和棕黑色土层，块状结构，颗粒极细，强黏性，未发现化石和文化遗物，最厚处达 5.3 米。

6. 大角砾层。此层灰岩角砾甚大，一般长度为 20—30 厘米，最大者达 80×50 厘米。在角砾的缝隙中夹有少量石灰岩风化的红黄色土，未见底。

和石器伴出的动物化石包括 B 洞发现的共有 20 多种，重要的有狼（*Canis* cf. *chihliensis*）、小野猫（*Felis* cf. *Micritis*）、最后鬣狗（*Crocuta ultima*）、普氏野马（*Equus* cf. *Przewalskyi*）、野驴（*Equus hemionus* pallas）、披毛犀（*Coelodonta* sp.）等。

（三）小孤山遗址

小孤山位于辽宁海城，地理坐标为 41°34′53″N，122°58′30″E，该遗址发现于 1981 年，1983 年和 1985 年进行发掘，出土了大量的石制品、骨制品和动物化石，是我国旧石器时代晚期一处重要的文化遗址，洞内堆积物自上而下分层描述如下[①]：

5. 黑褐色黏土质粉砂土含白云质大理岩角砾层。它覆盖着洞口附近以外的大部分洞穴，厚度由洞口附近的几厘米到洞后部增加到 70 厘米，含大量新石器到明清以至现代的文化遗物，这是一个严重扰乱的全新世地层。

4. 褐色黏土质粉砂层，内含零星的白云质大理岩角砾和成分

---

① 张镇宏等：《辽宁海城小孤山遗址发掘简报》，《人类学学报》1985 年第 1 期。

以花岗岩为主的砾石,这层主要分布于洞内的中后部东侧,最厚处达 2 米,近东壁处有铁锰淋滤现象,从这层沉积物中出土了少量的石制品和动物化石。

3. 角砾、砾石夹黄褐色黏土质粉砂层。此层在洞口附近厚达 2 米以上。角砾为由洞顶和洞壁坍塌的白云质大理岩,尺寸一般较大,不少长度超过 1 米,在靠近洞口的两侧壁,角砾之间充填着黑色粉砂质黏土胶结坚硬,本层出土了一些骨角制品、石制品和动物化石。热释光年代测定为 40000±3500 年。

2. 角砾夹黄褐色黏土质粉砂层。角砾成分亦为白云质大理岩,砾石成分则以花岗岩为主,少数为中基性的浅成侵入岩。此层分布于整个洞室,近洞口处厚约两米左右,向内逐渐减薄成了 1 米左右。这层与第 3 层之间并不存在明显的界限,而是逐渐过渡,上层以角砾为主,下层以砾石为主,砾石的岩性、磨圆度、大小等与洞外河床所见一致。小孤山遗址的石制品和动物化石主要出自此层。

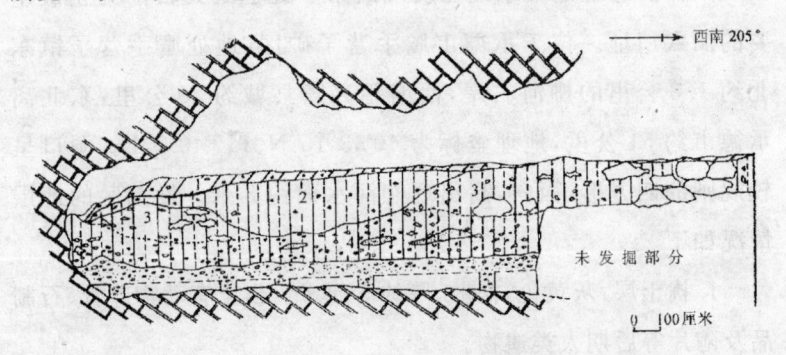

图 2—20 小孤山遗址地质剖面图(据张镇宏等,1985)

1. 砂砾层。砾石成分同第 2 层,由洞后面的 50—80 厘米向洞前部逐渐加厚到 1 米以上,这层也出土了一些动物化石和石制品。

小孤山遗址中出土了大量的动物化石,但成分复杂,包括猛犸象（Mammuthus primigenius）、野马（equus przewalskyi）、三门马（Equus sanmwniensis）、披毛犀（Celodonta antiquitatis）、梅氏犀、普氏羚羊（Gazella przewalskyi）、青羊（Naemorhedus goral）、粗角羚羊（Pachygazella sp.）、野牛（Bison sp.）、水牛（Bubalus sp.）、北京香麝（Moschus moschiferus var. Pekinensis）、斑鹿（Cervus sp.）、加拿大马鹿（Cervus canadensis）、河套大角鹿（Megaloceros ordosianuis）、东北狍（caprealus monchuricus）、野猪（Sus scrofa）、最后斑鬣狗（Crocuta ultima）、洞熊（Ursus cf. Splaeus）、棕熊（Ursus arctis）等，其中梅氏犀（Dicerorhinus meroki）和三门马（Equus sanmwniensis）的时代明显偏早，可能是从早期地层中混入，其他为晚更新世常见种类。

三、冀东地区

四方洞遗址是冀东地区发现的第一处也是到目前为止最重要的洞穴遗址。位于承德市鹰手营子矿区，地处鹰手营子镇东北约1.5公里的柳河右岸，西南距兴隆县城约20公里，东北离承德市约51公里，地理坐标为40°33′15″N、117°40′8″E。洞口呈较规则的四方形，西向，高出现柳河水面约3米。发掘区的地层情况如下[①]：

1. 扰土层：灰黄色，松散，厚约5厘米。出土有动物碎骨、石制品及陶片等后期人类遗物。

2. 上文化层：灰黑色松散的含砾砂土。受晚期扰动较大，发掘

[①] 中国科学院古脊椎动物与古人类研究所、河北省文物研究所：《四方洞——河北第一处旧石器时代洞穴遗址》，《文物春秋》1992年增刊。

区被汉代灰坑打破,厚度变化大最厚处 50 厘米,最薄处仅 10 厘米。本层出土了部分烧骨、炭屑、石制品和动物化石,动物化石有中华鼢鼠(*Myospalax fontanieri*)和鹿类(*Cervus* sp.)。

3. 下文化层:灰白、黄褐杂色亚砂土夹角砾层,并含有磨圆度较高的小砾石,上部可能受到扰乱,厚 30—60 厘米,角砾砾径大约在 15 厘米以下,小砾石砾径在 2—5 厘米之间,该层出土了大量的文化遗物、遗迹包括石制品、人工破碎石块等。动物化石有中华鼢鼠(*Myospalax fontanieri*)、鹿类(*Cervus* sp.)、牛(*Bos* sp.)、犀牛(*Rhinoceros* sp.)、野兔(*Lepus* sp.)等。由于出土的动物化石比较破碎,可以鉴定到种属者很少,能鉴定到种属的又不见时代标志鲜明的种类。从地质地貌情况来看,该洞口开口很低,堆积情况和附近二级阶地相对应,因此其时代不应早于晚更新世,因此定为旧石器时代晚期。

4. 红黄色含砂砾角砾层。厚约 60 厘米。

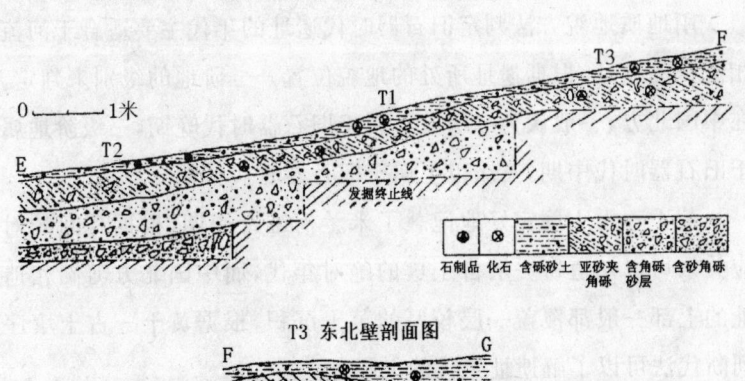

图 2—21 四方洞遗址地层剖面图(据谢飞等,1992)

综合上述分析,本区洞穴类遗址的年代可以划分为如下几个阶段:

第一阶段,周口店第 13 地点,相当于中更新世早期。

第二阶段,周口店第 1 地点、金牛山遗址,中更新世中期。

第三阶段,周口店第 15 地点、第 4 地点、第 22 地点等,中更新世晚期到晚更新世早期。

第四阶段,鸽子洞遗址,晚更新世中期。

第五阶段,山顶洞遗址、四方洞遗址、小孤山遗址,晚更新世晚期。

第三节　年代序列与文化分期

从上面分析可以看出,用于判定旧石器时代遗址年代的方法主要有地质地貌学、生物地层学、气候地层学、黄土地层学、同位素测年等,为了了解不同方法的利弊,我们首先作一简要回顾:

用地质地貌方法判定旧石器时代遗址的年代主要适合于河流相沉积的遗址,根据遗址所处的地貌位置——阶地的级别来判定。在中国北方,一般认为二级阶地属于旧石器时代晚期,三级阶地属于旧石器时代中期,三级以上属于旧石器时代早期。

黄土-古土壤完好地记载了米兰柯维奇周期,根据其间的对应关系可以知道每一层古土壤的绝对年代,而中国北方河湖相遗址的上部一般都覆盖一层较厚的黄土沉积,根据黄土-古土壤序列断代法可以了解遗址年代的上限。

根据生物演化的不可逆性,不同时期会生活着不同的动物群,反之,根据不同遗址中共生的动物群可以反推遗址的相对年代,这一方法是最常用的方法,但也是争论最多的方法,争论的原因主要有：某件标本的种属有争议；由于动物演化的连续性，故对于一个特定的动物群，往往是新老共存，不同研究者因对新老动物的意义解释不同而影响对时代的判定。

同位素测年给我们建立相对准确的年代序列提供了重要依据，带来的主要困惑是不同的测年方法之间往往不能很好地吻合，这可能是某些方法还不太成熟，也可能是测年数据尚少，不能很好地矫正误差。

根据深海氧同位素的研究，第四纪以来存在 100 多次冰期—间冰期的交替，而且这种现象在全球不同地区虽表现形式不同但都有同样频率的响应。由于气候变化在全球的一致性和广泛的可比性，相对于以往利用更新世三分法所确定的遗址年代也具有较高的精确性，因此国际旧石器时代考古学界逐渐采用这一办法来确定遗址的年代，其具体操作过程是：先确定遗址大致相对年代或绝对年代，然后根据遗址中其他遗物（孢粉、动物群、沉积物等）所反映的气候特点，来确定遗址的气候期。

为了更加准确地了解本区旧石器遗址的年代，本书在论述某一个遗址的年代时，将综合利用上述不同方面的研究成果，尝试建立相对准确的旧石器时代文化的年代序列。

一、东谷坨文化期

本区旧石器时代早期文化主要包括泥河湾盆地东部遗址群和周口店第 13 地点、第 1 地点。前者属于早更新世即东谷坨文化期。

泥河湾东部旧石器时代早期遗址仍然是目前中国最早的旧石器文化遗址，根据前文的讨论，泥河湾盆地东部遗址的年代可以划分为三个阶段：

早期：马圈沟遗址，绝对年代在 150 万－160 万年，相当于黄土－古土壤序列的 $S_{22}-S_{24}$。

中期：小长梁遗址、半山遗址，绝对年代为130万－140万年左右，相当于黄土－古土壤序列 S_{18}。

晚期：东谷坨遗址、岑家湾遗址、飞梁遗址、霍家地遗址，绝对年代应在距今90万－100万年之间，相当于黄土－古土壤序列的 S_9-S_{11}。

二、北京人文化期

周口店第1地点是目前在地层、年代、动物群、环境变化方面研究最为深入的地区之一，不同学者都尝试将周口店第1地点的沉积过程与黄土－古土壤序列、深海氧同位素进行对比（表2－3）[1]，属于这一阶段的遗址还有金牛山遗址、庙后山遗址和青瓷窑遗址。

表2－3 周口店第1地点的地层与深海氧同位素和
黄土－古土壤序列对比表

层 序	刘东生(1984)	徐钦琦(1999)	层 序	刘东生(1984)	徐钦琦(1999)
1			7		阶段11
2	阶段7,S_2		8－9		阶段12
3		阶段8	10	阶段13,S_5	阶段13
4－5	阶段9,S_3	阶段9	11		
6		阶段10	12		

三、许家窑文化期

本区属于旧石器时代中期的遗址主要有周口店第15地点、许家窑遗址、板井子遗址、雀儿沟遗址、鸽子洞遗址，除鸽子洞遗址年

---

[1] 刘东生、丁梦林：《中国早期人类化石层位与黄土——深海沉积古气候回旋的对比》，《人类学学报》1984年第2期。徐钦琦等：《北京人时代的三次冰期旋回》，载童永生主编：《演化的实证——纪念杨钟健教授百年诞辰论文集》，科学出版社1997年版。

代稍晚一些,其他遗址的年代相对集中,可以许家窑为代表视为同一个文化期。许家窑期的各遗址中除雀儿沟遗址年代比较确定外,其他遗址的年代都存在一定的争议,如何确定其在全球气候变化曲线上的位置,是一个比较困难的事情。

在中国北方还有两个著名的旧石器时代中期文化遗址——丁村遗址和大荔遗址,由于这两个遗址上部均覆盖有黄土-古土壤和大量的测年数据,为断代提供了较好的依据,我们将首先确定这两个遗址的年代后,再确定其他遗址的年代。

(一)大荔人遗址

对大荔人的年代目前有如下几种认识:一种是根据动物群,最初研究者根据河狸(*Castoridae* gen. Et sp. Indet.)、古菱齿象(*Paleoloxodon* sp.)、马(*Equus* sp.)、犀牛(*Coelodonta* sp.)、肿骨鹿(*Megaloceros pachyosteus*)、大角鹿(*Megaloceros pachyosteus* sp.)、斑鹿(*Cervus* cf. *Grayi*)、水牛(*Bubalus* sp.),推测为中更新世晚期[1],后因在含人化石上部地层中发现赤鹿(*Cervus canadensis*)化石,又有人推测为晚更新世早期[2];二是根据同位素测年的结果,铀系法为距今18万—23万年[3],电子自旋共振为25万年[4];三是最近有人根据黄土-古土壤断代

---

[1] 吴新智、尤玉柱:《大荔人遗址的初步观察》,《古脊椎动物与古人类》1979年第4期。

[2] 张森水、周春茂:《大荔人化石地点第二次发掘简报》,《人类学学报》1984年第1期。

[3] 陈铁梅等:《铀子系法测定骨化石年龄的可靠性研究及华北地区主要旧石器地点的铀子系法的年代测定序列》,《人类学学报》1984年第3期。

[4] 尹功明、孙瑛杰、业光渝、刘武:《大荔所在层位贝壳的电子自旋共振年龄》,《人类学学报》2001年第1期。

法对大荔人遗址的年代进行重新解释后认为,由于大荔人遗址上部的黄土—古土壤序列中发育有 S_1 和 S_2,因此大荔人的最晚年代应大于23万年或25万年[1],也有人认为大荔人遗址上部含 S_1、S_2、S_3 三条古土壤,而在洛河三级阶地砾石层中还发现有德氏水牛(*Bubalus teilhardi*),它与肿骨鹿、古菱齿象这些动物化石与北京周口店第1地点中下部层位很相似,因此,大荔人的年代应和北京周口店第1地点中部甚至下部相当[2]。

上述认识中,同位素测年使用两种方法所得到的数据基本接近,而动物群和黄土所得出的结论却有较大的出入。为解决这一问题,笔者于2000年对洛河一带的地质地貌进行了实地考察,发现全新世大暖气所形成的 S_0、阶段3形成的古土壤和 S_1 在洛河三级阶地上分布稳定,其野外特征可以和塬区剖面对比,而 S_2 在有些部位可以观察到,但其野外形态也不似塬区那么典型,而 S_3 则没有观察到。根据这次观察的结果,笔者认为,大荔人所在的三级阶地的形成时间可能略早于 S_2,很可能当时洛河游荡在较宽的范围,当有些部位为河床时,有些稍高部位正堆积着黄土,因此大荔人的年代应略早于 S_2,这和科技测年的结果比较吻合。至于不同学者动物群年代认识上的差异,是不同研究者所强调的重点不同,笔者认为,大荔人遗址虽然出现了德氏水牛(*Bubalus teilhardi*)、肿骨鹿(*Megaloceros pachyosteus*)、古菱齿象(*Paleoloxdon* sp.)、

---

[1] 尹功明、赵华、卢演俦等:《大荔人化石层位上限年龄的地质学证据》,《第四纪研究》1999年第1期。

[2] 薛祥煦、于学锋、李永项:《大荔人头骨化石产地地层的再研究》,《地层学研究》2000年第3期。

河狸(*Castoridae* gen. Et sp. indet.)、葛氏斑鹿(*Pseudaxis* cf. *Grayi*),但它和周口店第 1 地点的早中期还是有一定区别,至少赤鹿、大角鹿都属于晚更新世的代表动物,未见于周口店第 1 地点的早中期。因此笔者认为,把大荔动物群定位于略早于 S_2 相当于氧同位素阶段 7 到阶段 8 不应有太大出入。另外孢粉分析反映含大荔人化石、石器和哺乳动物的层位阔叶树增加,树种较多,真叶和阔叶树花粉含量几乎相当,草本植物占优势为特征。阔叶树占 10.4%,有桦榆、胡桃、栎、鹅耳栎、漆、槭;真叶林占 10.3%,以松为主;灌木和草本植物占 77.6%,有白刺、麻黄蒿、藜、禾本;少量香蒲和莎草,代表森林草原类型的植被;气候特点是温湿、半湿润的自然环境[①],也和这一时期的气候特征相符合。

(二)丁村遗址群

和大荔人遗址相比,丁村遗址的研究主要集中在第 100 地点,成果更为丰富。目前关于丁村遗址时代的看法主要有两种意见:一种意见认为丁村遗址的年代为中更新世晚期;其主要论据为丁村遗址所在的汾河第三级阶地上部普遍发育一条古土壤,属于中更新世红色土或离石黄土,因此位于其下的一套河流相沉积应属于中更新世晚期;也有学者认为和丁村人相伴生的哺乳动物群中包含梅氏犀(*Palaeoloxodon tokunagai*)、葛氏斑鹿(*Pseudaxis* cf. *Grayi*)、德永氏象(*Palaeoloxodon tokunagai*)等周口店动物群中的代表,虽也有晚更新世种属,应划为中更新世晚期。[②] 还有学者根据瓣鳃类、斧足类和介形类化石的研

---

① 孙建中、赵景波:《黄土高原第四纪》,科学出版社 1991 年版。
② 贾兰坡:《山西襄汾县丁村人类化石及旧石器发掘简报》,《科学通报》1955 年第 1 期。

究认为应属于中更新世[1]。持晚更新世说的证据有：动物化石主要为晚更新世分子，应属于晚更新世早期动物群[2]；根据孢粉和黏土矿物分析，出土人化石和大量旧石器的沙砾层所代表的气候应和现今相差不大，前期偏暖，后期偏凉，时代当属于晚更新世早中期[3]；需要注意的是最近有学者对汾河流域第三级阶地上部的古土壤属于阶段3时期形成，而不是S_1，其下的河流相地层年代相当于S_1[4]。此外，还有一种意见认为丁村遗址群中不同地点是有区别的，有的属于中更新世晚期，有的属于晚更新世早期[5]；第100地点的上部属于晚更新世、下部属于中更新世[6]。除了上述研究成果，科技测年也已有多个数据，氨基酸法测定丁村人化石产出层位为距今7万年[7]，铀系法为16万—21万年[8]，ESR为7.4万—10.4万年[9]。

上述研究为我们分析丁村遗址群的年代提供了坚实的基础。我们仍以第100地点为主，首先，我们认为问题的焦点仍然集中在遗址上部古土壤的属性上，李有利等对丁村遗址上部古土壤属性

---

[1] 黄宝玉、郭书元等：《山西中南部晚新生代地层和古生物群》，科学出版社1991年版。

[2] 裴文中、吴汝康、贾兰坡等：《山西襄汾县丁村旧石器时代遗址发掘报告》，科学出版社1958年版。

[3] 陈万勇：《山西丁村人生活时的古气候》，《人类学学报》1983年第2期。周昆叔、严富华：《山西丁村剖面考察及其花粉分析》，载《第四纪孢粉分析与古环境》，科学出版社1984年版。

[4] 李有利、傅建利、胡晓猛等：《用黄土地层学的方法研究丁村组的时代》，《地层学杂志》2001年第2期。

[5] 贾兰坡：《中国大陆的远古居民》，天津人民出版社1978年版。

[6] 陶富海、解晓勇：《丁村组底界的侵蚀面》，《地层学杂志》1990年第4期。

[7] 周义华：《北京猿人和丁村人的氨基酸年龄测定》，《人类学学报》1989年第2期。

[8] 陈铁梅等：《铀子系法测定骨化石年龄的可靠性研究及华北地区主要旧石器地点的铀子系法的年代测定序列》，《人类学学报》1984年第3期。

[9] 郑洪汉：《中国晚更新世河湖相地层与风积黄土》，《地球化学》1984年第4期。

的研究应该引起重视,根据笔者对陕西渭南、大荔、丁村三地阶段3和 S_1 时古土壤的野外特征观察,渭南发育最好,其次为丁村,再次为大荔,丁村遗址上部的古土壤不仅弱于渭南的阶段3,而且弱于渭南和大荔的 S_1,应当为阶段3时期的沉积物。又根据孢粉分析和黏土矿物分析的结果,丁村人生活时期前期较暖和,后期较凉爽,但总的说来,可能和现今出入不大,丁村第100地点的年代属于阶段5的后期到阶段4的前期,应当是合理的。这和丁村第100地点哺乳动物群披毛犀(*Coelodonta antiquitatis* Blumenbach)、野驴(*Equus hemionus* pallas)、野马(*Equus* cf. *Przewalskyi*)、葛氏斑鹿(*Pseudaxis* cf. *Grayi*)、河套大角鹿(*Megaloceros Ordosianus* Young)、原始牛(*Bos primigenuius*)所代表的年代是一致的,也和部分测年的结果相吻合。

但根据哺乳动物群的资料,丁村遗址群中各地点的年代是有差别的,无论从地质地貌还是动物群来看,第100地点应代表丁村遗址年代的上限。根据对四级阶地上覆黄土地层的观察在 S_1 和河流相地层之间尚有一层厚2米左右的黄土,因此三级阶地底砾层的年代可能会有一部分老于阶段5达到阶段6。也就是说丁村一带汾河三级阶地的年代应主要位于阶段5,但并不局限于阶段5,其上可延伸到阶段4的一部分,下可达到阶段6的一部分。根据这一结论,我们对不同地点的年代依动物群的性质推测如下:

第90、98地点都有德永氏象(*Palaeoloxodon tokunagai*),第96、98、99、100地点有葛氏斑鹿(*Pseudaxis* cf. *Grayi*),第90地点有梅氏犀(*Dicerorhinus mercki*),第102地点不含中更新世分子。据裴文中的研究,丁村一带的葛氏斑鹿(*Pseudaxis* cf.

Grayi)的一般形状似乎更接近于周口店第 3 地点和山顶洞的标本,而与周口店第 1 地点的标本稍远些。因此,丁村的葛氏斑鹿可能并不宜作为中更新世典型代表。这样,丁村第 90、98 地点因含有中更新世的德永氏象(*Palaeoloxodon tokunagai*)或梅氏犀(*Dicerorhinus mercki*)而划归阶段 5 到阶段 6,其他地点划为阶段 4 到阶段 5。

确定了大荔人和丁村人的年代之后,其他地点的年代就可根据动物群和气候特点进一步确定。

(三) 周口店第 15 地点

共发现哺乳动物 33 种,其中能鉴定到种的有:虎(*Panthera* cf. *tigris*)、披毛犀(*Coelodonta antiquitatis* Blumenbach)、肿骨鹿(*Megaloceros pachyosteus*)、赤鹿(*Cervus elaphas*)、普氏羚羊(*Gazella Przewalskyi*)。其中,肿骨鹿(*Megaloceros pachyosteus*)的标本中有一部分应划归大角鹿[①]。和大荔动物群相比,缺乏中更新世的葛氏斑鹿(*Pseudaxis* cf. *Grayi*)、德永氏象(*Palaeoloxodon tokunagai*),和丁村动物群相比,丁村第 90 地点的梅氏犀(*Dicerorhinus mercki*)和德永氏象(*Palaeoloxodon tokunagai*)不见于第 15 地点,而第 15 地点的肿骨鹿(*Megaloceros pachyosteus*)也不见于丁村第 90 地点,估计其时代早于丁村第 100 地点而晚于大荔人时代,和丁村第 90 地点相当,暂定为阶段 6。

(四) 许家窑遗址

已发现哺乳动物 5 目 19 种,其中能鉴定到种的 16 种,大部分

---

① 裴文中:《新的旧石器遗址——周口店第 15 地点的初步研究》(节译),载《裴文中科学论文集》,科学出版社 1990 年版。

为晚更新世常见种如似步氏田鼠（*Microtus brandtioides* Young）、诺曼古菱齿象（*Palaeoloxodon naumanni* makiyama）、披毛犀（*Coelodonta antiquitatis* Blumenbach）、蒙古马（*Equus* cf. *Przewalskyi*）、野驴（*Equus hemionus* pallas）、河套大角鹿（*Megaloceros Ordosianus* Young）、赤鹿（*Cervus elaphas*）、普氏羚羊（*Gazella Przewalskyi*）、鹅喉羚（*Gazella subgutturosa*）、原始牛（*Bos primigenuius*）等，但也包含中更新世分子裴氏扭角羊（*Spiroceros peii*）[①]，估计其年代应早于丁村第100地点，和丁村第90地点、周口店第15地点相比，丁村第90地点的梅氏犀（*Dicerorhinus mercki*）、德永氏象（*Palaeoloxodon tokunagai*）和周口店第15地点的肿骨鹿（*Megaloceros pachyosteus*）不见于许家窑遗址；许家窑的裴氏扭角羊（*Spiroceros peii*）也不见于上述地点，因此不好做进一步对比。从哺乳动物生态来看，绝大部分能适应干冷气候条件，孢粉分析也显示以草本花粉占优势，主要种类有蒿、藜、菊科、禾本科、莎草科，木本植物以云杉、松占多数，另有少量冷杉、雪松、铁杉等，具有冷期气候特征[②]。综合上述资料，我们认为许家窑遗址的年代应定为阶段6为宜。但是，由于许家窑遗址的动物化石材料中，裴氏扭角羊只发现了一颗牙齿，我们不能不对它的意义进行思考，考虑到阶段4时气候也十分寒冷，将许家窑遗址的年代定位于阶段4也有一定意义。

（五）河北阳原板井子

[①] 贾兰坡、卫奇：《阳高许家窑旧石器时代文化遗址》，载卫奇、谢飞编：《泥河湾研究论文集》，文物出版社1989年版。

[②] 周昆叔、梁秀龙、严富华等：《从泥河湾层花粉谈南沟冷期问题》，《地质科学》1984年第1期。

板井子遗址的动物化石只有两个可以鉴定到种,披毛犀和转角羚,全部属于晚更新世成员,铀系法测定骨化石有一个数据为大于距今7.4万年,不超过10.8万年,根据遗址所处的地貌部位,推测这一年代数据应该有一定的合理性[1],所以板井子遗址的年代相当于阶段4。

四、爪村文化期[2]

在研究区域属于这一阶段的旧石器遗址有辽宁喀左鸽子洞、河北迁安爪村。

(一)辽宁喀左鸽子洞

该遗址为一洞穴遗址,与石制品共生的哺乳动物化石有狼(*Canis* cf. *chihliensis*)、小野猫(*Felis* cf. *Micritis*)、最后鬣狗(*Crocuta ultima*)、普氏野马(*Equus* cf. *Przewalskyi*)、野驴(*Equus hemionus* pallas)、披毛犀(*Coelodonta* sp.)、直隶狼(*Canis* cf. *chihliensis* Zdansky)、小野猫(*Felis* cf. *microtis* Milne-Edwards)、最后鬣狗(*Crocuta ultima* Matsumoto)等,虽然不含有中更新世分子,但直隶狼、小野猫和最后鬣狗都和周口店第1地点的接近而和山顶洞的区别较大,推测其时代不应早于阶段5;我们暂时将鸽子洞遗址的时代置于阶段3的早期。

(二)河北迁安爪村

---

[1] 李炎贤、谢飞、石金鸣:《河北阳原板井子石制品的初步研究》,中国科学院古脊椎动物与古人类研究所:《参加第十三届国际第四纪地质大会论文集》,北京科学技术出版社1991年版。

[2] 作者在其他文章及本书第六章将这一时期称为"萨拉乌苏文化期"。由于萨拉乌苏遗址不属华北北部地区,这里用"爪村文化期"。

如前所述，从动物群来看和萨拉乌苏动物群比较相似，铀系法测定的绝对年代为4.2万—5万年，相当于阶段3早期。

五、峙峪文化期

本区旧石器时代晚期遗址有山顶洞遗址、小孤山遗址、峙峪遗址、神泉寺遗址、西白马营遗址、新庙庄遗址以及虎头梁遗址群、二和尚沟遗址、油坊遗址、淳泗涧遗址、孟家泉遗址、官厅遗址群等，除小孤山和山顶洞为洞穴遗址外，其余皆为露天遗址。综合各种资料，我们可以将旧石器晚期文化划分为两个时期：

从遗址所处的地貌部位来看，露天遗址的地貌位置均处于河流的二级阶地上，以峙峪遗址为代表，包括神泉寺、西白马营、新庙庄、大西梁南沟等，处于二级阶地底部，其中峙峪遗址的绝对年代数据为距今2.8万年，应该代表这一文化期的年代，相当于深海氧同位素阶段3。

新的测年技术表明山顶洞遗址的年代为距今2.7万年，下窨底部的年代为距今3.4万年，这一测定结果与动物群所表现的气候特征比较一致，从已经出土的动物化石来看果子狸（*Puguma larvata*）、似鬃猎豹（*Acinonyx* cf. *Jubatus*）等属于热带和亚热带的林栖动物，而华北更新世晚期常见的喜寒动物披毛犀（*Coelodonta antiquitatis*）、猛犸象（*Mammuthus*）却不见于山顶洞遗址，尤其是猛犸象在阶段2和阶段4时分布到华北许多地区，而在阶段3时分布面积主要限于东北地区，因为阶段3是一个间冰阶，代表一个相对温暖的时期，黄土高原普遍发育了一层古土壤。从山顶洞人的体质形态来看，属于形成中的蒙古人种，和全新世早期人类的体质特征有明显不同，因此山顶洞人的年代应该早于全新世。

综合这两种情况,山顶洞人生活的年代应该属于阶段3比较合适,距今2.7万年应该是其生活的全盛时期。

小孤山遗址的年代从文化遗物上来看无疑属于晚更新世晚期,进一步确定它的年代存在一定的困难,但可能略晚于山顶洞遗址,理由如下:首先,山顶洞遗址的动物群所代表的环境属于一个相对温暖的环境,而小孤山遗址的动物群中猛犸象的存在,说明动物群所处的环境相对干冷[1];其次,从文化遗物分析,山顶洞和小孤山都出土有骨针,但小孤山骨针的制作技术明显比山顶洞人的制作技术进步[2],因此笔者认为小孤山遗址的年代应该略晚于山顶洞,也相当于阶段3晚期,这和同位素测年结果也比较接近。

六、虎头梁文化期

以虎头梁遗址为代表包括新庙庄上层文化、马鞍山、马蜂窝、籍箕滩、二和尚沟等,一般都位于二级阶地上部,这一特点在新庙庄遗址中表现得最为清楚,在新庙庄遗址中存在上下两个文化层,上文化层为细石器文化,文化性质和虎头梁一致,处于二级阶地上部,下文化层处于二级阶地的底砾层中,文化性质为小石器文化代表两个不同的文化发展阶段。处于二级阶地上部的遗址中,以虎头梁遗址的绝对年代数据最多,可以代表这个阶段文化的年代,大约为1.3万－1.0万年左右,相当于深海氧同位素阶段2后期。

---

[1] 张镇宏等:《辽宁海城小孤山遗址发掘简报》,《人类学学报》1985年第1期。
[2] 黄慰文等:《海城小孤山的骨制品和装饰品》,《人类学学报》1986年第3期。顾玉才:《海城仙人洞遗址装饰品的穿孔技术及有关问题》,《人类学学报》1996年第4期。

根据上面的论述,我们大致可以确定本区主要旧石器文化遗址和深海氧同位素阶段的对应关系(表2—4)。

表2—4 华北北部旧石器文化的文化分期

绝对年代(Ka.)	地质年代	考古年代	深海氧同位素阶段	文化分期	代表遗址
-10- -16-	更新世晚期	旧石器时代晚期	阶段2晚期	虎头梁文化期	虎头梁、油坊、新庙庄上层文化、马鞍山、马蜂窝、籍箕滩、二和尚沟等
-23-			阶段2早期(末次冰盛期)		(下川遗址)
-35-			阶段3晚期	峙峪文化期	山顶洞遗址、小孤山遗址、峙峪遗址、神泉寺遗址、西白马营遗址、新庙庄遗址、虎头梁遗址群、二和尚沟遗址、油坊遗址、淳泗涧遗址、孟家泉遗址、(丁村7701地点)
-50-		旧石器时代中期	阶段3早期	爪村文化期	鸽子洞遗址、爪村
-75-			阶段4	许家窑文化期	板井子遗址 漫流堡遗址 许家窑遗址 雀儿沟遗址
-125-			阶段5		
	更新世中期		阶段6		周口店第15地点、第4地点、第22地点
-700-		旧石器时代早期	阶段7至阶段13	周口店文化期	周口店第1地点、金牛山遗址、庙后山遗址、青瓷窑遗址、马梁遗址
-1800-	更新世早期			东谷坨文化期	马圈沟遗址、小长梁遗址、东谷坨遗址、岑家湾遗址、飞梁遗址

第三章 旧石器文化的发展

在旧石器时代，石器的制作技术与类型是旧石器考古研究的主要内容，随着人类的体质进化和文化发展，人类学会了用火，用动物的骨、牙和石料制作的骨器和艺术品也逐渐出现在人们的生产和生活中。近些年来随着旧石器考古工作的逐渐深入，有关早期人类的栖居形式与行为特点也纳入了研究者的视野。这些构成了旧石器文化研究的主要内容。按照时间序列华北北部小石器文化可以划分为东谷坨文化期、北京人文化期、许家窑文化期、爪村文化期、峙峪文化期和虎头梁文化期六个阶段，现分别叙述其文化特征。

第一节 东谷坨文化期

东谷坨文化期主要包括马圈沟、小长梁、东谷坨、岑家湾、半山、马梁、飞梁、霍家地等遗址，它们都位于泥河湾盆地东部。

一、各遗址的文化特征

（一）马圈沟遗址

马圈沟遗址是一处异地埋藏的遗址，1992年河北省文物研究所对遗址进行了初步发掘，发掘面积有20平方米，共获得石制品

111件,由于石制品在埋藏之前曾经历了河流搬运并被分选,因此石制品磨蚀严重而且碎屑很少。制作石器的原料以隐晶硅质岩和火山角砾岩(即原报告中的燧石)为主,此外还有砂岩、石英、凝灰岩、安山岩等。石制品组合极为简单,包括石核5件、石片35件、纵裂片6件、横断片19件、残片18件、断块28件。5件石核均以天然石块为素材,多以自然面为台面,除工作面外均保留天然石皮,其中单台面石核2件、双台面石核2件、多台面石核1件。石片主要为小型,大小在2—5厘米之间,长宽大致相当,其中Ⅵ类石片占有较高的比例,这和石核的观察结果有一定的差异,本次发掘中没有见到石器[①]。

(二) 半山遗址

1990年中国科学院古脊椎动物与古人类研究所卫奇对半山遗址进行了试掘,发掘面积仅有2平方米,但由于发掘者作了详细的记录,获得了比较丰富的信息。在获得的95件石制品中精制品2件、粗制品18件、石核8件、石片42件、断块25件。石制品原料仍以隐晶硅质岩(燧石)为主,其次为石英岩、硅质灰岩,石英岩和玛瑙最少。石制品主要为小型和中型,长宽相当,形状以宽厚型为主,石制品有一定程度的风化和磨蚀,个别标本磨蚀严重,说明在埋藏之前,石制品曾经历了一定程度的搬运,从石核和石片上对石核利用率的观察表现出不太相同的结论,因为一方面即使在石料较好的石核上观察到的石片疤数量也有限,但石片中Ⅵ型数量最多。两件精制品一件为双直刃刮削器,一件为凸刃刮削器,修理

---

① 河北省文物研究所:《马圈沟旧石器时代早期遗址发掘报告》,《河北省考古文集》,东方出版社1998年版。谢飞、李珺:《马圈沟遗址石制品的特征》,《文物春秋》2002年第3期。

疤呈叠鳞状,粗制品主要由石片加工而成,多数为向背面修理,少数为向破裂面或错向修理[①]。

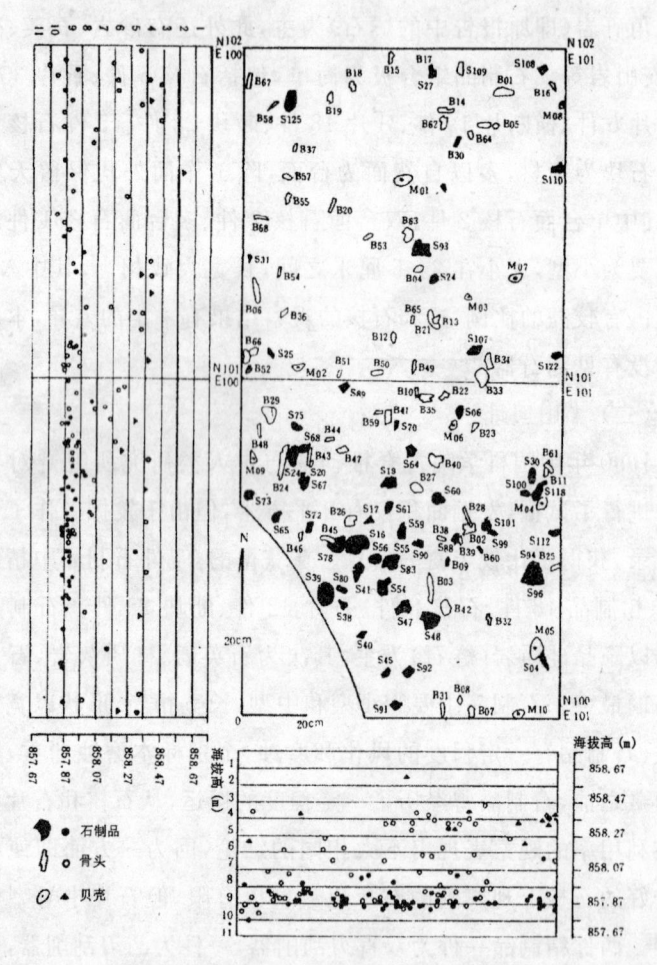

图 3—1 半山遗址石制品、骨头和贝壳空间分布图(据卫奇,1994)

---

① 卫奇:《泥河湾盆地半山早更新世旧石器遗址初探》,《人类学学报》1994 年第 3 期。

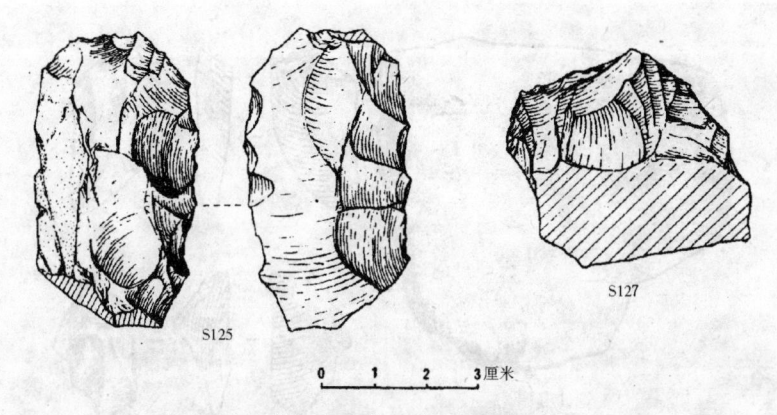

图 3—2 半山遗址的石制品(据卫奇,1994)

（三）飞梁遗址

1990年,中美泥河湾考古队对飞梁遗址进行一次小规模的发掘,实际发掘面积17平方米,共获得遗物108件,包括石核8件、石片31件、纵裂片8件、横断片4件、残片27件、断块28件、石器2件。8件石核中单台面4件、双台面1件、多台面2件、盘状石核1件,石器中凹刃刮削器和凹缺刮削器各1件。另外从发掘坑附近采集石制品22件,经研究发掘品和石制品除了在风化程度上有一些差别外,其他特征几乎完全一致。石制品的原料几乎是单一的隐晶硅质岩,只有极少量的脉石英,素材为磨圆度较差的砾石或天然石块;石器以小型石器构成石器的主体,打片主要采用锤击法,加工方法以向背面加工为主,从石核上分析,打片程度中等,但从石片上分析,处于打片晚期阶段的石片占多数,原作者还认为石制品中出现盘状石核和修理台面技术。同半山遗址和马圈沟遗址不同的是多数石制品的风化程度较轻,破裂面新鲜、棱角锐利,具中等风化的标本甚少,但有两件标本风化程度严重。飞梁的石制品进行了很好的拼合复原研究,108件石制品中有19件可以拼合和拼接,

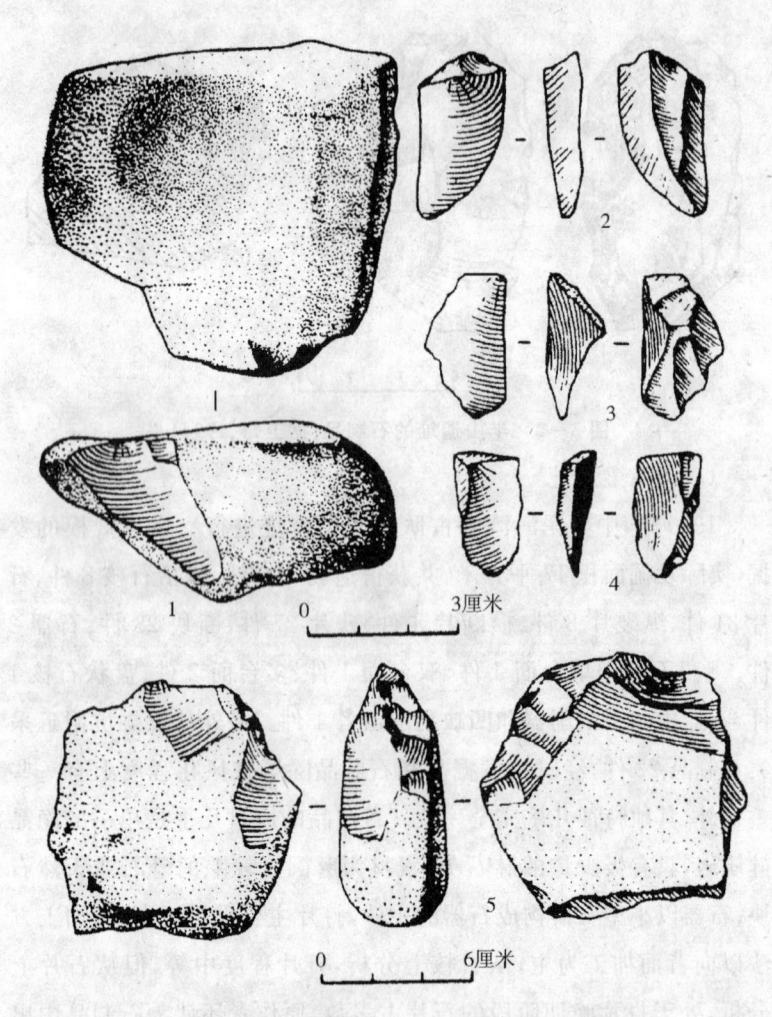

图3—3 飞梁遗址中的石制品(据谢飞,1998)

组成9个拼合组,拼合率为17.59%,飞梁遗址应为原地埋藏[①]。

[①] 中美泥河湾考古队:《飞梁遗址发掘报告》,载河北省文物研究所编:《河北省考古文集》,东方出版社1998年版。

(四) 小长梁遗址

1978年,小长梁遗址的发现揭开了泥河湾盆地东部旧石器早期文化研究的序幕,也曾经在学术界引起了广泛的争论,争论的焦点是石器的性质和地层之间的关系,但随着发现的增多和研究的深入,泥河湾盆地逐渐成为东亚研究早期人类活动的重要地区。第一次发掘获得的全部石器材料共804件,其中石核25件、石片47件、石器12件、废品与碎块720件。制作石器的原料主要为隐晶硅质岩(燧石),其中具有第二步加工痕迹的全部为这种石料,另外还有少量的石英岩、脉石英和火山岩。生产石片的方法主要为锤击法,但脉石英制品主要使用砸击法。石器类型有砍砸器和刮削器[1],后来的研究者还发现有圆头刮削器、尖状器、小石钻[2]以及凹缺刮器(带凹口的刮削器)[3]。

1998年小长梁遗址重新发掘并采集石料进行打制实验[4],对所获得的石制品进行分析后表明,小长梁石工业受劣质石料的影响很大,碎屑块比例极高。打片技术简单,仅采用锤击和砸击法,二次加工制品比例很低,不存在概念型板的规范制品,微痕分析显示,遗址的经济活动主要为处理肉类以及植物[5]。

对于小长梁文化的文化性质虽然一直存有争议,多数学者认

---

[1] 尤玉柱、汤英俊、李毅:《泥河湾组旧石器的发现》,《中国第四纪研究》1980年第1期。

[2] 尤玉柱:《河北小长梁旧石器遗址的新材料及其时代问题》,《史前研究》1983年创刊号。

[3] 黄慰文:《小长梁石器再研究》,《人类学学报》1985年第4期。

[4] 陈淳、沈辰、陈万勇等:《河北阳原小长梁遗址1998年发掘报告》,《人类学学报》1999年第3期。

[5] 陈淳、沈辰、陈万勇等:《小长梁石器工业》,《人类学学报》2002年第1期。

0 1厘米

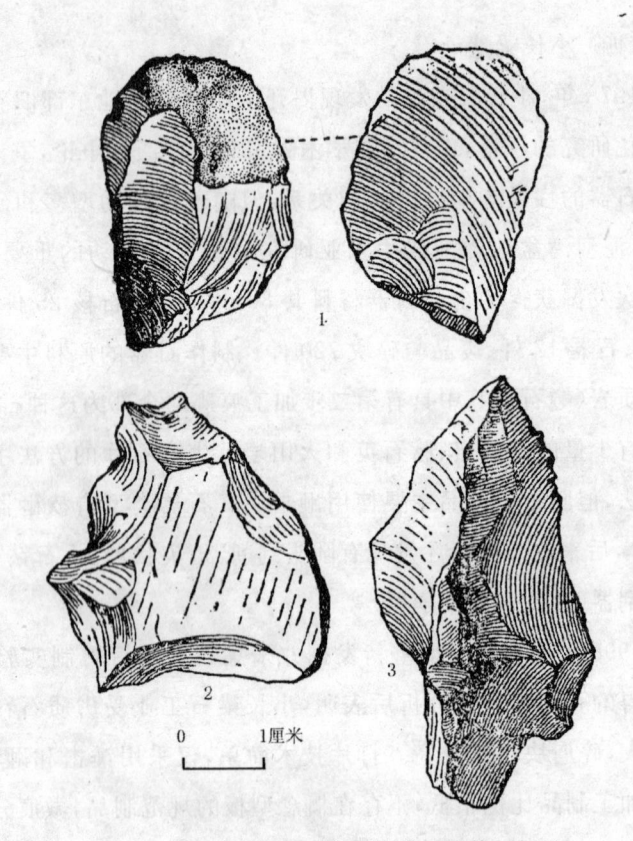

图 3—4 小长梁遗址石制品(据尤玉柱等,1980)

为小长梁石制品表现出相当的进步性,1999年李炎贤总结了以前的研究成果后认为,"小的不规范的石制品并不说明技术的进步,小长梁石制品的原料利用率并不高,几件不规则的石叶状的石片也不足以说明打片技术的进步,所谓修理台面的石片亦难于肯定,至于所谓精细的加工痕迹似乎用使用痕迹来解释更合理。总之,小长梁发现的石制品从打片和第二步加工的技术水平看来,加工简单粗糙,并未显示出任何明显的进步性质。小长梁的石器类型并不复杂。比较起来,小长梁的石制品没有北京人的石制品进步,也没有达到晚更新世的石制品的技术类型水平。就目前已经发表的材料看来,小长梁的石制品所表现出来的特点与生物地层学及古地磁测年提供的论断是大致协调的。"①

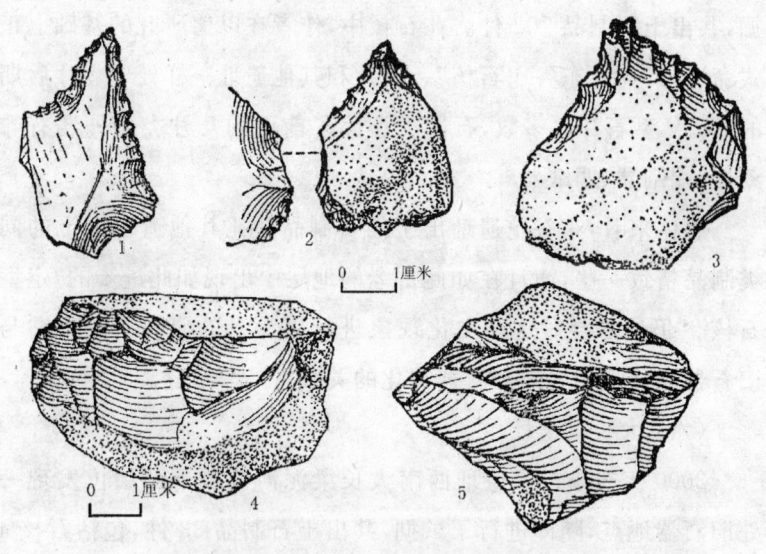

图 3-5 东谷坨遗址石制品(据卫奇,1985)

(五)东谷坨遗址

东谷坨遗址是泥河湾盆地东部早期遗址群中文化层堆积最厚、遗址范围最大、石制品最为丰富的一处遗址,遗址面积达 1000 平方米。1981 年东谷坨遗址一经发现就立即进行了试掘,总共发掘面积达 45 平方米,获得石制品 1443 件,石器原料主要为隐晶硅质岩(原报告称为火山碎屑岩、石髓、燧石),此外还有少量的玛瑙和变质灰岩。石制品的主要成分有石核 152 件、石片 839 件、石器

---

① 李炎贤:《关于小长梁石制品的进步性》,《人类学学报》1999 年第 4 期。

452件,石器中砍砸器9件、刮削器391件、尖状器52件。从石核和石片来看,打片方法主要为锤击法、但也有极少量的标本使用了砸击法[1]。1992年中美联合对东谷坨遗址进行了发掘,发掘采用了"水平层法"[2],1997年按照这种方法对东谷坨遗址进行再次发掘,共出土石制品702件。在石核中,作者在以前研究的基础上正式命名了一种"东谷坨石核"。石片和其他遗址一样处于剥片后期的Ⅳ、Ⅴ型石片占多数,石器类型除了前面的几种类型外还有雕刻器、端刮器、凹缺器[3]。

总体来看,东谷坨遗址出土的石制品要比其他遗址出土的同类制品精致一些,而且在如此古老的地层中出现如此进步的"定型石核"[4]仍然需要对这种文化现象进行更深入的研究。至于它与旧石器时代晚期之末细石器文化的关系更是一个谜。

(六) 大长梁遗址

2000年在小长梁遗址西南大长梁泥河湾层下部层位发现一处旧石器地点,随即进行了试掘,共出土石制品33件,包括石核4件、石片16件、刮削器1件和断块12件,从石制品的磨蚀和风化状况来看,该地点属于原地埋藏。制作石器的原料仍以隐晶硅质岩(燧石)为主,脉石英和玉髓少量;打片采用锤击法,加工石器采

---

[1] 卫奇:《东谷坨旧石器初步观察》,《人类学学报》1985年第4期。
[2] Schick K. D. et al., "Archaeological perspective in the Nihewan Basin, China", 1991, *Journal of Human Evolution*, 21, pp. 13—26.
[3] 侯亚梅、林圣龙、冯兴无:《泥河湾盆地东谷坨遗址再发掘》,《第四纪研究》1999年第2期。
[4] 侯亚梅:《"东谷坨石核"类型的命名与初步研究》,《人类学学报》2003年第4期。

用锤击法并向北面修理①。

(七)岑家湾遗址

岑家湾遗址发现于1984年、1986年和1992年先后进行过发掘,由于发现第一次发掘的486件石制品经拼合后属于20件保留天然岩面的石块,所以在第二次发掘时采用了"水平层法",发掘面积20平方米,发掘结果显示遗物在平面上可以区分出密集分布区和零星分布区。它们的分布有一定的规律即以密集分布区为中心,向南、西、北三个方向逐渐减少,密集分布区长宽大约在5米左右,是古人类生产和生活的主要场所,零星分布区要大得多,是活动的一般场所。通过对1986年发掘的石制品的拼合,发现有14.6%的石制品能够拼合,有的拼合组由10件标本组成。对遗物表面状况的观察发现石制品断口新鲜,仍保存着锋利的边缘和棱角,动物化石有的风化严重,有的风化较轻,但都没有流水或其他介质搬运的痕迹。石制品原料单调,是从附近山坡上采集到的天然石块岩性主要为隐晶硅质岩(原报告称火山角砾岩),另外有少量的石英和硅质灰岩;在第二次发掘的486件石制品中石核13件、石片81件、石器7件,其余为断块和残片;打片使用锤击法,石核有单台面和双台面之分,石片以小型居多,素台面和天然台面为主;石器数量少、加工粗,正向加工为主,反向加工为辅;器类单调,仅有各种类型的刮削器②。

---

① 裴树文:《泥河湾盆地大长梁旧石器地点》,《人类学学报》2002年第2期。
② 谢飞、成胜全:《河北阳原岑家湾发现的旧石器》,《人类学学报》1990年第3期。谢飞、李珺:《岑家湾旧石器时代早期文化遗物及地点性质研究》,《人类学学报》1993年第3期。

96　华北北部旧石器文化

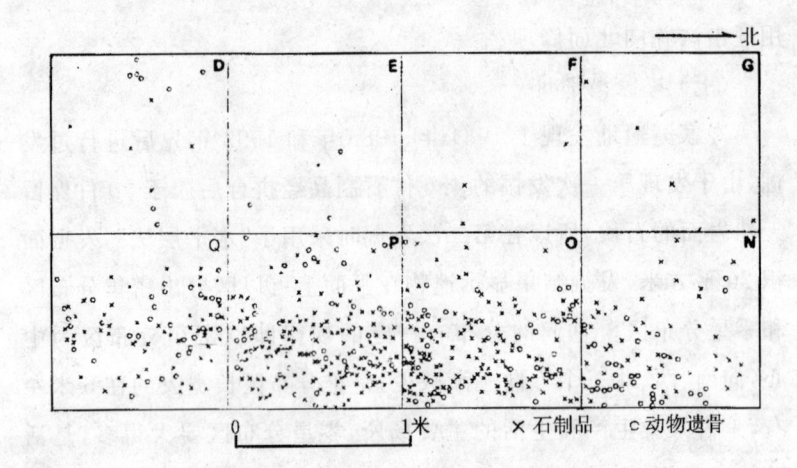

图 3—6　岑家湾遗址部分探方遗物分布总平面图(据谢飞,1993)

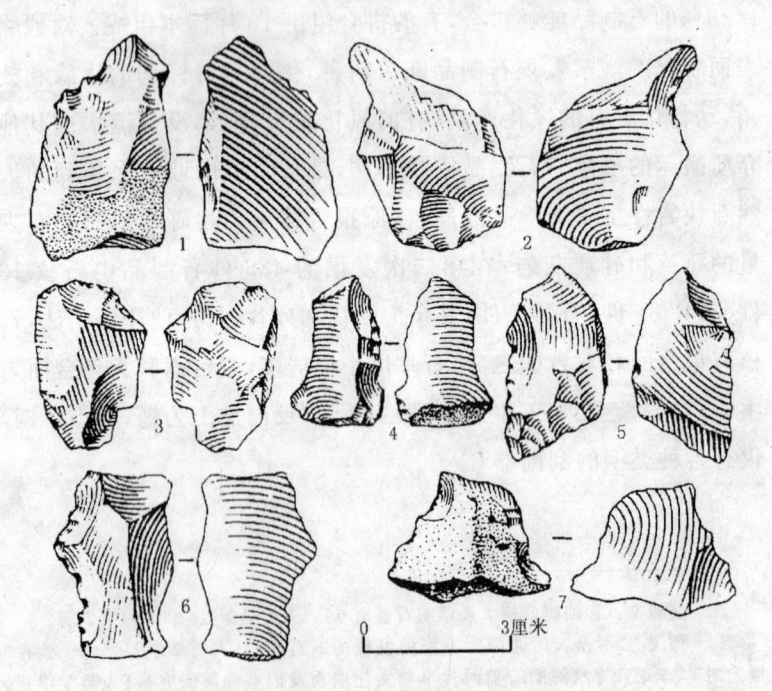

图 3—7　岑家湾遗址的石制品(据谢飞,1990、1993)

(八) 霍家地遗址

霍家地遗址位于东谷坨遗址北侧,距东谷坨遗址仅120米,最初发现于80年代,1997年对该遗址进行了复查并发掘,发掘面积仅6平方米,获得石制品60件,其中有石核4件、石片12件、带人工痕迹的石块20件。在24件石器中,刮削器20件、尖状器2件、石锥和雕刻器各1件。石制品采用的原料仍以隐晶硅质岩(包括原报告中的燧石、硅质角砾岩、硅质岩)为主,另外有少量的石英岩、蛋白石、水晶、玛瑙、安山岩。从石核和石片来看,生产石片主要用锤击法,但有一件砸击石核存在,表明他们曾经使用砸击法。石器毛坯为石片和断块,第二步加工主要为向背面加工[①]。

二、本期石制品的总体特征

从上面的叙述我们可以看出,除马圈沟遗址的石制品因石制品表面风化严重而显得古朴、粗糙外,其他遗址的石制品共性颇多,由此可见,这些不同遗址应该反映了湖盆从第二次大规模收缩到第二次大规模扩张之间,古人类在湖滨河畔生活时所遗留下的文化遗物。在此阶段,湖进人退、湖退人进,因此我们可将这些不同遗址看作在同一个大的时期,而上述不同遗址可能为同一个遗址的不同部分。为此我们将已经报道的材料进行综合分析以判断这一阶段的文化特征。

(一) 石核的原材

---

① 冯兴无、侯亚梅:《泥河湾盆地霍家地发现的旧石器》,《人类学学报》1998年第4期。

泥河湾盆地东部早期旧石器文化中石核按素材可分为两类，一为砾石，一为石块。以砾石为石核者见诸报道的有：

飞梁遗址，标本245，原材为砾石，经过严重的物理化学风化，边缘棱脊上有磨蚀、碰撞痕迹可见，尺寸为74×63×34毫米，重215克。标本22，多台面石核，原材为砾石，形状不规则，石核的尺寸为84×83×67毫米，重492克。标本245，原材砾石，近方形、块状，标本尺寸为107×98×49毫米，重729克[①]。

以断块做石核者如：

标本XJP9701，产自许家坡，形状大体呈三方锥体，很可能标本原材就是打片不成功形成的断片或断块，大多数石片疤产生于其形成之前和形成之时，而在原材形成之后真正产生的石片疤只有一个，台面角75°，石片疤宽浅，长宽分别为25.1和27.5厘米[②]。

东谷坨遗址共发现石核152件，多数石核的台面为砾石自然面，多台面石核的台面绝大部分是打制的或剥离石片留下的半锥体阴面[③]。

岑家湾遗址是我国第一个进行拼合研究的遗址，拼合率达14.6%。根据拼合结果发现，岑家湾石制品的原材多为磨圆度不好的砾石或石块，都保存着天然岩面，但由于表面风化严重，打击后表面常以小块剥落，此类石料实质与断块相当；另有一部分表面新鲜有光泽，打击后产生带砾石面的石片[④]。

---

① 中美泥河湾考古队：《飞梁遗址发掘报告》，载河北省文物研究所编：《河北省考古文集》，东方出版社1998年版。
② 卫奇、侯亚梅：《泥河湾盆地许家坡的旧石器》，待刊。
③ 卫奇：《东谷坨旧石器初步观察》，《人类学学报》1985年第4期。
④ 谢飞等：《岑家湾遗址1986年出土石制品的拼合研究》，《文物季刊》1994年第3期。

总之,上述诸遗址中剥取石片的素材可分两种类型:一为砾石,从附近山坡上直接拣得;一为断块,或直接拣得或因石料风化严重裂纹发育,打片过程中形成后继续用来剥片。

(二)对石核利用率的分析

一般来讲,能否充分利用原料也是判断打片技术高低的一个因素,遗憾的是对东谷坨遗址石核的分析和对石片的分析的结果并不相同,本文试图对此作出解释。

半山的石核只有单台面和双台面两种,不见多台面石核,发现的石核剥片率并不高,即使石料质地较好的石核上,可以观察到石片疤数量也有限[①]。

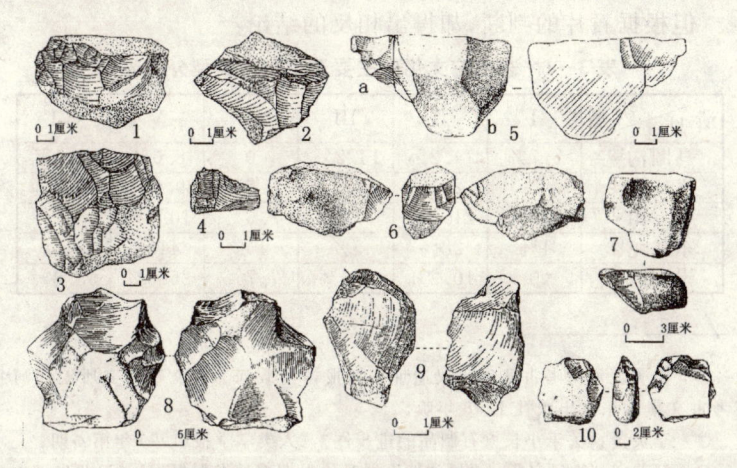

图3—8 东谷坨文化期的石核

1—4:东谷坨遗址:P.5642、P.5652、P.5647、P.5658(卫奇,1985);5—6:马圈沟 a:T154⑧:1,b:T154⑥:1;T100②:1(河北省文物研究所,1998);7、10:飞梁245,102(中美泥河湾考古队,1998);8:霍家地 HJD(冯兴无等,1998);9:小长梁,图六(尤玉柱等,1980)

---

① 卫奇:《泥河湾盆地半山早更新世旧石器遗址初探》,《人类学学报》1994年第3期。

飞梁地点共有 8 件石核,从打片范围考虑石片疤占 50%以上的仅一件,30%的 2 件,20%以下的 5 件,最少的不足 5%,石片疤数量最多的 7 个,少者 1 个,平均 4.25 个,看来石核的利用率并不高①。

小长梁的小石核利用率较高,周围都有剥离石片的疤痕,而且石片疤较为窄长、浅平。李炎贤则认为由于小石核的数量太少,在所有标本中仅占 0.75%,在石核中占 24%,这样低的比例很难让人相信,小长梁的石制品对原料的利用率已达到较高的程度。而且小长梁石制品中废品率达 90%以上,难以说明对原料利用率较高②。

但根据石片的判断,却得出相反的结论:

表 3—1　东谷坨文化中主要遗址石片类型分布表

遗址＼类型	I	II	III	IV	V	VI
马圈沟③	5.7%	14.2%	14.2%	0	8.6%	57.1%
飞　梁④	0	22%	2.8%	0	29.03%	45.6%
半　山⑤	3.5%	21.4%	3.5%	3.5%	10.7%	57.1%
东谷坨⑥	1%	28%	5%	1%	41%	24%
岑家湾⑦	0	10.2%	2.6%	7.7%	25.6%	53.8%

---

① 中美泥河湾考古队:《飞梁遗址发掘报告》,载河北省文物研究所编:《河北省考古文集》,东方出版社 1998 年版。
② 李炎贤:《关于小长梁石制品的进步性》,《人类学学报》1999 年第 4 期。
③ 河北省文物研究所:《马圈沟旧石器时代早期遗址发掘报告》,《河北省考古文集》,东方出版社 1998 年版。
④ 中美泥河湾考古队:《飞梁遗址发掘报告》,载河北省文物研究所编:《河北省考古文集》,东方出版社 1998 年版。
⑤ 卫奇:《泥河湾盆地半山早更新世旧石器遗址初探》,《人类学学报》1994 年第 3 期。
⑥ 卫奇:《东谷坨旧石器初步观察》,《人类学学报》1985 年第 4 期。
⑦ 谢飞、成胜全:《河北阳原岑家湾发现的旧石器》,《人类学学报》1990 年第 3 期。谢飞、李珺:《岑家湾旧石器时代早期文化遗物及地点性质研究》,《人类学学报》1993 年第 3 期。

由上表可知各遗址 V、VI 类石片占有绝对优势，石核的剥片率较高。那么，怎样解释这种现象呢？

对于这一现象我以为还要考虑石核原材的特点，如前所述，石核的初始状态有三种情况：一是利用砾石直接打片，另一种是利用断块做石核，其表面不存在砾石面，第三种情况是虽有砾石面，但表面因风化严重，以断块形式剥落，也不产生带有砾石面的石片。这大概是石片统计中高剥片率和石核观察中低剥片率矛盾之所在吧。同样前面统计打击台面高于自然台面也出于同样原因。据此，我们可以复原泥河湾盆地东部早期旧石器文化的剥片过程：

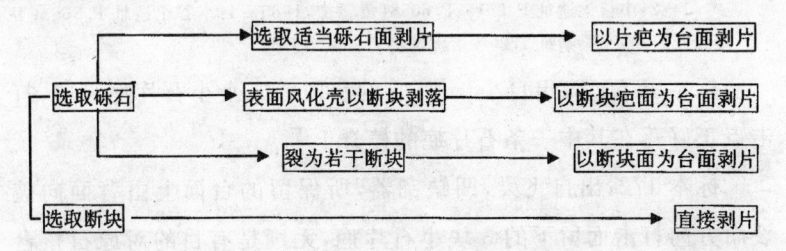

```
                ┌─→ 选取适当砾石面剥片 ─────→ 以片疤为台面剥片
选取砾石 ───────┼─→ 表面风化壳以断块剥落 ──→ 以断块疤面为台面剥片
                └─→ 裂为若干断块 ──────────→ 以断块面为台面剥片
选取断块 ──────────────────────────────────→ 直接剥片
```

看来，泥河湾盆地东部早期旧石器文化诸遗址中，对石核的利用率并不高。

根据以上论述，我们认为，东谷坨文化的石片生产技术是原始和初级的，其台面技术主要是利用天然台面，虽然由于原材的关系，打击台面的石片占有较高的比例；尚不懂得有意利用背脊的形状控制石片的形状，对石料的利用率也较低。

（三）石片的台面和石片的形状

Λ. 关于修理台面

目前，见诸文献中被鉴定为具有修理台面的标本有：

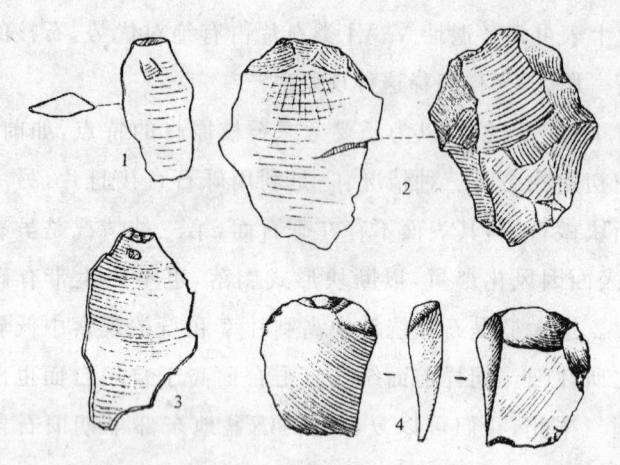

图 3—9 东谷坨遗址中修理台面制品

1—2：小长梁遗址 P.5519、P.6058（黄慰文，1985）；4：东谷坨遗址 P.5663（卫奇，1985）；4：飞梁遗址 172（中美泥河湾考古队，1998）

标本 P.6058，出自小长梁，它的台面有四个小石片疤组成，打击点正好落在其中一条石片疤的棱脊上[①]。

标本 172，出自飞梁，凹缺刮器，所保留的台面上由背面向破裂面方向打击而留下的 3 块小石片疤，无疑是有目的对原石核台面进行修理的结果[②]。

标本 97HJD113，出自霍家地，石片呈梯形，近端窄而远端宽，长、宽、厚分别为 17、30、8 毫米，台面面积 54 平方毫米，在台面上有三四处可能是修理台面时留下的疤痕，疤痕方向有背面缘延伸到腹面缘[③]。

---

① 黄慰文：《小长梁石器再研究》，《人类学学报》1985 年第 4 期。
② 中美泥河湾考古队：《飞梁遗址发掘报告》，载河北省文物研究所编：《河北省考古文集》，东方出版社 1998 年版。
③ 冯兴无、侯亚梅：《泥河湾盆地霍家地发现的旧石器》，《人类学学报》1998 年第 4 期。

标本 P.5663，出自东谷坨，是一件形状不规则的流纹岩石片，最大的长、宽、厚分别为 23、18.2、6.2 毫米，台面很小大约只有 6 平方毫米，台面上有从背面向破裂面打击留下的三道平行疤痕，似乎可以解释为修理台面的痕迹[①]。

根据上面的描述，所谓的修理台面只是台面上有三四条由背面向腹面的石片疤，但这样的石片疤究竟是否为了调整台面角而有意修理，似乎仍有疑问，因为从形态上来看，台面上的这些修疤过于简单，如果是为了修理台面似乎达不到调整台面角的目的，根据笔者对其中一些标本的观察，修疤前后的台面角几乎没有多大变化，所以这些疤可能是偶尔所为；其次，从这些标本所占的比例来看，实在太少，所以不可能是一种稳定技术。

B. 关于石片的形状

笔者收集了泥河湾盆地东部早期旧石器遗址中已经发表的石片，一般来说发表的标本都代表了遗址中的典型标本，但从图中测量的结果来看石片的平均长宽指数为 90.4，石片的形状极不规则，个别石片虽然长大于宽，但是从石片的台面和背面来看，台面没有修理痕迹，背面纵脊也非着意修理，因此也应属于普通石片，并不具备更高的技术因素。

（四）石器类型

泥河湾盆地东部早期旧石器遗址已报道的器物的类型和数量如表 3-2：

边刮器 小长梁地点共发现边刮器 17 件，单边刃者 15 件，外形长方形或三角形，只有一侧有加工痕迹，都由劈裂面向背面轻敲

---

① 卫奇：《东谷坨旧石器初步观察》，《人类学学报》1985 年第 4 期。

104　华北北部旧石器文化

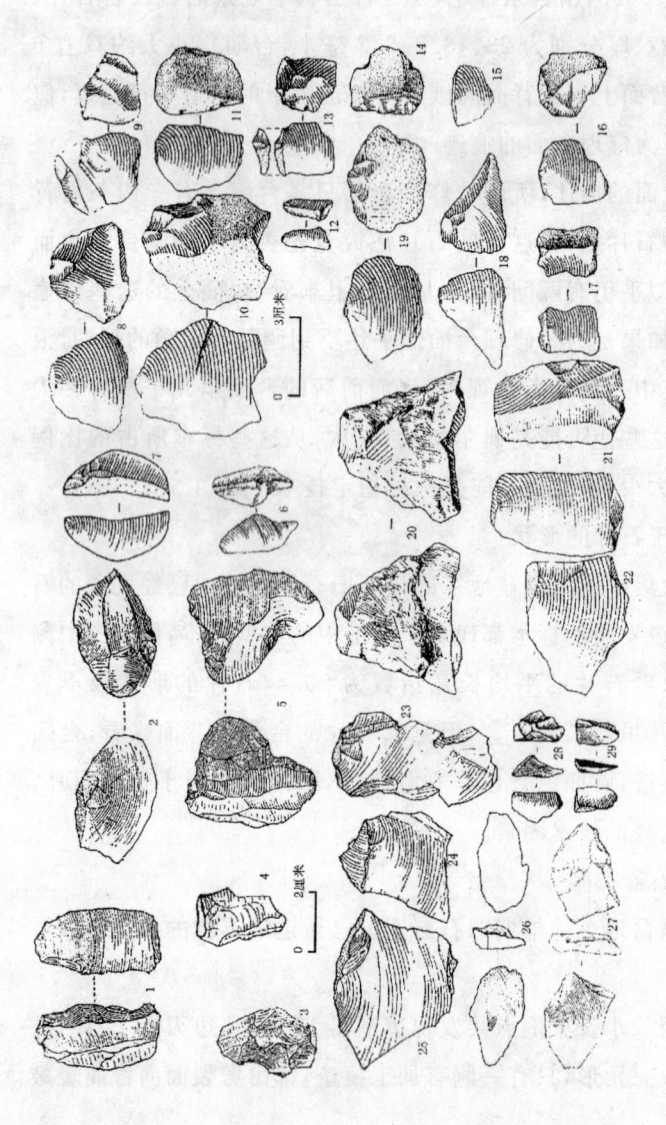

图 3—10　泥河湾东部诸遗址中的石片

1,2,3,5：小小长梁（尤玉柱，1980）；4：霍家地（冯兴无等，1988）；6—20：岑家湾（谢飞，1990，1993）；21,22：马圈沟（河北省文物研究所，1988）；23—25：东谷坨（卫奇，1985）；26—29：（中美泥河湾考古队，1988）

表3—2　泥河湾盆地东部早期旧石器文化器物类型分布表

类型 遗址	砍砸器	尖状器	石锥	锯齿刃器	雕刻器	端刮器	边刮器	凹缺器
岑家湾①							26	
岑家湾②						1	4	2
霍家地③		2	1		1		20	
东谷坨④	9	50	2				391	
东谷坨⑤		13		11	13	16	9	10
小长梁⑥		5	2			2	5	
小长梁⑦	1					1	11	
小长梁⑧			1		3	2	1	1
飞　梁⑨							1	1
总　计	10	70	6	11	17	22	468	14

而成,加工不精细,刃缘不锐利,刃口有直凹之分。复刃刮削器1件,由插图看,加工粗糙,刃缘呈锯齿状。总体来看小长梁的刮削类型简单,以单边直、凹刃为主,加工粗糙,刃缘不平齐,多呈锯齿

---

①　谢飞、成胜全:《河北阳原岑家湾发现的旧石器》,《人类学学报》1990年第3期。

②　谢飞、李珺:《岑家湾旧石器时代早期文化遗物及地点性质研究》,《人类学学报》1993年第3期。

③　冯兴无、侯亚梅:《泥河湾盆地霍家地发现的旧石器》,《人类学学报》1998年第4期。

④　卫奇:《东谷坨旧石器初步观察》,《人类学学报》1985年第4期。

⑤　侯亚梅、林圣龙、冯兴无:《泥河湾盆地东谷坨遗址再发掘》,《第四纪研究》1999年第2期。

⑥　尤玉柱、汤英俊、李毅:《泥河湾组旧石器的发现》,《中国第四纪研究》1980年第1期。

⑦　尤玉柱:《河北小长梁旧石器遗址的新材料及其时代问题》,《史前研究》1983年创刊号。

⑧　黄慰文:《小长梁石器再研究》,《人类学学报》1985年第4期。

⑨　中美泥河湾考古队:《飞梁遗址发掘报告》,载河北省文物研究所编:《河北省考古文集》,东方出版社1998年版。

状,没有层次。

东谷坨遗址,据原报告报道边刮器391件,类型复杂根据加工的刃缘可分为单边刃、双边刃和多边刃。刃缘形态多种多样可分为直刃、凹刃、双直刃、直凹刃、直凸刃、凹凸刃、双直刃、双凹刃和多型刃等。从原文插图所描述的几件器物来看,器物加工较为精致。但是,1997年,东谷坨遗址重新发掘报道有9件边刮器,由于报告中的插图太小,无法判断其人工加工痕迹,但作者说明已有11件锯齿刃器从中划出。

霍家地遗址和东谷坨遗址十分接近,实际可以看作为同一遗址。出土的20件标本中单刃者19件包括单直刃、单凸刃和单凹刃;复刃者仅一件。从插图选取的两件标本看,疤痕稀疏。

岑家湾遗址共发现边刮器30件,原作者依刃口的形态划分尚有5个类型。石器加工水平较低,修理疤数量少而大小不一、深浅不等、稀疏者占大多数;石器的刃口多凹凸不平,80%刃缘为多缺口状,极少数标本修理较规整、细密,刃口平直而锋利。

边刮器是泥河湾盆地东部早期旧石器文化中最常见的器类,在各遗址中都占有较高的比例,但如上所述,除东谷坨遗址有部分标本加工精致、类型较多外,其他遗址的标本基本上刃口不齐、疤痕稀疏、加工粗糙,类型较少。

尖状器 小长梁遗址,计5件标本,都是利用小石片打下的自然尖头经修理而成,因此器形很小。除了其中1件是利用底端较长的一侧加工成锐尖外,其他4件都在前端,修理时只在尖头有过较精细的加工痕迹,另一侧只在肩头侧边简单去边使之成尖。P.551的一侧边的2/3有加工痕迹,另一侧边只敲去两片,修理是从劈裂面向背面进行的,剥落的屑痕也较陡直,这件标本前半部呈三角形,后半部呈等腰三角形。

霍家地遗址,2件。标本 HJD111 比较小,最大长宽厚分别为17、12、5 毫米,重 3 克。以燧石石片为毛坯,两边施以错向加工,在远端形成一喙形的尖刃。另一件标本以燧石石块为毛坯,两边均为正向加工,形成一较钝的刃口。

东谷坨遗址,1985 年的报告中共报道了尖状器 52 件,约占石器总数的 11.5%,原作者划分为四种类型即锐尖宽身、钝尖宽身、锐尖长身、钝尖长身四种,从原报告的插图来看,至少有一部分标本修理得非常精致,如 P.5742,长、宽分别为 39.2 和 25.3 毫米,石片两边向背面加工而成,边缘齐整,修理疤痕排列均匀,尖角约 50°,背部具纵脊,尖成三棱状。但在第二次发掘中,大多数标本可以说只是具备了尖状器的雏形,在所发现的 13 件标本中,最大者 69、55、21 毫米,最小者 20、15、7.7 毫米,全部以石片为毛坯,其共同特点是保留石片近端,即台面端,而在石片的侧边及远端予以修整成刃,大多数呈不对称状态,仅 58 号标本对称,错向加工,疤痕重叠。

总的来看,泥河湾盆地东部旧石器时代早期文化中的尖状器多数简单粗糙,但东谷坨遗址中个别标本加工精致。

凹缺刮器 东谷坨遗址发现最多,计有 10 件,最大者长宽厚为 31、38、12 毫米,最小者 15、14、6.7 毫米,全部由片状毛坯制成,一次成刃的两件,另外几件通过几次剥片形成刃口,凹口的宽是深的 3.7—5.9 倍,断面最大宽 5.1 毫米。

岑家湾遗址 2 件,凹口内均有较规整的修理痕迹,标本 TP⑥:56,毛坯为石块,背面大部系天然面,长宽厚 25、33、13 毫米,正向加工,在左边近远端打出一凹口后进行仔细加工,凹口宽 10、深 2

毫米。标本 TO⑥:78,毛坯为打击台面石片,长宽厚为 37、44、14 毫米,在石片左边近远端处加工出凹口,内有连续的修理疤,凹口宽 13、深 3 毫米。

飞梁,1 件。标本 172,毛坯为纵裂片,长宽厚分别为 48、41、13 毫米,远端和左边各有一凹口,凹口内均有清晰的修理疤,正向加工。

泥河湾盆地东部早期旧石器文化中凹缺刮器特征鲜明,但数量较少,可能与过去对此类器物认识不够有关。

端刮器 端刮器在泥河湾盆地东部早期旧石器文化中数量虽少,但在多个遗址中都有报道。小长梁遗址先后报道有 4 件,P.5549 为一薄石片经加工而成,前边经修理的弧边约 140°,从劈裂面向背面轻击,痕迹陡直(尤玉柱,1983);P.5507,由厚石片制成,加工痕迹主要在远端,刃缘呈凸弧形;P.5515 双端刃刮削器,近端远端都由腹向背修成刃口。

岑家湾遗址的 TP⑤:13,毛坯块状,长宽厚为 34、24、13 毫米,加工部位在远端,正向加工、刃呈弧形,修理疤小而稀疏。但从图上看刃部腹背两侧都有两个大的石片疤,修理疤位于大疤之内,似乎刃角不大。

东谷坨遗址,16 件,多选择片状毛坯的最厚处,例如在近端或远端进行比较陡直的修理,除一般形态外端刃的形态有鼻状、拇指盖状和扇形,刃弧多不对称,一般只有半弧状,修疤向背面加工多于向腹面加工,修疤形状不规则,也极少互为平行。

上述端刮器具备以下几个特点:毛坯多为石片,加工部位在两端,刃口陡直略呈弧形;但修整程度较差,或把使用痕迹当修理痕迹,刃部角度较小,故对这一类器物的认识尚需更多、更好的材料。

雕刻器 霍家地遗址,1件,编号 HJD080,器物较小,长宽厚分别为 28、19、8 毫米。其毛坯是一块劈开的小卵石,在顶部的两个小面,至少经过 3 次打击成屋脊形刃口,凿口处裸眼观察有使用痕迹。

东谷坨遗址,13 件,其中打两下或三下成刃的 6 件,一下成刃的 7 件,前一种情况分一侧打两下和两侧各打一下。

此类器物近几年多有报道,但以前报道十分少见,值得进一步研究。

砍砸器 5件,仅发现于东谷坨地点和小长梁地点。东谷坨地点有 9 件,占石器总数 2%,小长梁地点仅出土一件小型砍砸器。

锥钻 6件,建议归入尖状器。

锯齿刃器 前文已建议归入刮削器。

根据以上分析,泥河湾盆地东部旧石器时代早期文化具有以下几个特点:

1. 制作石器的主要原料为隐晶硅质岩,石料的质地虽然细密匀纯,但有程度不等的风化,而且裂纹发育,影响了石料的力学性质;石料选择后并不进行特殊处理,而是直接进行打片,因而石制品中出现大量的断片和断块。

2. 锤击法是主要的打片技术,偶尔使用砸击法。打片技术是原始和初级的,表现在石片的台面为自然台面和打击台面,缺乏修理台面技术;石片的形状不稳定、长宽相当,说明剥片者还不懂得如何利用背脊控制石片形状。对石核的利用率不高,多数石核的工作面仅占石核的少部分;虽然从石片来看 V、VI 型石片占主要地位,但仔细分析后认为造成这一现象的原因是由于石核的原材中有一部分为断块,影响了对石核利用率的判断。

3. 石器主要为小型的,制作石器使用锤击法,石器的类型主要为边刮器,尖状器占第二位,砍砸器和凹缺刮器虽然数量较少但技术稳定可以构成单独器类。其他器类的划分尚有不同意见。

4. 不同遗址的情况略有差异。东谷坨遗址不仅发现"东谷坨石核"显示打片有一定的程序,而且部分石器修理精致,而其他遗址中的标本修理相对较差,如边刮器的刃缘不平齐甚至呈齿状,尖状器多数仅一侧加工较好,另一侧仅稍作加工。

5. 根据目前的发现,泥河湾盆地东部遗址群中各遗址的使用功能存在差异。东谷坨遗址文化层最厚、石制品最丰富,精制品中器类多而全,有不少加工程度较高的标本,可能东谷坨遗址使用时间较长、功能较为复杂;小长梁遗址、飞梁遗址、岑家湾遗址中文化层单一,石制品较少,石料的利用率较低,石器类型简单,说明人类在这些区域活动时间较短,遗址功能单一。这两种类型的遗址可能构成一个完整的栖居系统。

第二节 北京人文化期

本期的旧石器文化主要包括属于洞穴类型的周口店第 13 地点、周口店第 1 地点和金牛山遗址以及属于河湖相沉积类型的山西大同青瓷窑遗址。

(一) 周口店第 13 地点

周口店第 13 地点发现的石质标本有几十件,原料有脉石英、砂岩和燧石,以脉石英为原料的多数人工痕迹不甚清楚,但它们无疑是人工捡来的,只有少数石制品可以分出一定的类别,计有石片

1件、单直刃刮削器2件、尖状器1件、砍砸器1件,石片和砍砸器以燧石为原料,刮削器和尖状器以脉石英为原料,另外所谓砍砸器也可能是用交互打击法生产石片的石核[①]。从仅有的几件标本上可以看出,打片使用锤击法,或许也用砸击法,用锤击法打片已懂得转向打法和交互打击法,石器修理都用锤击法,但十分简单粗糙,疤痕宽深,刃缘曲折。

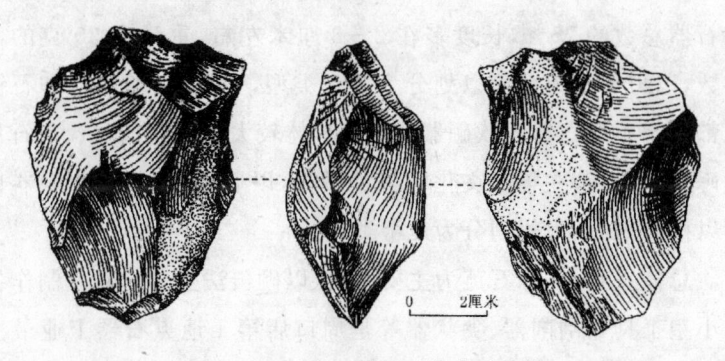

图3—11 周口店第13地点砍砸器

（二）周口店第1地点

周口店第1地点[②]发现的石制品共有17131件,其中可以分类的标本8647件,占系统研究的石制品的50.48%,其余为断块和残片。制作石器使用的石料主要是脉石英,占总数的88.84%;其次是水晶,占4.77%;砂岩居第三位占2.6%;燧石用量仅次于砂岩占2.43%;其余用量甚微。据研究,脉石英和水晶主要来自遗址北约5公里的花岗岩区,其他石料来自遗址附近的河床中,打片方法有砸击法、锤击法和碰砧法,其中砸击法主要用于脉石英原

---

① 裴文中:《周口店13地点的发掘报告》,载《裴文中科学论文集》,科学出版社1990年版。

② 裴文中、张森水:《中国猿人石器研究》,科学出版社1985年版。

料,在周口店第 1 地点是生产石片的主要方法,锤击法主要用于燧石、砂岩等原料,在总体数量上不如砸击法多,碰砧法数量最少,主要在早期使用并以砂岩为原料,和锤击法生产的石片难以区分。制作石器的毛坯除各类打击法生产的石片外还有大量的断块、小石块、石核和砾石。石器的主要类型为刮削器、尖状器、雕刻器、石锥、砍砸器和石球以及打制石器的石锤和石砧。刮削器数量最多占石器总数的 75%,长度多在 2—3 厘米左右,重量在 20 克的占多数,以刃形和刃量可以划分为多种类型,尖状器、雕刻器和石锥也都属于小型石器。砍砸器和石球形体较大,主要以石核、大石片或砾石为毛坯,在早期文化中含量最多,以后逐渐减少,砍砸器也可以按照刃形、刃位划分为几个类型。

总体来看,以脉石英为主要原料、以砸击法生产的石片制作各类小型工具如刮削器、尖状器等是周口店第 1 地点石器工业最主要的特征。但是在北京人生活过程中,周口店第 1 地点的石制品从早到晚在石料选择、打片方法和石器类型上也表现出一定的阶段性。

A. 北京人早期文化

本期制造石器的原料从数量上看石英居多,但主要工具都是用砂岩等砾石做的,虽然砂岩只占本期石料的 15%—20%,但实际作用要大于石英。本期水晶用量甚微,只占 0.7%—1.4%,燧石含量较高,为 1.8%—2.6%。

打片用了三种方法:砸击法、锤击法和碰砧法。锤击法是本期的主要方法,锤击石核性质不规整,台面自然者多,工作面短宽,石核厚度大,表明石核利用率不高,石片形制多不规整比较短宽,长宽指数超过 80,但在第 8—9 层,少数标本有台面脊,少许石片形制较规整。砸击法是重要方法,从石片数量来看和锤击石片基本相当,但形制上逊于锤击石片,规整的长薄的两端石片数量极少。碰砧法作为一种常见石片仅见于本期。

从制作石器的素材来看,块状毛坯(砾石、石核和小石块)做的工具比各种石片做的工具要多,用砾石、石核和小石块、大石片做毛坯是本期的特点。

工具类型简单,主要是刮削器和砍砸器,尖状器和雕刻器数量少,形态也相当原始,还有一些球形器。本期砍砸器不仅数量多,占此类工具总数的一半,而且加工精致,类型也多;尖状器多较大,加工亦简单,多是一边修理较好,另一侧只作简单修理,使成不同形态的尖刃。雕刻器仅有两件,发现于8-9层。存在一器多用现象,表明类型分化尚不明朗。

从石料来看,本期砂岩等砾石(包括砾石打下的大石片)加工精致,有些刃口锐利,刃缘匀称,小石片疤浅平,石英做的各类工具加工简单而毛糙。

B. 北京人中期文化

就做石器的原料言,脉石英用量大增,水晶用量有所增加,QII占1.9%,第6层占5.3%;砂岩用量锐减,QII占1.9%,第6层占0.9%;燧石用量也有所减少,QII只占0.8%,第6层占1.3%。

砸击法有所发展并成为主要方法,现存的砸击石片在数量上超过锤击石片一倍有余,个体变小,形制规整的两端石片比较多,QII中长薄的形制规整的石片数量相当多,可能达到80%,出现了类似石叶的砸击石片;第7层中出现形制比较规整的枣核形石核。

锤击石片形制有所改善,出现了一些长薄的三角形和长方形石片,打击台面者超过自然台面,后者占1/3左右。第7层中出现

4件漏斗形石核,其上遗有似石叶疤。有几件石片的台面可能事先修理过。

石器的素材由块状毛坯为主变为石片为主,QII中各种石片做的工具占这个单元工具组合的60.3%,第6层则占64%。

石器类型有所增加,出现了端刃刮削器,而且各类工具自身发生了不同程度的变化,不仅数量增加,而且修理精致的标本也有所增加。尖状器出现了数量相当多的、两侧做细致修理的标本,体积变小,其形制非早期同类工具可比,却与晚期尖状器极为相似,在数量上由第8—9层的5%增加到QII的14%;砍砸器在数量上明显减少,QII中的砍砸器虽在数量上由第8—9层的40%减少到QII的10%,但在类型上和加工水平上仍与早期相仿,而到第6层这类工具则进一步衰落,只占该层工具的3%,制作亦简单而粗糙。

本期工具小型化趋势明显,长宽厚测量的平均值比前期小,小型和轻型的工具有所增加,QII小型和轻型工具分别占48.8%和50.4%,第6层则均占81.3%;大型和重型工具则比前期分别减少了35.4%和41.3%。

各类型界限进一步明确,一器多用现象减少。

C. 北京人晚期文化

晚期是中国猿人明显的发展时期,出现了新类型工具,工具进一步小型化,加工技术亦有一定的改善。

在原料采用方面,虽然石英仍然是主要的,但质量有所提高,质细的乳白色的半透明的石英在标本数量上增加了,从而为打下较大的石英薄片和制造精致的石英器提供了前提,水晶和燧石等质优的石料有明显的增加(表3—3)。

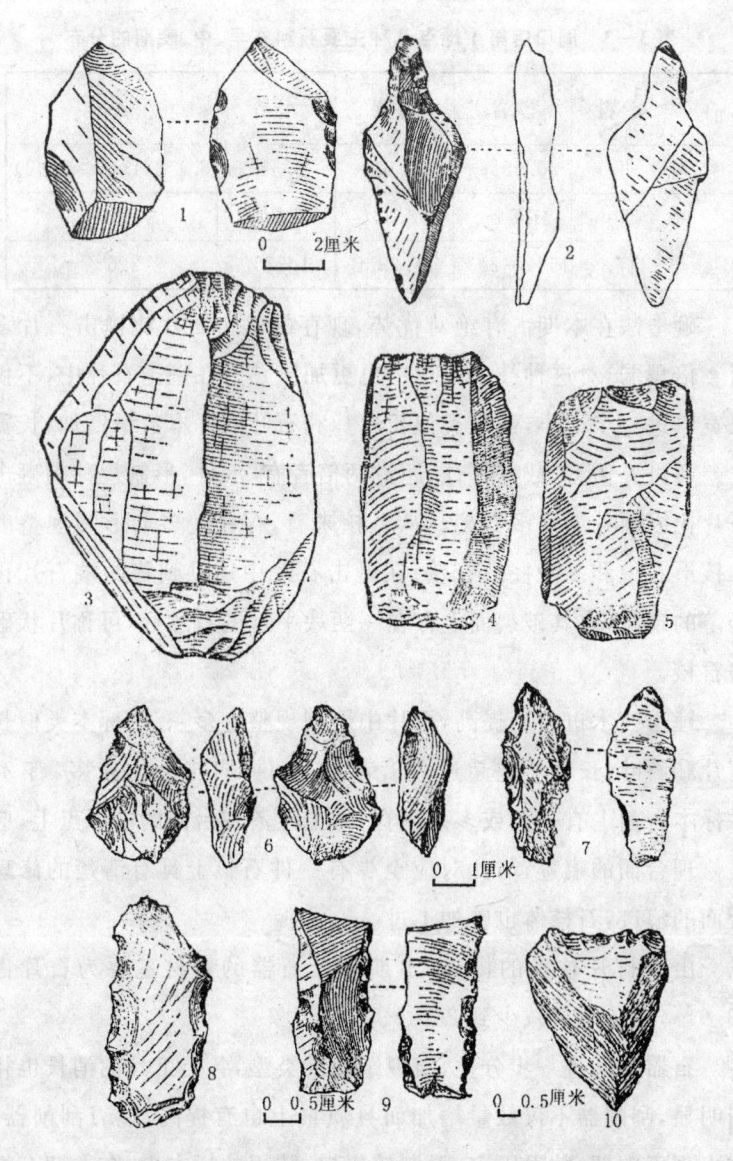

图3—12 周口店第1地点的石器(据张森水,1989)

1.石锥;2.雕刻器;3—5.砸击石片;6—7.尖状器;8—10.刮削器

表3—3　周口店第1地点几种主要石料在早、中、晚期的分布

时代＼石料	砂岩	石英	水晶	燧石
晚期	0.95%	89.6%	5.4%	3.1%(L.H＞30%)
中期	1.5%	92.3%	3.9%	1.2%
早期	15%—20%	77.23%	1.27%	2.6%

砸击法在本期占有绝对优势,现存的砸击石片比锤击石片多出4倍稍弱,对这种技术的运用也更加成熟。在砸击石片中,不仅长宽厚进一步缩小,而且类似长石片和石叶的标本数量增加,长宽比差超过一倍者,数以百计,超过两倍者有25件,形制规整的砸击石片比以前各期要多得多。从石核来看,存在较多的形制规整的枣核形石核和多棱柱形石核;在砸击石片中还见到将两端石片再砸薄的现象,在其破裂面上存在一两块平远的石片疤,可称片状砸击石核。

锤击技术也有所提高,石片中形制规整者多,有些标本类似长石片和石叶,长宽比差超过一倍者有42件,打击台面较多,有32件标本台面上有一条或多条纵脊,打击点落在台面的前缘点上,应是修理台面的痕迹,与此对应至少有一件石核上具有清楚的修理台面的痕迹,石核体也曾加工过。

由于打片技术的提高,本期加工石器的素材主要为石片占73.9%,块状毛坯减少到26.1%。

石器类型进一步分化,出现了新的类型,各类工具的消长也相当明显,刮削器不仅数量增加而且质量上也有提高;端刃刮削器,它出现于中期,数量不多,形制较粗糙,陡刃的标本少,在本期有端刃刮削器122件,约占全部端刃刮削器的91%。其中一些圆端刃

刮削器刃陡，端刃匀称，有些和后期同类工具完全可以媲美；尖状器在中期已基本定型，至此时期数量上猛增，占全部尖状器近90%，类型增加，修理精致者多，进一步小型化；雕刻器最早出现于第8—9层，在早期和中期发展不快，数量少，基本上是笛嘴形雕刻器，至此时数量多，类型分化，约占总数的90%。本期出现了一个新的工具类型——石锥。与上述各类工具相反，砍砸器则进一步衰落，加工粗糙而简单，体积略变小，数量也减少了一些，只占本期工具的2.1%。

加工方法以锤击为主，偶用砸击法。有些砸击加工的石器，石片疤浅平，仿如压制而成；锤击加工技术也有所提高尤其是对20毫米以下的微型工具的加工。

（三）金牛山遗址

金牛山遗址含人类文化遗物的地点有两处即A地点和C地点，1978年在A、C两个地点共发现石制品37件，其中出自A地点22件、C地点15件，制作石器的原料主要为脉石英，还有石英岩和变质岩。石器个体差别较大，最大者长91毫米、最小者长29毫米，不过大多数长度小于40毫米。石制品中包含石核4件，其中锤击石核3件、砸击石核1件；石片12件，其中锤击石片8件、砸击石片4件。制作石器的毛坯有石片和石块，数量差别不大，在17件石器中刮削器13件、尖状器3件、雕刻器1件。石器修理向破裂面和向背面的都有，但仍以向背面的占多数，多数石器修理粗糙，刃缘不平齐、刃角大[①]。

---

① 金牛山联合发掘队：《辽宁营口金牛山旧石器文化的研究》，《古脊椎动物与古人类》1978年第1期。

118　华北北部旧石器文化

　　1985—1993年在金牛山A地点再次发掘①,共出土石制品200件,原料仍以脉石英为主,占69%,其次为硅质灰岩,占30.5%,石英岩只有1件,占0.5%。打片方法采用硬锤直接打击法生产石片,石器类型简单有砍砸器、刮削器和尖状器,制作粗糙,多为中小型石器。

　　从两次发掘的情况来看,金牛山遗址的石制品主要以脉石英为原料,锤击法是主要的打片方法,砸击法虽也使用,但已不占主要地位。石器类型简单,加工粗糙,但个别石料较好的标本加工精细一些。

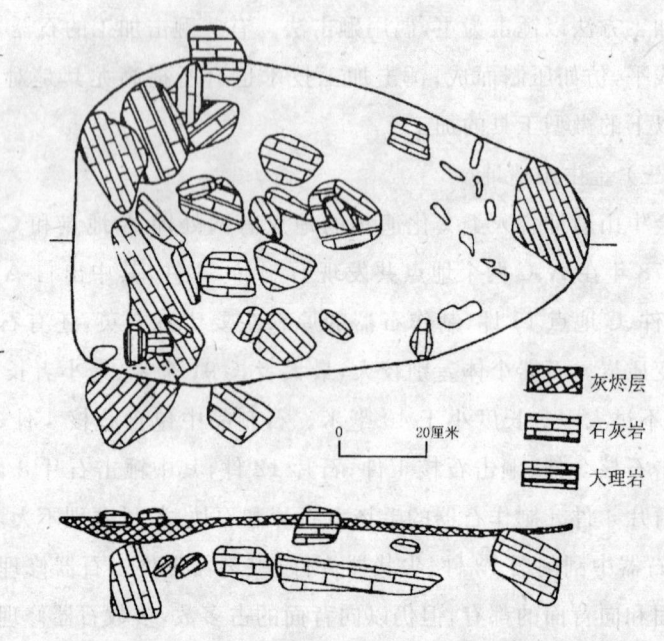

图3—13　金牛山遗址9号灰堆平剖面图(据顾玉才,1996)

---

①　吕遵谔:《金牛山遗址1993、1994年发掘收获和时代探讨》,《东北亚旧石器文化——1996年国际学术会议》,韩国国立忠北大学先史文化研究所、中国辽宁文物考古研究所,1996年版。

金牛山遗址中还发现明显的用火遗迹,前后发现9个灰堆,灰堆圆形或椭圆形,最小的是3号灰堆,45×45厘米,一般为55×60厘米,最大是9号灰堆为77×119厘米,解剖灰堆的结构并经试验研究后,认为金牛山人已懂得使用石块封火使其阴燃以保存火种的方法,这在世界上也十分罕见。

(四)青瓷窑遗址

青瓷窑地点最早发现于1975年,1976—1977年由中国科学院古脊椎动物与古人类研究所和大同市博物馆、大同市文化局先后进行了两次发掘,获得石制品920件,其中石核、石片、石锤、石砧和石器共640件,它们来自三家村和瓦渣沟两个地点,由于这两个地点位于同一个地貌部位,可视为同一个遗址①。1988年在瓦渣沟又发现石制品87件,经研究和前两次发掘的石制品的性质基本相同②。

在前两次发掘的640件石制品中原料主要为石英岩,占72.19%,脉石英占19.22%,另外还有燧石、火山玢岩及少量花岗岩,它们采自附近侏罗系地层中或当时第二级阶地砾石层。石制品中包括石核125件占19.53%、石片375件占58.6%、石锤和石砧2件占0.31%、石器138件占21.56%。从石核和石片上所表现的技术特征来看;锤击法是主要的打片方法,只是偶尔使用砸击法,砸击石片仅有5件其中3件为脉石英、1件为石英、1件为燧石。没有使用修理台面技术,虽然石片的形状不大规则,锤击石片中有一部分近三角形或梯形,但真正的长石片仅有2件。石器以锤击法修理而成,其中刮削器为主要器类,占石器总数的79.71%,

---

① 李超荣、解廷琦、唐云俊:《大同青瓷窑旧石器遗址的发掘》,《人类学学报》1983年第2期。

② 刘景芝:《山西大同青瓷窑旧石器遗址的新发现》,《考古》1990年第9期。

按刃形和刃量可以划分为凸刃、凹刃、直刃、厚刃、圆刃和复刃；尖状器占 10.87％，按尖刃的形状分长身锐尖、短身锐尖和短身钝尖；其余为砍砸器，又进一步分单面刃和双面刃两种。加工石器的毛坯多半用石片，少量用砾石或石核；加工方式以向背面加工为主，占 68.1％，向腹面加工占 17.39％，另外还有少量错向加工和交互加工者。

（五）庙后山遗址

石器原料主要为黑色的石英岩和安山岩。在 71 件石制品中可以分类的 57 件，其中石核 3 件、石片 28 件、石器 26 件，包括刮削器 13 件、砍砸器 12 件、石球 2 件。打片方法有锤击法、碰砧法，个别使用砸击法。

刮削器的数量最多，按照刃缘状况可以划分为单直刃、单凹刃、单凸刃和双凹刃和端刃几种，但多数加工粗糙。砍砸器多用交互打击法修理，石器体积较大。在庙后山遗址中还发现有用火遗迹和大量的破碎骨片[①]。

本期是华北地区旧石器文化发展的重要时期，和早一阶段相比，文化特征上既表现出与早期文化的连续性，又表现出本期文化的特殊性。就本期文化而言，不同遗址之间既表现出一些共有的特点，各遗址也有一定的差异性。

从对石料的处理上来看，早期仍然和上一个阶段一样，获取石料后直接进行剥片，在晚期如周口店第 1 地点晚期，优质石料的增

---

① 辽宁省博物馆、本溪市博物馆：《庙后山——辽宁省本溪市旧石器文化遗址》，文物出版社 1986 年版。

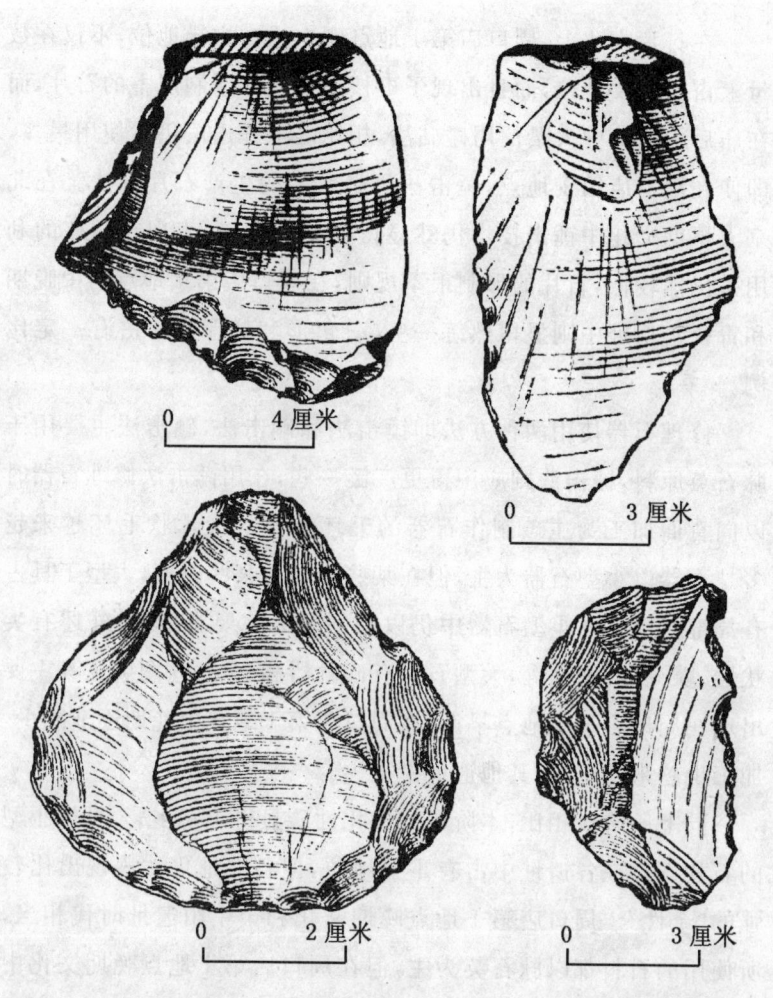

图 3—14 庙后山遗址中的石器（据辽宁省博物馆、本溪市博物馆，1986）

加，说明原始人在石料的产地可能对石料进行粗选。和上一阶段有所不同，脉石英成为这个阶段的主要石料，这主要是由于遗址所在的地质环境所决定的，这种特殊的石料对本阶段的旧石器文化性质产生了重要影响。

在打片方法上,周口店第1地点砸击法占主导地位,不仅在数量上占据主要地位,而且出现了枣核形石核和形制规整的石片,而在庙后山遗址中大量使用碰砧法,相比之下锤击法仍然使用最多,即使在周口店第1地点,锤击法仍是重要的生产石片方法。在北京人早期文化中锤击技术仍然显得原始和初级,表现在石核的利用率仍然较低,石片的形制很不规则,在周口店第1地点的中晚期和青瓷窑遗址中则显得熟练一些,三角形和梯形石片占有一定比例。

修理石器使用两种方法即锤击法和砸击法,砸击法主要用于脉石英原料,锤击法则应用得更广泛一些,在用锤击法修理石器时以向背面加工为主。制作石器的毛坯从早到晚片状毛坯越来越多。石器以小型石器为主,但在某些遗址和某些时期,大型工具占有局部优势。在小型石器中仍以刮削器为主要类型,另外还有尖状器、雕刻器、锥钻等,大型石器有砍砸器和石球,这两类工具主要出现在周口店第1地点早期,在周口店第1地点中晚期逐渐减少,加工也越来越粗糙,其他遗址中很少。

同上一阶段相比,本阶段的文化性质显得丰富多彩,虽然小型的石片石器在各遗址中占有重要地位,但各遗址仍然表现出比较强的"个性"。周口店第1地点晚期文化和金牛山遗址时代相当,所使用的石料都以脉石英为主,但在周口店第1地点晚期文化中砸击法达到了相当高的水平,而金牛山遗址中锤击法更普遍一些。青瓷窑遗址打片方法主要使用锤击法,石器也以小型石器为主,而庙后山遗址却以碰砧法为主且石器中大型砍砸器占有明显优势。

在这一阶段,在不同遗址中都发现了明显的用火遗迹。周口店第1地点的用火遗迹包括三个灰堆遗存和5个灰烬层,其中灰烬层发现于第 10 层、第 8—9 层、鸽子堂石英 II 层、第 4—5 层和第 3 层,其中第 4 层的灰烬层最厚达 6 米。相比之下金牛山人的用火技术要略高一筹,他们在保存火种方面学会了封火和阴燃的方法。另外在庙后山遗址也发现零星的用火遗迹。

不同遗址个性鲜明,文化性质多姿多彩以及普遍学会用火是这一阶段旧石器文化的主要特色。

第三节　许家窑文化期

许家窑文化期属于旧时代中期文化,属于这个阶段的遗址有周口店第 15 地点、许家窑遗址、雀儿沟遗址和板井子遗址。

(一) 周口店第 15 地点

周口店第 15 地点目前已报道的石制品有 6533 件,其中石核 130 件、石片 530 件、砸击制品 87 件、石锤 7 件、石器 1283 件,其余为断块和断片。石制品以小型占多数,平均长、宽、厚为 3.6、3.4、1.2 厘米,重 21 克。使用的原料中 95.2% 为脉石英,另外还有火成岩占 3%、水晶、燧石、砂岩和石英岩少量。周口店第 15 地点的居民主要使用锤击法进行打片,砸击法已退到非常次要的地位,仅有的 87 件这类制品只占石核—石片类的 11.6%。在锤击石核中不仅有单台面石核、多台面石核而且出现了 33 件盘状石核。石片中形状不规则的占 76.7%,两侧平行的石片占 5.6%;绝大多数石片的长宽大致相当;石片的台面以素台面为主占 63.8%,自然台面、节理面台面、有脊台面、有疤台面、线状台面和点状台面都有发现,但不见修理台面。周口店第 15 地点是否具有了勒瓦娄哇技术,一直是学界关心的一个问题,但最新研究显示周口店第15地点的所谓勒瓦娄哇制品可能是由盘状石核生产①。上述研究成果基本上印证了裴文中先生的看法:"第15地点的居民从一件石核上打剥石片似乎没有明确的目的、也没有系统的方法。然而为了能够得到一件形制规整的石片,一定的打片程序似乎已有所发展。"②

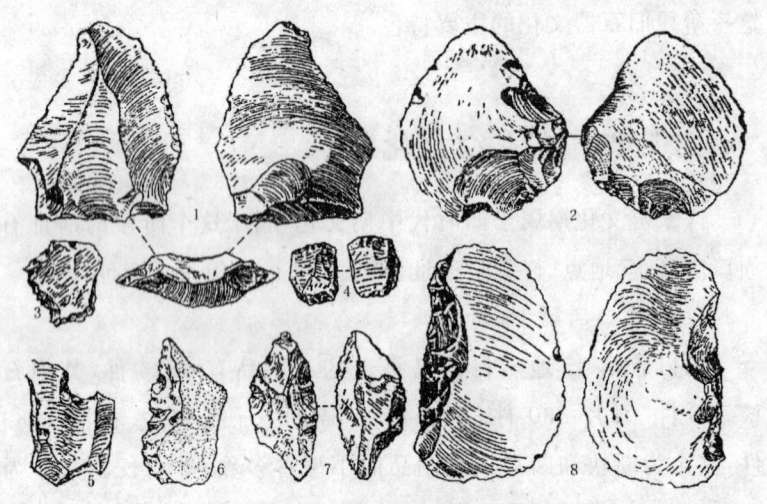

图 3—15　周口店第 15 地点的石制品(据裴文中,1990)
1. 锤击石片;2、8. 薄刃斧;3、6. 刮削器;4. 砸击石片;5. 凹缺刮器;7. 尖状器

在1283件石器当中,刮削器占92.6%,其中主要为单刃刮削器,另外还有少量的凹缺器、雕刻器、砍砸器、尖状器、石锥、薄刃斧、石球和加工不规则的工具。石器主要为小型,大型石器数量很少,石器的大小和原料有一定的对应关系,个体较小的石料主要以脉石英为原料,而个体较大的石料则以火成岩和砂岩为原料。石

---

① 高星:《周口店第15地点剥片技术研究》,《人类学学报》2000年第3期。
② 裴文中:《新的旧石器遗址——周口店第15地点的初步研究》(节译),载《裴文中科学论文集》,科学出版社1990年版。

器的毛坯以残片为主占54%，其次为残块占25%，完整石片仅占13%。石器加工方法采用锤击法，绝大多数标本向一面加工，片状毛坯以向背面加工为主。在刮削器当中，一半以上的标本具有平齐的刃口，但也有相当数量的标本刃口不规则，大多数标本修疤呈鳞状，少数标本修疤浅平，规则而平行[1]。

总的来看，和上一个阶段相比，周口店第15地点的打片技术有明显提高，表现在面对和周口店第1地点同样的石料，第15地点采用了更为有效的锤击法进行打片，而且出现了盘状石核，大大提高了石料的利用率。和周口店第1地点的石器相比，出现了薄刃斧这一新的石器类型，而刮削器、尖状器和雕刻器中有一些标本比第1地点修整得更为精细和规整，第1地点中用砸击法修理石器的技术不见于第15地点。

（二）周口店第4地点

据张森水先生的研究，周口店第4地点共发现石制品81件。石制品的原料也以脉石英为主，占92.59%，另外还有砂岩、燧石、火成岩。从石核与石片的数量来看，锤击法占有主要地位，在18件石核、石片中，锤击石核1件、石片16件，砸击石片仅有1件。石器类型简单，仅有刮削器和尖状器两类，其余为断片和断块。石器的大小多数在3—5厘米范围之内。除了石制品，周口店第4地点还记述了几件打击骨器[2]。

在周口店第4地点还发现了用火遗迹，灰烬层宽1.1米、厚

---

[1] 高星：《关于周口店第15地点石器类型和加工技术的研究》，《人类学学报》2001年第1期。

[2] 张森水：《周口店遗址志》，北京市地方志编纂委员会：《北京志·世界文化遗产卷》，北京出版社2004年版。

90厘米,最宽处2米,最厚处1米多,和地层走向一致;灰烬层一般是松散的,但局部胶结坚硬,呈灰色或红色;灰烬层中含有动物化石、石器和烧石。值得注意的是,烧石表面呈灰白色,表面棱角变钝,这一点和金牛山遗址的烧石有一定的共同点[①]。

(三)周口店第22地点

周口店第22地点仅发现石制品5件,原料均为石英,包括单台面石核1件、锤击石片1件、刮削器3件,可以看出,锤击法是生产石器的惟一方法。除一件刮削器长度为6.8厘米外,其余几件都在3—5厘米之间。

(四)许家窑遗址

许家窑遗址曾分别于1974年[②]和1976年[③]先后进行过两次发掘,第一次获得石制品589件,第二次获1300多件。许家窑遗址的石料中,脉石英占32.26%,石英岩占5.6%,火石占30.22%,变质灰岩占3.74%,火山岩占19.86%,硅质岩占0.34%,玛瑙占7.98%,根据笔者的调查,有两种石料其实在遗址中占有较大的比重,一类是脉石英,呈块状,大小多在10厘米左右;另一类是玉髓,包括火石和玛瑙,质地细密匀纯,石料的个体较小。

许家窑遗址的石器多为细小石器,最小的只有1克重,大部分在30克以下,最大的一件石片只有120克。在第一次发掘的石制

---

① 顾玉珉:《周口店新洞人及其生活环境》,载中国科学院古脊椎动物与古人类研究所编:《古人类论集》,科学出版社1978年版。

② 贾兰坡、卫奇:《阳高许家窑旧石器时代文化遗址》,载卫奇、谢飞编:《泥河湾研究论文集》,文物出版社1989年版。

③ 贾兰坡、卫奇、李超荣:《许家窑旧石器时代文化遗址1976年发掘报告》,《古脊椎动物与古人类》1979年第4期。

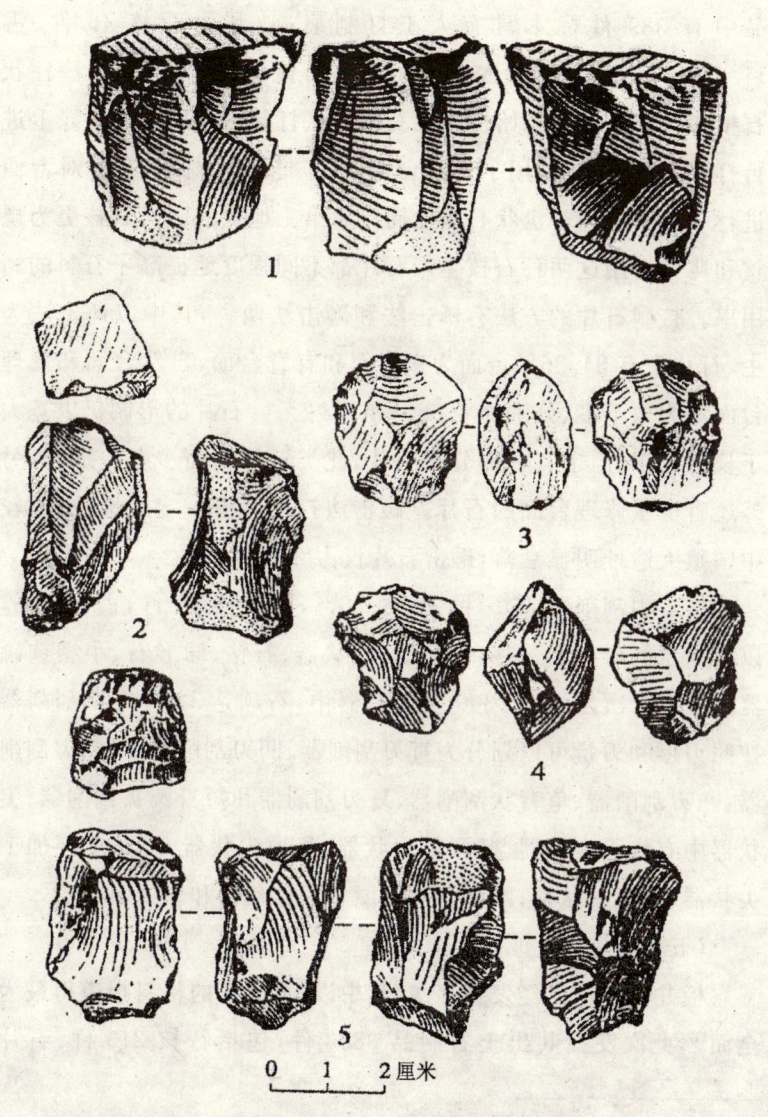

图 3—16 许家窑遗址中的石制品(据贾兰坡等,1989)
1、2、5. 原始棱柱状石核　3、4. 盘状石核

品中有 389 件标本具有人工打制痕迹,其中石核 46 件,占 11.83%,石片 147 件,占 37.79%,在石核中,出现了原始棱柱状石核和盘状石核。原始棱柱状石核多从打制台面周围的边缘上进行打片,只有少数利用了自然台面,为了能有效剥片,有时对台面进行一定的修理。盘状石核比周口店第 1 地点的同类石核更为规整和典型。用这两种石核生产石片都不同程度地提高了石料的利用率。打制石片的方法有锤击法和砸击法两种,其中以锤击法为主,石片中有 84.36% 台面为素台面和有脊台面,自然台面和修理台面均为数不多,分别为 4.08% 和 2.72%。石片的形制仍以宽大于长者居多,但也有一部分长石片,此类石片背面多有一纵脊,另外还有少量修理台面的石片。砸击法打片仍占一定的地位,但较中国猿人遗址明显衰落,砸击石片仅占 8.84%。

石器中刮削器 150 件,占 38.56%,尖状器 18 件,占 4.11%,以及少量的雕刻器、圆头刮削器、尖状器、石钻、球形石、小型砍砸器。在第二次发掘的 1300 多件石器中,石球达 1059 个。刮削器按照刃形和刃量可以划分为直刃刮削器、凹刃刮削器、两侧刃刮削器、凸刃刮削器、龟背状刮削器、复刃刮削器和短身圆头刮削器;尖状器中有齿状尖状器、椭圆形尖状器、鼻形尖状器、两面交互加工尖状器、喙形尖状器;雕刻器中有屋脊形雕刻器和斜边雕刻器。

(五)板井子遗址

板井子遗址已经发掘多次,其中以 1988 年的材料报道得最为全面[①],此次发掘共出土石制品 3383 件,包括石核 215 件、石片

---

① 李炎贤、谢飞、石金鸣:《河北阳原板井子石制品的初步研究》,载中国科学院古脊椎动物与古人类研究所:《参加第十三届国际第四纪地质大会论文集》,北京科学技术出版社 1991 年版。

1557件、石锤22件、石器329件,石制品的原料为比较单一的隐晶硅质岩。

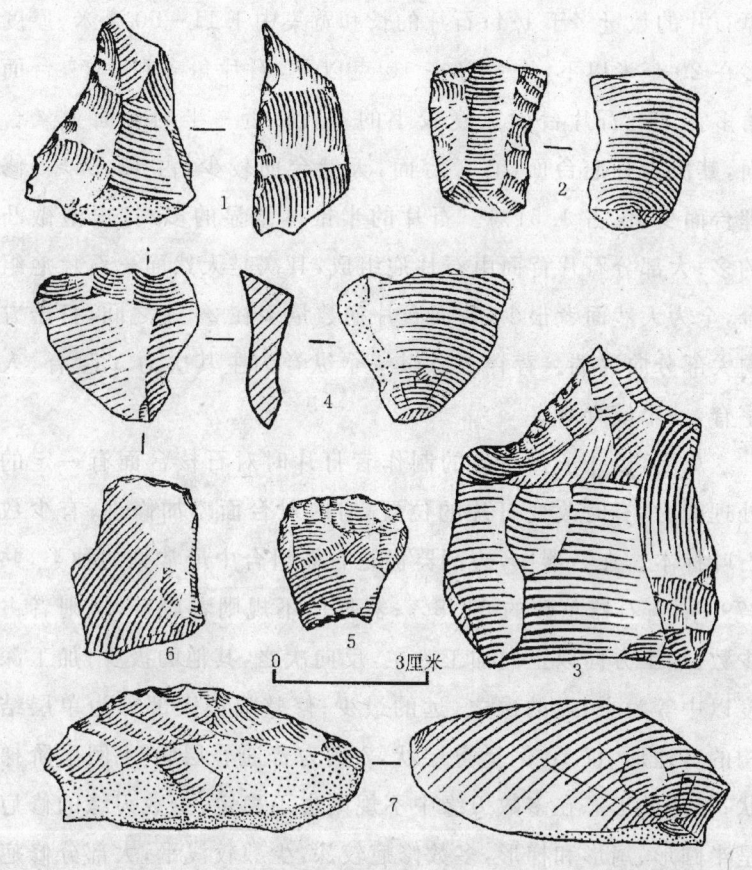

图3—17 板井子遗址中的石制品(据李炎贤等,1991)
1—3. 凹刃刮削器(C11：14,I9：3,B10：11);4、7. 横刃刮削器(B9：27,D8：9);5、6. 端刃刮削器(D3：35,I7：25)

在215件石核中,人工台面占大多数,表明打片时已知对素材加以改造;有一定的标本显示出利用石片疤相交形成的脊进行打片;有少数标本台面具修理的痕迹;石片石核的存在是有一定特色的；少数标本略呈漏斗状和盘状。石片的形状多不规则，有 1/3 的石片横断面呈三角形。宽大于长的石片占一半以上，厚石片的数量多于 1/4；石片的长和宽集中于 11—50 毫米，厚度多在 20 毫米以下，重量多在 10 克以下，石片角多在 115°，台面角多在 75°；石片台面宽度较小的多。将近一半的台面为素台面，其次为有疤台面、有脊台面，天然台面较少，占 13.64%，修理台面少，仅占 1.51%。石片的半锥体微显的多，打击泡微凸的多；大部分石片背面由石片疤组成，其次是天然面－石片疤组合，全为天然面者很少，背面石片疤数量多在 2—4 之间，打击方向大部分向远端。背脊形态以一个纵脊为主其次为 Y 型脊、人字脊、一个横脊等。

　　总之，板井子石制品的制作者打片时对石核台面有一定的处理能力，有时改变打片的位置，有时对台面略加修理；有少数石叶标本。在石器中，边刮器仍是石器组合中最常见的种类，共 279 件，占石器总数的 84.8%；器形以不规则者居多，规则者占少数；加工方向以正向加工为主，反向次之，其他的极少；加工深度以中等为主，近的次之，远的最少；修整痕迹大部分为单层结构的普通形，仅 10 例呈叠层状，7 例为普通叠层状，4 例呈阶梯状；修疤的形态在多数刃缘中不规则也不稳定，少数刃缘的修疤呈半圆形、扇形和梯形，多数修疤较深，少数较浅平；大部分修疤为小型，其次为微型，少数为中型。刮削器依刃缘数量可分单刃、多刃和双刃，依形态可分直刃、凹刃和凸刃，依加工部位可分横刃和边刃；综合起来大约有三型 15 式之多。标本 D8：9(图 3—17,7)在石片之远端正向加工为凸刃，加工距离远，修整痕迹为长条状的向心结构，刃口的大部分较平齐，刃角 85°，代表了遗址中石器修理的最高水平,可能使用了软锤技术,具有莫斯特文化的特点。

端刮器11件,占石器总数的3.34%,均长大于宽,加工部位均在远端,标本的长宽厚的范围分别为18—40、17—40、7—16毫米,刃角45°—84°,端刃直的3件、凸的8件。正向加工的5刃,反向加工的4刃,转向和复向加工各1刃。加工距离近的7件,中等的4件,刃口平齐的3件,不平齐的6件,呈锯齿状的两件。修疤大多较深,且无特殊的层次结构。

凹缺刮器15件,占石器总数的4.56%,其中一击而成的凹缺刮器6件,修整的凹缺刮器9件。加工部位在左边的7件,在右边的5件,在远端的3件;正向加工的8件,反向加工的7件。加工距离近的9件,中等的5件,远的1件;标本的长宽厚的范围分别为12—43、14—33、4—16毫米,重1—24克,刃角53°—88°。

尖状器16件,占石器总数的4.86%,按加工部位可分正尖尖状器和角尖尖状器,各8件。标本长宽厚的分布范围为18—62毫米、16—39毫米、6—20毫米,重3—41克。尖角刃在48°—70°之间的7刃,71°—85°的17刃,大于85°的8刃。正向加工的24刃,反向加工2刃,转向加工的5刃,两面加工的1刃。整边加工的20刃,只加工2/3边缘的8刃,加工1/2边缘的1刃,仅局部加工的5刃。刃缘形状有12刃是直的,16刃是凸的,4刃是凹的。

砍砸器仅6件标本。素材为断块的4件,为砾石的1件,为石块的1件,标本长70—123毫米,宽66—113毫米,厚26—39毫米,重127—472克,刃角67°—80°。这6件标本均为单刃,3件为凸刃,一件为直刃,两件为凹刃。正向加工的4件,复向加工的1件,交互加工的1件。加工距离大部分较近,刃口不平齐，修疤较深。

总的来看，板井子的石制品仍以小型为主，占98％以上，其中种类最丰富、加工最精致的是边刮器，大型工具不到2％。出现了少数的石叶制品和软锤加工的工具，代表了这一时期石器制作的最高水平。

（六）雀儿沟遗址

雀儿沟遗址的石制品原料以火山凝灰岩为主，脉石英次之，石英岩和燧石较少，极少数为硅质灰岩和石英砂岩。共发现石制品40件，其中石核5件、石片6件、石器3件，其余为断片和断块，均有不同程度的风化。从石核和石片来看打片只用锤击法，石制品加工粗糙，都是向背面加工的刮削器[①]。

和前两个阶段相比，许家窑文化期石器的制作水平有一定的进步，但和上一个阶段相比仍有明显的继承性。

在对石料的处理上，和上一个阶段相比，差别不大，尽可能在遗址附近选择可利用的原料，采集到石料后，尽可能地提高燧石一类优质石料利用率。

在打片方法上虽然仍然使用硬锤直接打片技术，但和上一阶段相比仍然出现了一些新的特点，表现在面对脉石英这种劣质石料，这个阶段的居民没有使用耗费石材的砸击法打片，而是采用了锤击法，而且在锤击石核中出现了盘状石核和棱柱状石核。这说明虽然锤击法打片在旧石器早期就被采用，但在这个

---

① 谢飞、梅惠杰、王幼平：《泥河湾盆地雀儿沟遗址试掘简报》，《文物季刊》1996年第4期。

阶段提高到一个新的水平,由于这个原因,石料的利用率可能大大提高。

石器的类型和上一阶段相比变化不大,仍以刮削器为主要器类,不仅类型丰富,而且有相当一部分标本加工精制,其他类型石器数量不多,常因不同研究者视点不同采取不同的划分方案,但许家窑遗址中大量出现的石球,可能说明一种专门的狩猎工具的出现,是本阶段值得注意的一个文化现象。石器大小仍以小型石器为主,加工方法主要采用向背面加工。

总的来看,这一阶段的文化性质渐趋一致,面对不同的石料,锤击法成为原始人类的共同选择,无论从打片的熟练程度还是石器加工的精致程度都比上一个阶段明显进步。

第四节 爪村文化期

这一阶段遗址处于旧石器时代中晚期之交,本区有两个遗址河北迁安爪村和辽宁喀左鸽子洞。

(一)鸽子洞遗址

鸽子洞遗址前后发掘过多次,从已经报道的材料来看,石制品的原料主要为石英岩,另外还有燧石、火成岩、石灰岩等,但从石器来看燧石占的比例要大一些,说明当时人类对岩石性质相当了解,尽力寻求优质石料来做石器,石料的产地就在遗址附近[①]。

---

① 孙守道:《辽宁喀左鸽子洞旧石器文化遗址首次探掘报告》,载韩国国立忠北大学校先史文化研究所、中国辽宁省文物考古研究所编:《东北亚旧石器文化》,1996年版。

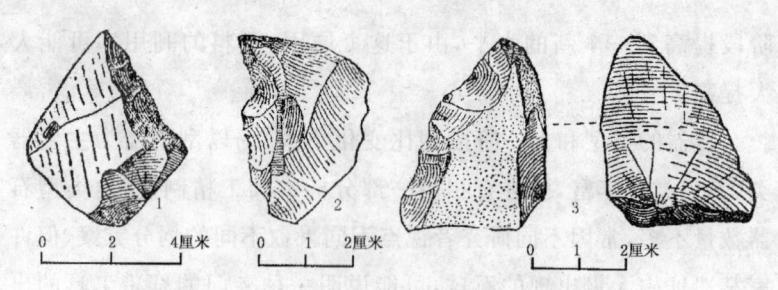

图 3—18　鸽子洞遗址中的石制品（据鸽子洞发掘队，1975）
1. 燧石直刃刮削器　2. 凸刃刮削器　3. 燧石角尖尖状器

目前报道的石制品有 260 件左右，其中石核 18 件、石片 144 件、石锤 2 件、刮削器 80 件、尖状器 10 件、雕刻器 3 件以及几件砍砸器。打片方法全部使用锤击法，石核有单台面和多台面之分，石片的台面有自然台面、打击台面可能还有修理台面，石片的形状有相当数量是规整的，石片大小变异较大，在 19—94 毫米之间①。

石器的加工主要采用向破裂面加工，但也有向背面和错向加工技术，刮削器不仅数量最多而且种类丰富，可分单刃、双刃、复刃和端刃几个类型，大小主要在 41—60 毫米之间，但最大的达 93 毫米，最小的仅有 26 毫米。其他石器则加工粗糙，不太典型。

（二）河北迁安爪村遗址

迁安爪村的旧石器始发现于 1958 年，最初认为是假石器②，1973 年进一步工作后认为这些石制品的人工性质可以确定，目前共发表 21 件标本。石制品的原料主要为燧石，另外还有少量的石英、石英岩、火成岩和硅质灰岩。石制品中包括锤击石核 2 件、锤

---

① 鸽子洞发掘队：《辽宁鸽子洞旧石器遗址发掘报告》，《古脊椎动物与古人类》1975 年第 2 期。
② 裴文中、黄万波、邱中郎、孟浩：《河北迁安第四纪哺乳动物化石发掘简报》，《古脊椎动物学报》1958 年第 2 期。

击石片10件、砸击石片4件、单直刃刮削器2件、尖状器和砍砸器各1件,具有雕刻器打法的石器1件。从石制品上观察锤击打片技术达到一定水平,石片比较规整,从石片破裂面和背面的打击点相当散漫来看,可能使用了软锤技术,砸击技术趋向衰落。石制品以大中型者居多,占一半以上,小型者稍少一些。石器除1件为片状毛坯外,其余皆为块状毛坯,它们都属于大型工具,修理石器时可能使用了软锤技术①。

从目前的材料来看,本期旧石器文化和上一阶段相比,进步不大。

第五节 峙峪文化期

峙峪文化期属于旧石器晚期文化,主要包括峙峪遗址、西白马营遗址、神泉寺遗址、新庙庄遗址、小孤山遗址、官厅遗址群和北京东方广场等遗址和山顶洞遗址。

(一)峙峪遗址

峙峪遗址的石料有脉石英、硅质灰岩、各种颜色的石髓和黑色火成岩等,其原始形态主要是河滩砾石。根据笔者在遗址附近的调查,脉石英仍是人类使用的主要原料,燧石质地不匀。

对于锤击法打片,贾兰坡等注意到:"首先打出一个平面,然后沿台面多次剥落石片。剥落的石片疤痕都较浅,其中窄而浅的疤痕与细石器文化中的石核上所见到的很相似,台面和劈裂面的夹角多在90°左右;石核不甚规则;打击泡阴痕扩散,打击点

---

① 张森水:《河北迁安县爪村地点发现的旧石器》,《人类学学报》1989年第2期。

有时不清楚或看不见,可能是用骨锤和木锤打击的。从石核上遗留的石片疤来看石核被充分地利用过……这种多面石核在我国旧石器早期很不多见。"从石片来看,"有修理台面的疤痕……这类石片较长、较薄,台面角一般约 90°。""小长石片:打击点有的不清楚,台面非常小,打击泡小而圆凸,横断面呈梯形或三角形……这种小石片是用间接法打制的。"[①]也有学者认为石制品中包含一定数量的石叶和小石片,但并不包含细石器文化的技术因素,应属于旧石器时代晚期早一阶段的文化特点[②]。此外还有一定数量的砸击制品。

由于原报告只对典型的标本予以报道,我们无法对峙峪遗址的石器进行详细分析,但总的来看,刮削器仍是主要器类,并可根据刃缘的形态、数量等分成若干类型;尖状器在遗址中数量较多,比较多的是把两侧边向两端修理成尖,加工方向有错向和同向之分,其中一件菱形尖状器值得注意,和法国的根松尖状器相似。雕刻器根据刃缘所在的部位分屋脊形雕刻器和角雕刻器。有一件标本原报告称为石镞,但更可能是一件刮削器。此外还有斧形小石刀和小型砍砸器各一件。

峙峪遗址的石器制作技术出现了一些进步因素如软锤的使用和石叶的出现,但由于报道不太详细,我们无法进行进一步分析,从总体来看石片生产和石器加工仍使用锤击法。石器的加工也仅

[①] 贾兰坡、盖培、尤玉柱:《山西峙峪旧石器时代遗址发掘报告》,《考古学报》1972 年第 1 期。

[②] Clark, D. and Schick, K. "Context and content: Impression of Paleolithic sites and Assemblage in the People's Republic of China," *Journal of Human Evolution* 1988 , 17, 439—448.

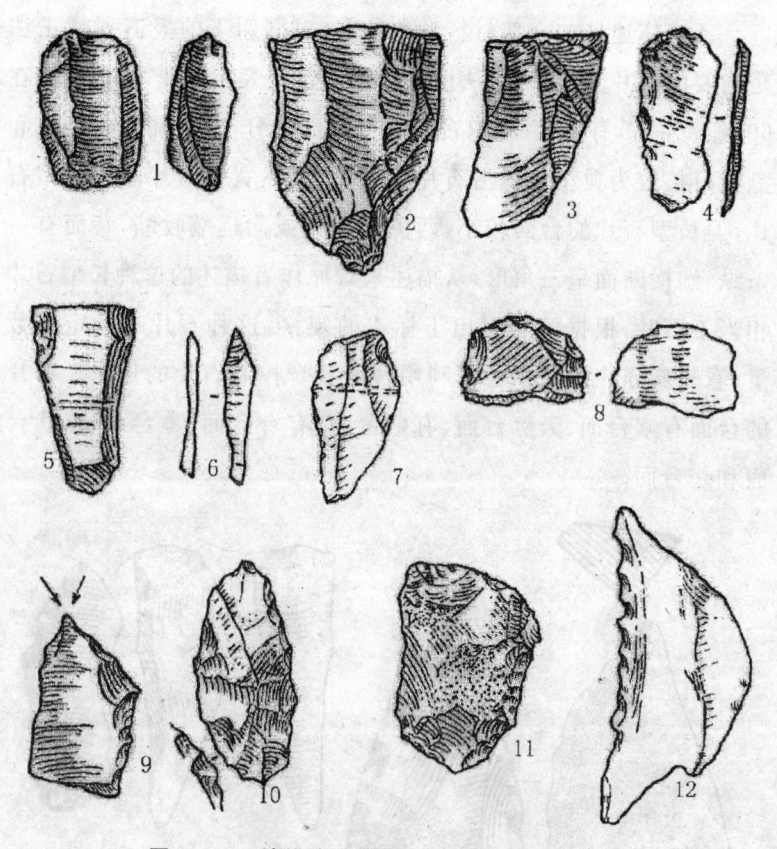

图 3—19 峙峪遗址的石制品（据贾兰坡，1972）
1. 砸击石核；2、3. 多面石核；4—7. 小石片；8. 短身圆头刮削器；9. 雕刻器；
10. 菱形尖状器；11. 圆盘状刮削器；12. 凹刃刮削器

局限在刃部，其他部位并不做修理，因此和旧石器时代中期文化相比共同点较多。

（二）新庙庄遗址

新庙庄遗址的石料中，火成岩占多数，包括辉绿岩、凝灰岩等，虽然这些石料硬度较小，但素材原形较大；颗粒较粗，但质地均匀。这些特点和研究区内其他遗址的石料表现出一定的差异。

新庙庄遗址的全部材料尚未发表,根据谢飞的报道[①],锤击法是主要的打片方法,砸击法极少。锤击石核大小悬殊,一般长宽在60毫米左右,有单台面、双台面和多台面之分,其中漏斗状石核和盘状石核较为典型。锤击石片较规整,虽然宽型石片多于长型石片,但长型石片的台面较小,两侧近平行或向远端收缩,背面有一条纵脊,横断面呈三角形,从描述来看原作者描述的这种长型石片相当于石叶,根据笔者对出土标本的观察,这种石片有一定的数量,看来新庙庄人已学会了利用台面背脊控制石片的形状。石片的台面有素台面、天然台面、有疤台面、有脊台面、零台面、点状台面和线台面。

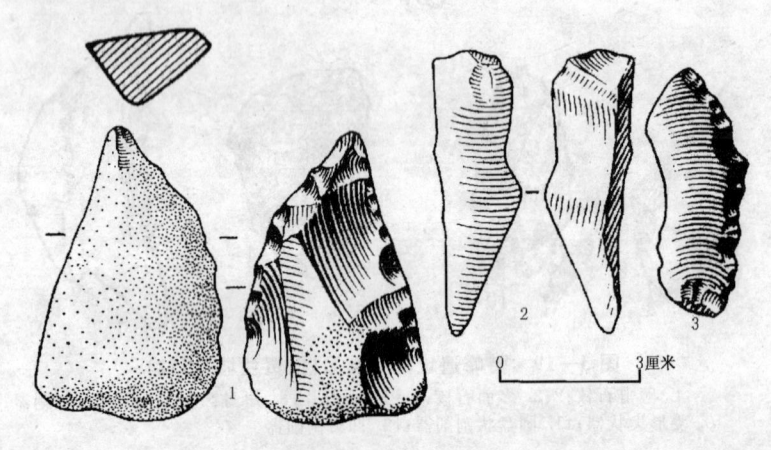

图3—20　新庙庄遗址的石器(据谢飞,1993)

石器的类型有砍砸器、刮削器、尖状器、雕刻器、凹缺刮器、端刮器和石锥。各器类中按刃缘的形状、数量、加工方式等还可分为若干类型。引人注目的是石器尺寸较大,尤其是砍砸器等

---

① 谢飞:《泥河湾盆地旧石器研究新进展》,《人类学学报》1991年第4期。

大型工具占有较高的比例,和盆地内其他遗址形成对比,砍砸器最大者尺寸为 218×136×49 毫米,重 1600 克,刮削器最大的 84 毫米,最小的 28 毫米;尖状器中有一种横断面呈三角形的三棱尖状器最为典型、数量也多。石器的加工普遍较好,修理疤规整、刃口较匀称。

(三)西白马营遗址

西白马营遗址制作石器的原料都不太好,火山角砾岩风化严重;脉石英颗粒较粗,打击后易裂成碎块;玉髓,质地细密匀纯,但由于过于致密,强度较大,因此极难加工;另外,这两种石料原始素材较小,因此用它剥取的石片多数都带有砾石面。硅质灰岩,硬度较小,使用效率较低,其他石料含量较低[①]。

锤击法是主要打片方法,石核 78 件,包括单台面石核 31 件,其中 4 件近似漏斗形,双台面石核 27 件,多台面石核 17 件。看来部分石核利用率较高,至于这部分石核和石料的关系,尚不得而知。另外还有 3 件砸击石核。锤击石片 179 件,无一定的形状和大小,2/3 的石片保存有自然岩面;宽型石片 136 件,长型石片 43 件,从台面来看素台面 86 件,自然台面 79 件,有疤有脊台面 1 件。

砸击石片 5 件,其中石英质 4 件,玉髓 1 件。

石器类型简单,以各式刮削器为主,计 216 件,占石器总量的 93.9%,其中包括单端刃刮削器 25 件,双端刃刮削器 2 件。尖状器 11 件,占石器总量的 4.7%。雕刻器 2 件。砍砸器 1 件。

石器多数加工较精,一般来说,修理疤明显,细密规整,有时重叠。刃角变化大,以较陡者居多,刃部平整或凹凸不平,刃缘多锋

[①] 谢飞:《河北阳原西白马营晚期旧石器研究》,《文物春秋》1989 年第 3 期。

利。石器多细小，小于 40 毫米者占 76.5%，大于 40 毫米的占 23.5%。

（四）神泉寺遗址

神泉寺遗址[①]的石料和许家窑遗址十分相似，以脉石英为主，玉髓为次，石英岩居第三位，硅质灰岩、火山角砾岩和水晶等用量很少。

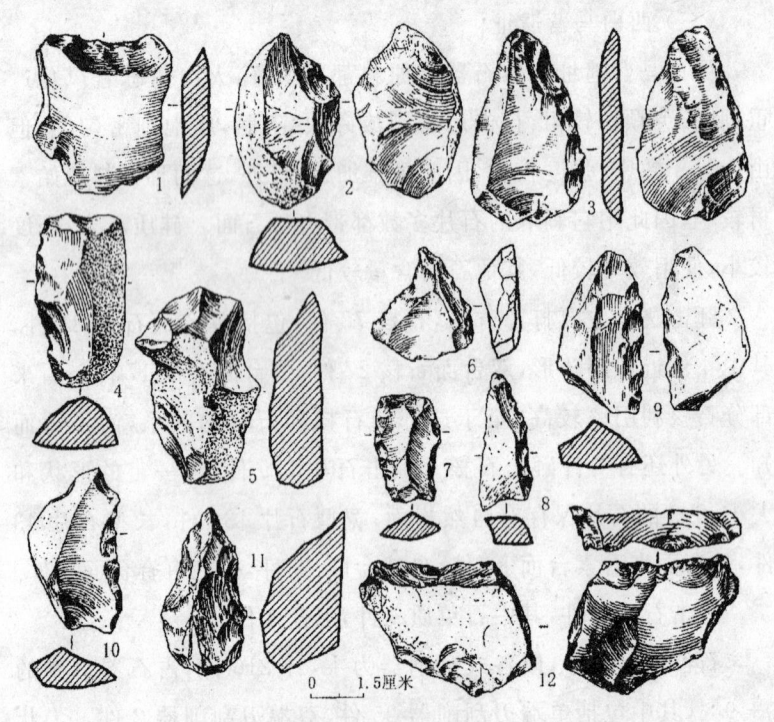

图 3—21 神泉寺遗址的石制品（据杜水生、陈哲英，2002）
1—5、7—10. 刮削器；6、11. 尖状器；12. 石核

打片主要使用锤击法，砸击法偶尔使用。在锤击石核中有修

---

① 杜水生、陈哲英:《山西阳高神泉寺遗址石制品初步研究》，《人类学学报》2002 年第 1 期。

理台面的标本；石片台面的大小以中小型为主；多数石片的背脊形态较规则，有一定数量的石片的形状呈梯形。石制品主要为小型者，石片的平均大小为 35×33×14 毫米，石器的平均大小为 34×26×114 毫米。

石器的毛坯片状者占 87.1%，块状者占 12.6%，无疑是以石片石器为主的工业。石器类型简单，基本上是刮削器，占 91.7%；尖状器很少，占 8.3%；刮削器中，多数是单刃石器，占 64%，横刃刮削器、两刃刮削器和端刃刮削器分别占 8.3%、14.5% 和 13.8%，其中的长身端刃刮削器颇具特色。尖状器中的一件小三棱尖状器器形酷似丁村的大三棱尖状器。

石器的加工使用锤击法，未见有砸击法修理者；修理方式以向背面为主，刃缘以平齐或近平齐为主，仅有少数石器刃缘近齿状，一件标本呈齿状。石器的刃角多分布在 60°—70° 之间，50°—60°、70°—80° 较少，刃角在 80°—90° 之间的主要见于长身端刃刮削器。

（五）王府井东方广场

1996 年发现的王府井东方广场遗址是一处旧石器时代晚期临时性营地，遗址面积约 2000 平方米，出土石制品 1000 余件，原料以燧石为主，石制品有石核、石片、石屑、石锤、石砧、刮削器和雕刻器，是以石片石器为主的文化。另外还有大量的骨制品和丰富的用火遗迹[①]。

（六）山顶洞遗址

山顶洞遗址出土的石制品总共有 25 件，包括石核、砸击石

---

① 李超荣、郁金城、冯兴无：《北京市王府井东方广场旧石器时代遗址发掘简报》，《考古》2000 年第 9 期。

片、锤击石片、刮削器、砾石石器,石制品的原料主要为脉石英,其次为砂岩和燧石,打片使用锤击法和砸击法,第二步加工粗糙[①]。

山顶洞遗址中发现大量的艺术品,包括骨针1件、有磨痕和刻纹的鹿角棒、石珠7件、穿孔砾石1件、穿孔鱼骨1件、穿孔兽牙125件、骨管4件、穿孔海蚌壳3件。

从大量出现的艺术品来看,山顶洞人的文化已经相当进化,出土的石制品可能并不代表它的文化发展水平。

(七)小孤山遗址

辽宁海城小孤山遗址发现于1981年,同年秋进行试掘,1983、1990、1993年又进行了3次发掘,发现了上万件石制品、一批精美的骨角制品和装饰品[②]。

石制品原料来自当地河滩,脉石英占绝大多数,只有少量的几件用石英岩、玉石和闪长岩制作。打片使用锤击法和砸击法两种方法,尽管脉石英不是一种理想原料,但标本中仍不乏形状比较规整的长石片,说明打片技术已达到相当高的水平。石器修理主要使用锤击法。石器中刮削器仍是主要类型,数量最多,按照刃部形态可以划分为单刃、双刃、圆刃、拇指盖状和吻状等;尖状器加工精制可能使用了"指垫法",锥钻类器形稳定,有一定数量的多面体石球,另外还有雕刻器和手斧等工具。

小孤山遗址最富有特点的文化遗物是骨制品和装饰品,包括双排倒钩鱼叉1件、标枪头1件、骨针3件、穿孔牙齿完整116个、残破9个、穿孔蚌壳1件。在加工这些工具时除了采用刮、磨等技

[①] 裴文中:《周口店山顶洞之文化》,载《裴文中科学论文集》,科学出版社1990年版。
[②] 张镇洪等:《辽宁海城小孤山遗址发掘简报》,《人类学报》1985年第1期。

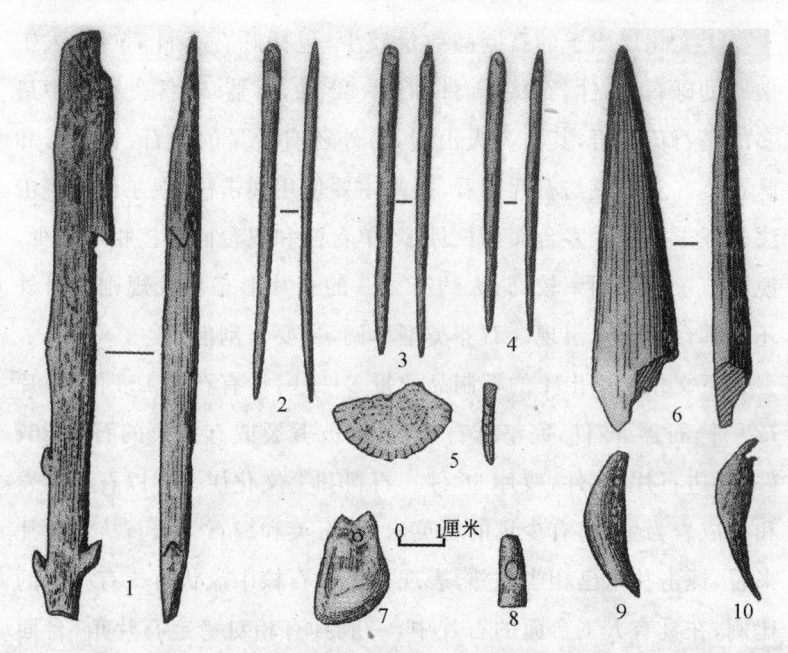

图 3—22　小孤山遗址中的骨器和艺术品(据张镇宏,1985)
1. 镖;2—4. 骨针;5. 穿孔蚌壳;6. 标枪头;7—10. 穿孔牙齿

术外,钻孔技术采用了两边对钻和先挖后钻等工艺,和山顶洞同类器物相比,加工方法要先进一些[①]。

(八)承德四方洞遗址

四方洞遗址是河北发现的第一处洞穴遗址[②],1980 年发现后曾于 1984 年进行试掘,1988 年中国科学院古脊椎动物与古人类研究所和河北省文物研究所组成联合发掘队进行正式发掘,发现上下两个文化层,但文化性质大同小异。

[①] 黄慰文等:《海城小孤山的骨制品和装饰品》,《人类学学报》1986 年第 3 期。
[②] 中国科学院古脊椎动物与古人类研究所、河北省文物研究所:《四方洞——河北第一处旧石器时代洞穴遗址》,《文物春秋》1992 年增刊。

上文化层出土的石制品数量较少，包括砾石石料75件，人工破碎的砾石36件，石核45件，石片32件，石器20件。石料中最多的是石英砂岩，其次为火山岩，另外还有少量的燧石、石英岩和脉石英。从石核与石片来看，打片主要使用锤击法，偶尔使用砸击法。锤击石核中多台面石核最多，单台面和双台面石核相对较少，说明石核的利用率较高，大约有2/3的石片形态比较规则。另外还有零台面石片出现。石器类型单调，主要是刮削器。

下文化层中出土的石制品数量多一些，计有石核138件，石片129件，石器86件，完整砾石236件，被劈裂或有疤痕的石块207件，半边石片28件，残片66件。石料和上文化层一样以石英砂岩和火成岩为主，另有少量的石英岩、脉石英和燧石。从石核和石片来看，锤击技术已相当娴熟，表现在锤击石核中盘状石核有一定的比例，在具有人工台面的石片中，一般具有相对稳定石片角，台面为中小型，有一定数量的石片薄锐，3/4的形制规则。石器中刮削器占有绝对优势，占88.4%，其次为尖状器和砍砸器，端刮器和雕刻器各有1件。石器的毛坯主要为石片占67.8%，其余为块状毛坯。石器形态多不规则，石器的大小以中型者居多，刃缘多不平齐，刃角、尖刃角多数较大。石器加工主要使用锤击法，但个别标本使用压制法或其他有控制的加工技术，"陡向加工"占一定的比例，"锛状刃口"存在较固定的加工程序。石器的加工方式主要为正向加工和两面加工。部分标本存在"钝化处理"器身以利于手握的现象。

进入旧石器时代晚期，华北北部的旧石器文化在继续保持原有特色的前提下，出现了一些进步特征。

在对原料的采集、处理上,仍然主要局限于遗址附近,获取石料后也不进行特殊处理,但在使用时,对于优质石料会更为珍惜,一般用这种石料加工的工具也会更为精致。

打片技术上仍然以锤击法为主,即使面对脉石英这种劣质原料,锤击技术也能显示出有很好的发挥,例如,在小孤山遗址中不乏规整的长石片。和上一阶段相比,修理台面技术、利用背脊控制石片形状的能力在不同遗址中都有体现。砸击法仍然偶尔被使用。

修理石器的技术也有一定提高,这不仅表现在石器的器形更加规整,个别标本采用了软锤技术和"指垫法"进行修理。

这一阶段旧石器文化最显著的特点是出现了以骨、角、牙制作的工具和艺术品。这些制品不仅在材料上和石制品不同,加工方法上也采用了刮、磨、挖、钻等新的技术。艺术品以及赤铁矿粉的使用说明到这一阶段人类的精神生活更加丰富。

总的来看,这一阶段的石器工业在继承上一阶段石器制作技术的基础上有所发展,但变化不很显著,最明显的进步还是骨制品和艺术品的出现,说明人类文化进入了一个新的历史发展阶段。

第六节 虎头梁文化期

虎头梁文化是本区旧石器文化发展的最后阶段,在华北北部地区,这一阶段的遗存首先发现于河北阳原虎头梁,随后在泥河湾盆地以及冀东地区又发现了大量的类似的遗存。

(一)虎头梁遗址

虎头梁遗址最初是由王择义等在1960年代发现的,1972—1973年中国科学院古脊椎动物与古人类研究所的卫奇和盖培先生在以虎头梁为中心的10公里范围内发现了9个地点,并进行了大规模的发掘,获得石制品上万件[①]。1990年代后期,河北省文物研究所和北京大学考古文博学院在这一带进行了连续数年的发掘,也获得了大量的文化遗物和遗迹现象。但是上述研究成果仅有1970年代的工作作了初步整理并发表了报告,其他研究工作正在进行之中。

虎头梁文化石制品的原料主要是一种色彩斑斓的隐晶硅质岩,另外还有少量的泥岩、玉髓、玛瑙等。这些石料多数种类在遗址附近都没有发现,主要来自数十公里以外的地区,在将石料运输到遗址前,进行了有意识的去粗取精工作。

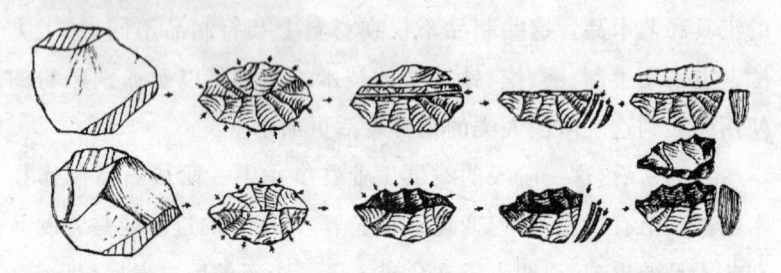

图 3—23　楔形石核预制过程示意图(据盖培,1989)

从石核和石片来看,打片使用了多种方法有锤击法、砸击法、压制法,锤击法中还使用了软锤技术,但这些打片方法在石制品中的地位有着很大的区别,砸击法只在非常偶然的情况下被使用,软锤法和压制法使用得很普遍,从遗址中出土的处于不同阶段的楔形石核可以看出,生产细石叶的楔形石核很有特色,从预制到剥片由一系列步骤构成一个完整的程序。

[①] 盖培、卫奇:《虎头梁旧石器时代晚期遗址的发现》,《古脊椎动物与古人类》1977年第2期。

石器的制作也使用了锤击法和压制法,因此石器普遍显得相当规整。石器类型有砍砸器、尖状器、边刮器、圆头刮削器、雕刻器。虎头梁的尖状器最具有特色,多数标本通体从两边向两面加工而成,不仅尖部修整仔细,尾段也进行了细致加工,估计有一部分可能用作复合工具。

在虎头梁遗址中,还发现了一些装饰品包括穿孔贝壳、鸵鸟蛋皮制成的扁珠和钻孔石珠。另外还发现了数块赤铁矿和红色泥岩。

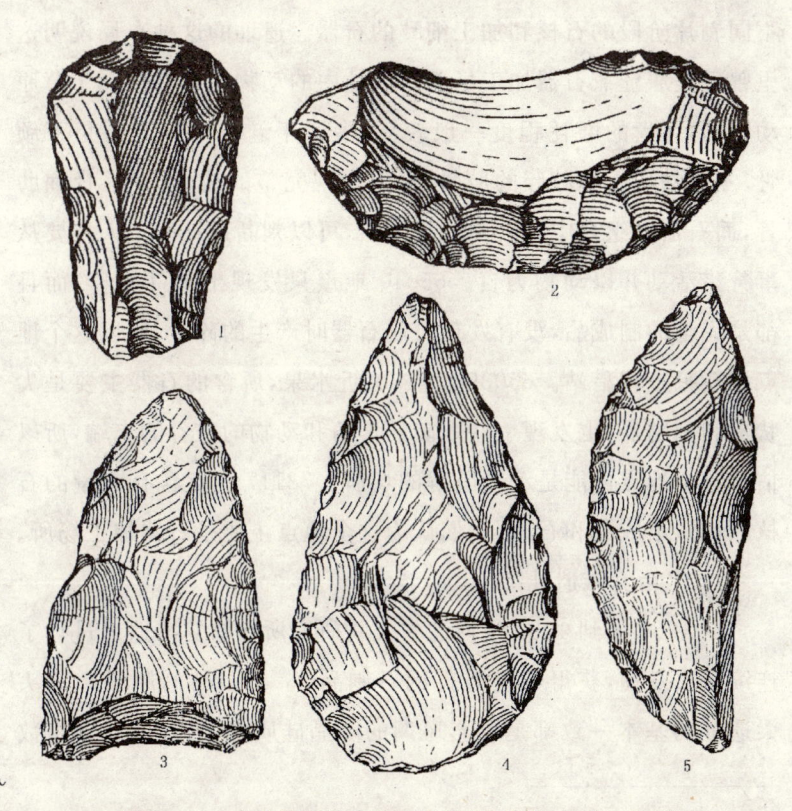

图 3—24 虎头梁遗址中的石制品(据盖培、卫奇,1977)
1. 圆头刮削器;2. 半月形刮削器;3. 锛状器;4. 双面器;5. 楔形石核预制品

进一步研究显示,虎头梁遗址中不同地点的功能可能有所不同。在73101地点,发现了三个灶坑,其中II5—6炉灶坑呈长椭圆形,长1.7米,宽80厘米,厚5—6厘米,与周围的砂质黄土界限分明。在这个炉灶坑的边缘上发现四块较大的砾石,砾石周围有许多破碎的动物肢骨、下颌骨和少量石器。另外两个炉灶坑的情况与此类似,其中一个还发现有穿孔贝壳和赤铁矿。三个炉灶坑之间散布着大量的石片和石屑,时而密集、时而稀疏,也发现处于不同剥片阶段的石核和加工细致的石器。遗址的这种布局说明这里曾经是居址兼石器加工场所。遗址中的动物化石都是属于草原动物的,牙齿的磨耗程度一般较深,多属于老年个体主要是下颌骨、零星的牙齿和破碎的肢骨,没有发现完整的头骨、脊椎骨和肋骨,而石器的组合中有较多的投射器,可以判断遗址的主人主要从事狩猎活动并以动物为食。65040地点只发现十多件石器,而且都是完整的制成品,没有发现打制石器时产生的碎片,所以这个地点可能只是狩猎站。65039地点,临近水泉,所含的石器主要是尖状器和刮削器,也发现一些残破的羊角和动物的肢骨的末端,所以估计这个地点可能是动物肢解的场所。72117地点含有大量的石核、石器、半成品和石屑,我们认为这个地点主要是石器加工场所。

(二)籍箕滩遗址

从1987年到1989年河北省文物研究所在籍箕滩遗址进行了连续三次发掘,获得了上万件的石制品[①]。石制品的原料和虎头梁遗址的基本一致都是色彩斑斓的隐晶硅质岩,另外还有一定数

---

① 谢飞、李珺:《籍箕滩旧石器时代晚期细石器遗存》,《文物春秋》1993年第2期。

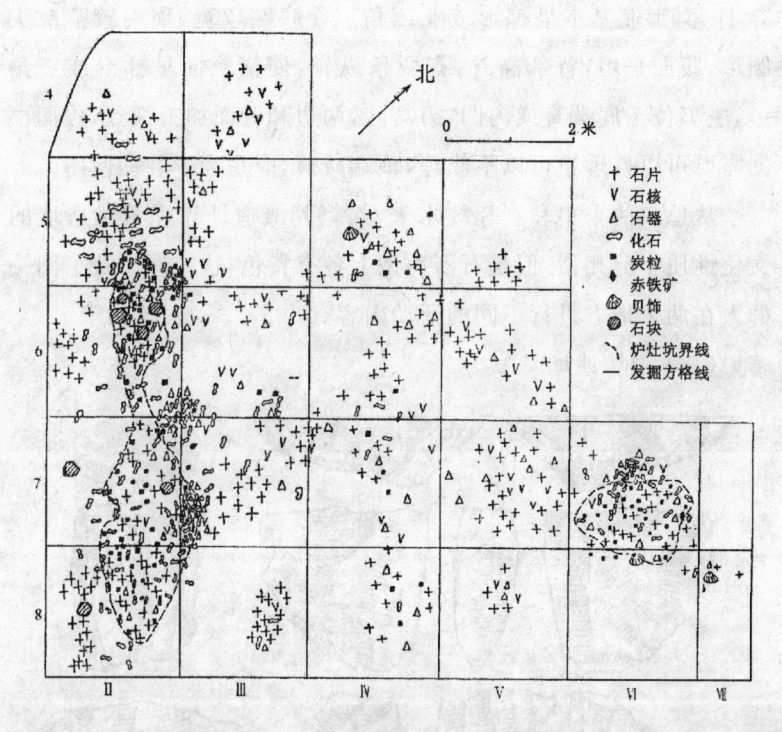

图 3—25 虎头梁遗址 73101 地点遗物的平面分布图(据盖培、卫奇,1977)

量的硅质灰岩和燧石、玛瑙。在石核与石片中,除了一定数量的普通石核和石片外,主要仍是楔形石核,细石器文化中常见的锥形石核等在这里没有发现,处于剥片第一步的削片在这里有大量发现。石器组合中除虎头梁遗址中大量出现的各式刮削器和尖状器外,丰富凹缺刮器和锛状器构成了与虎头梁遗址不同的文化特色;在 396 件石器中凹缺刮器占到 228 件,这类工具的毛坯可以是石片,也可以是残片或石块。根据凹口的加工方式可以分为两种类型:一种是一击而成,凹口的刃缘不再修整;一类是打出凹口后,凹口的刃缘又进一步修整。锛状器也是一类很有特色的工具,共发现

21件，其形制基本呈梯形或亚三角形。底端较宽，顶端较窄或尖圆形，腹面平坦，背部高耸，有两条纵脊，使横断面呈梯形或三角形，主刃位于底端直或内凹，刃甚陡，两边和背面加工细致，腹面根据需要可以修理也可以不修理，顶端减薄，应是为了装柄使用。

从原料的采集和剥片技术来看，籍箕滩遗址和虎头梁遗址的文化性质十分相似，但是石器类型上各有特色，这或许反映了同一群人在两个地方进行不同的活动内容。

（三）油坊遗址

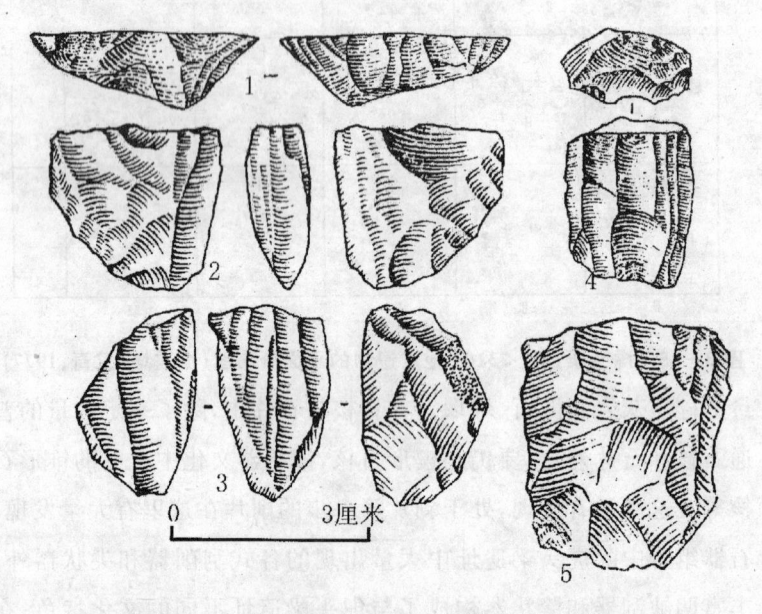

图 3—26 油坊遗址中的细石核（谢飞等，1989）
1. 船形石核；2. 楔形石核；3. 半锥形石核；4、5. 柱状石核

油坊遗址发现于1984年，1986年秋进行首次发掘，发掘面积为28平方米，获得石制品697件，另有碎块和废片2675件。697件石制品中石核72件，占10.3%，其中包括单台面石核40件，多

台面石核 27 件,盘状石核 5 件;石片 475 件,占 68.1%;细石核 13 件,占 1.9%,其中包括楔形石核、柱形石核和船底形石核几种类型;细石叶 92 件,占 13.2%,石器 45 件,占 6.5%,石器类型包括砍砸器、刮削器、尖状器、雕刻器、琢背小刀、石锥及石钻等。石器的加工方法采用锤击法和压制法两种方法。

和虎头梁文化一样,油坊遗址也属于一处细石器遗存,但在文化传统上有一些明显的区别,不仅楔形石核的预制程序和虎头梁文化明显不同,而且船底形石核和柱状石核不见于虎头梁遗址[①]。

总的来看,在泥河湾盆地内部,以虎头梁文化为代表处于泥河湾盆地中西部细石器遗存和以油坊遗址为代表的东部细石器遗存是两种不同类型的细石器文化,探讨它们各自的文化传统及其相互关系是一个很有意义的课题。

(四) 孟家泉遗址

河北玉田孟家泉遗址出土的文化遗物主要是石制品,总计出土了 23000 余件,在这些石制品中石核与细石核占 6.6%,石片细石叶占 17.8%,石器占 10.9%,其余为废片。制作石制品的原料以灰黑色、灰色和灰白色燧石为主,约占 95% 以上,其他原料有石英、石英岩和玛瑙等燧石,采自北部震旦系地层中,质地细密匀纯。

从石核与石片来看,孟家泉遗址采用了多种方法,既有锤击法、砸击法,也有压制法生产细石叶的技术。锤击石核多数没有固定形状,少数呈锥状、漏斗状和盘状,砸击石核不仅产品非常典型,而且有一定的比例,从而构成了孟家泉石器工业的主要特征之一。

---

① 谢飞、成胜泉:《河北阳原油坊细石器发掘报告》,《人类学学报》1989 年第 1 期。

细石核预制过程简单,形状多样和虎头梁文化明显不同而和下川、油坊的标本有一定的相似之处。

石器的加工主要使用锤击法但也使用砸击法和压制法,锛状器还使用了磨制技术。加工方向以正向为主,但也有反向、复向、转向和错向几种情况存在。加工石器的毛坯主要为石片或残片。石器类型中包括砍砸器、刮削器、尖状器、凹缺刮器、石锥、琢背石刀和锛状器,其中刮削器、尖状器和石锥是石器中的主体;小型端刮器、琢背小刀和锛状器是孟家泉遗址中比较有特色的工具[①]。

(五)淳泗涧遗址

1990年,河北省文物研究所会同秦皇岛市文物管理处、昌黎县文物管理所对淳泗涧遗址进行了一个月的发掘,发掘面积45平方米,共发现400多件石制品[②]。

石制品的原料主要为燧石,其他石料很少。据调查,石料来源于其西30华里的武山。从石核与石片来看,打片主要使用锤击法和压制法,其中用压制法剥取石片的细石核全部为船底形石核,这种石核一般先预制台面,而后沿台面两侧对核身进行修整,石核底缘都不加工而直接利用锐棱。

石器的毛坯主要为石片和石叶,加工石器的方法主要是锤击法,以正向为主,反向次之,复向、转向很少。石器类型仍以刮削器、凹缺刮器较多,另外还有尖状器、琢背小刀和雕刻器。

在冀东地区,与孟家泉、淳泗涧遗址文化性质比较接近的遗

---

① 河北省文物研究所等:《河北玉田孟家泉旧石器遗址发掘简报》,《文物春秋》1991年第1期。

② 河北省文物研究所等:《河北昌黎淳泗涧细石器地点》,《文物春秋》1992年增刊。

址还有多处：玉田县西大泉、小泉、小柳庄、驼龙寺，遵化县君子口、狼山关、西域，丰润县才庄，滦县东灰山、岩山，迁县不村等。其主要特征是制作石器的细石核无论是楔形石核还是船底形石核，都是先确立台面，然后沿台面两侧修理，有时楔形石核的楔状缘不是修理而成，而是直接选用毛坯的锐棱为楔状缘。石器中仍以刮削器、尖状器为主，但也有不同数量的雕刻器、石锥、凹缺刮器，甚至锛状器。

进入本区旧石器文化发展的最后一个阶段，文化性质发生了质的变化，它和前一阶段旧石器文化的关系显得非常脆弱。

在石料选择方面，往往在遗址外几十里处选取合适的石料，选取石料后一般都要去粗取精，因此用加工的石料和前面几个阶段相比要优良得多，结构和质地细密匀纯。

细石器技术普遍使用。虽然在遗址中锤击法甚至砸击法生产石器的技术依然存在，但用压制法生产细石叶技术被普遍采用，是以往任何一个阶段所不具备的。

细石器生产技术可以划分为两个不同类型：在泥河湾盆地中西部以虎头梁遗址为代表的细石器文化中，生产细石叶的细石核无一例外是楔形石核，而且细石核的预备过程有一个非常完整的程序，其中还使用了双面技术、软锤技术；在泥河湾盆地东部和冀东地区，细石核主要为船形、柱形、锥形，虽然也包括楔形石核但制作工艺明显不同，石核的预制过程相对简单一些，尽量依毛坯的形状作简单调整，一般先确定台面，再修理核身，和前一种类型先修理核身再确定台面形成明显对比。

在以虎头梁为代表的泥河湾盆地中西部，石器制作普遍采用软锤技术和压制技术,石器显得十分规整,石器类型有砍砸器、各式刮削器、石矛头等;在泥河湾盆地东部和冀东地区石器制作仍然主要使用锤击法,石器类型以刮削器和尖状器为主,其他器类数量很少。

有些遗址中出现了骨制品和工艺品,如骨针和一些穿孔的鸵鸟蛋皮等。

总之,在更新世之末,以细石器为特征的旧石器文化将打制石器工业推向了巅峰,而且从空间上看不同人群采用了不同的工艺,可能有外来文化进入本地区。

第七节　和其他地区比较

在中国,以小石片－刮削器为特征的旧石器文化不仅分布在华北北部地区,在华北南部、中国南方地区、西南地区、西北地区也有这种类型的文化分布。它们在时代、文化特征上和华北北部旧石器文化存在哪些异同点呢?

一、华北南部地区

华北南部地区旧石器文化曾经被贾兰坡先生概括为大石片－三棱尖状器传统,或丁村－匼河系,因器形硕大也被称为大石器传统,与华北北部旧石器文化形成对照,代表遗址有山西芮城西侯渡、匼河,山西襄汾丁村,陕西蓝田公王岭,豫西三门峡等[①],但是研究表明华北南部的旧石器的文化性质要复杂得多。

---

① 贾兰坡、盖培、尤玉柱:《山西峙峪旧石器时代遗址发掘报告》,《考古学报》1972年第1期。

在著名的丁村遗址,以 54:100 和 54:90 地点相比,54:90 地点石制品多粗大,依石片分析大型者占 71.83% 或 64.79%,中型者占 23.94% 或 29.58%,小型者占 4.23% 或 5.63%;石器的测量结果类似,大型者占 76.67% 或 83.33%,中型占 20.00% 或 10.00%,小型者占 3.33% 或 6.67%[1]。而在 54:100 地点,依石片分析大型者占 18.36% 或 17.35%,小型者占 50% 或 64.28%;石器的测量结果类似,大型者占 25.64% 或 28.21%,小型者占 38.64% 或 40.02%[2]。不仅如此,在石器类型上 54:90 地点,以砍砸器为主,而 54:100 地点不含砍砸器。

在匼河也存在类似的问题,6056 地点共获得石制品 116 件,一般都比较小,以重量计,100 克以上只有 10 件,其中 300 克以上 4 件,500 克以上 1 件,大多数标本在 25 克左右,最小的不足 3 克。石器 20 件包括刮削器 12 件,尖状器 5 件,砍砸器 2 件,石锯 1 件[3]。

华北南部的小石片—刮削器文化主要分布在太行山区,时代属于旧石器时代晚期,代表地点有河南安阳小南海[4]、荥阳织机洞[5]、山西陵川塔水河[6]、山西和顺当成、背窑湾[7]等地点,从打片技

---

[1] 张森水:《丁村 54:90 地点石制品研究》,《人类学学报》1994 年第 3 期。
[2] 张森水:《丁村 54:100 地点石制品研究》,《人类学学报》1993 年第 3 期。
[3] 陈哲英:《独头旧石器的新发现》,载山西省考古学会、山西省考古研究所编:《山西考古学会论文集(二)》,山西人民出版社 1994 年版。
[4] 安志敏:《河南安阳小南海旧石器时代洞穴遗址的试掘》,《考古学报》1965 年第 1 期。
[5] 张松林、刘彦锋:《织机洞旧石器时代遗址发掘报告》,《人类学学报》2003 年第 1 期。
[6] 陈哲英:《陵川塔水河的旧石器》,《文物季刊》1989 年第 2 期。
[7] 吴志清、孙炳亮:《山西河顺当城旧石器时代洞穴遗址群初步研究》,《人类学学报》1989 年第 1 期。

术到石器类型,都与峙峪文化有一定的相似之处,其实在贾兰坡的周口店第 1 地点—峙峪系的代表遗址中就有小南海遗址。

总体来看,在旧石器时代早中期,华北南部旧石器文化中大型的砾石工业和小型的石片工业交错分布,而到了旧石器时代晚期,石制品才以小型为主。

二、西北地区

西北地区的小石片—刮削器文化主要分布在旧石器时代中晚期。代表遗址有陕西长武窑头沟、甘肃东部遗址群以及内蒙萨拉乌苏等。

陕西长武窑头沟属于旧石器时代中期文化遗址,相当于氧同位素阶段 4,石制品的石料为石英岩、石英和燧石等,打片以锤击法为主,石核有扁平石核和多面体石核。石片多数为小型而且不规则,但也有部分石片呈比较规则的三角形和窄长形。石器以小型刮削器为主,小型尖状器数量不多,但修理精致;也有砾石直接加工的砍砸器[1]。

甘肃环县刘家岔和内蒙萨拉乌苏遗址均属于旧石器时代晚期,相当于氧同位素阶段 3 早期。刘家岔遗址位于黄土高原西部,1977 年发掘并挑选出石制品 1022 件,其中石器 487 件。石器原料 90% 以上为石英岩砾石,其余为硅质灰岩、脉石英和砂岩。该遗址打片主要用锤击法,但也有砸击法。石片一般不规则,但出现修理台面的石片。石器用锤击法修理,刃缘一般不平齐。石器类

---

[1] 盖培、黄万波:《陕西长武发现的旧石器时代中期文化遗物》,《人类学学报》1982 年第 1 期。

型仍以刮削器为主,按照刃形和刃量还可以划分为不同类型,另外还有端刮器、尖状器、雕刻器、砍砸器和石球。有人认为刘家岔石器工业和许家窑遗址有一定的相似[①]。

萨拉乌苏遗址石器的原料为黑色的硅质岩砾石,也有少量石英岩,这些砾石来自数十公里以外的产地。砾石很小,一般只有2—4厘米,因此制成的石器很小,一般为长2—3厘米、宽1厘米,重量1—2克左右的数量最多。石器以锤击法剥取石片,但从一部分很规整的柱状石核来看,间接打制法可能已经存在。石器修理技术比较进步,疤痕细小,刃口整齐,石器组合中以各类刮削器为最多,其次为端刮器、尖状器、雕刻器、钻具等,其中端刮器最为引人注目,全部为短身类型,器形规整[②]。

从目前的发现来看,西北地区尚未出现典型的砾石工业。和华北北部一样,小型的石片石器是其主要特征,但是目前发现的西北地区的遗址其时代都局限在晚更新世,这一点和华北北部明显不同。

三、南方地区

中国南方地区的石器工业主要为砾石工业,但是有些遗址的文化性质和华北小石器工业一样,以小石片-刮削器为主要特征,时代属于旧石器时代晚期。

在洛南盆地,花石浪龙牙洞的石制品和位于洛河阶地上的露

---

① 甘肃省博物馆:《甘肃环县刘家岔旧石器时代遗址》,《考古学报》1982年第1期。

② 黄慰文、侯亚梅:《萨拉乌苏遗址的新材料:范家沟湾1980年出土的旧石器》,《人类学学报》2003年第4期。

天遗址的石制品完全不同,前者的石制品是以中小型石片和简单的石片工具为代表的旧石器时代早期文化,石料主要有各色石英岩、脉石英和石英砂岩,打片主要使用锤击法、碰砧法和砸击法等简单的硬锤直接打片方法,石器组合简单,主要有刮削器、尖状器和雕刻器,石器修理也以向背面修理为主,和泥河湾盆地的旧石器时代早期文化有一定的相似性[①]。后者虽然在地理位置、时代和石料与前者相当或一致,但工具却以手镐、手斧、薄刃斧和石球等重型工具为主。

与龙牙洞文化性质类似的洞穴遗址还有河南南召小空山,湖北房县樟脑洞、枝城九道河,湖南石门燕儿洞等。

小空山遗址的时代为晚更新世,遗址分上洞和下洞两部分,在上洞共发现石制品124件,制作石器的原料为石英和石英岩,剥片和加工石器的方法主要为锤击法,石器主要为刮削器,此外还有尖状器和雕刻器,这些石器器形较小,长度一般在50毫米,用砾石直接加工的典型砍砸器数量很少。下洞发现石制品55件,与上洞相比砍砸器的比例要多一些[②]。

樟脑洞的时代要晚一些,^{14}C测定年代仅有13500年,1986年进行两次发掘共获得石制品2000件,岩性以黑色硅质岩与石英为主,另外还有少量的砂岩主要用于制作尖状器。石制品包括石核、石片、刮削器、砍砸器和尖状器,其中石片的数量最多,刮削器次之,石核居第三位,砍砸器和尖状器的数量都不多。总体来看以中

---

① 王社江、张小兵、沈辰等:《洛南花石浪龙牙洞1995年出土石制品研究》,《人类学学报》2004年第2期。
② 小空山联合发掘队:《1987年河南南召小空山旧石器时代遗址发掘报》,《华夏考古》1988年第4期。

小型石片、刮削器为主,重型工具数量较少[1]。

燕儿洞遗址位于湖南石门县阳泉乡境内,遗址由两个洞穴组成,原洞口因修建公路被毁坏,现仍保留1号洞。燕儿洞的地层可以划分为7层,其中文化遗物主要位于第3层,伴生的哺乳动物化石有猕猴、红面猴、鼠、华南豪猪、豹、熊、东方剑齿象、巨貘、中国犀、鹿、羊、羚羊、牛等,现生种高达77%,既无古老残余种,也无中更新世典型种,时代为晚更新世晚期。燕儿洞石制品只有十多件,石制品的原料采自附近河床,在石制品上多保留有清楚的砾石面,原料有砂岩、石英岩和燧石,打片和修理工具均用锤击法,石器全部为刮削器,以石片为毛坯,原料为燧石者器形小一些,其他岩性的石制品大一些[2]。

时代属于中更新世的石龙头遗址虽然也是洞穴遗址,但石制品性质明显不同。该遗址共出土石制品88件,原料大部分为石英岩,另外还有燧石、砂岩等,除燧石外其他均为砾石。打片主要使用锤击法,有时也用砸击法,石核和石片的形状不规则,石器的加工主要采用锤击法。石器类型不多,主要为砍砸器,砍砸器用砾石直接加工的比用石片加工的要多,刮削器有一定数量,没有发现尖状器。

除了洞穴遗址,在晚更新世,露天遗址中也有一部分遗址为石片工业。

在湖北江陵鸡公山,下文化层属于典型的砾石工业,原料均为

---

[1] 黄万波、徐晓风、李天元:《湖北房县樟脑洞旧石器时代遗址发掘报告》,《人类学学报》1987年第4期。

[2] 湖南省文物考古研究所、石门县博物馆:《石门县燕儿洞旧石器遗址试掘》,《湖南考古辑刊》1994年第6期。

砾石,但岩性比较庞杂,有石英砂岩、砂岩、燧石、石英等原料。打片与修理均使用锤击法,石核以单台面居多,没有发现修理台面和预制台面的情况,石片数量很多,但多是天然台面。石器类型仍以砍砸器为主,但尖状器最有特色,多是将一长条型砾石从一侧剖开,然后在一端向背面加工,修出一三棱状的短尖,这种石器不仅数量多,而且加工方法固定。除此之外还包括重型刮削器、轻型刮削器、凹缺刮削器等。

在上文化层,石制品的原料来源可以分为两个部分,一部分为河滩砾石来自于遗址附近,另一部分为燧石结核,来源于其他地区。在砾石原料中岩性主要为石英、石英岩或石英砂岩。石器打片与修理均使用锤击法,石片的台面主要为自然面,石器的毛坯主要为石片,加工方向主要为向背面加工,但也有1/3向腹面加工,加工比较粗糙,石器形状不十分规则,石器类型有刮削器、雕刻器和尖状器[1]。

汉水流域的旧石器发展和长江中下游一致。龙岗寺遗址石制品所使用的原料主要为脉石英、火山岩和石英岩。石器类型主要为砾石石器,多在砾石的一面或一端进行加工而成器,绝大部分保留1/3或更多的自然面,器形有尖状器、砍砸器、石锤和石球四种,另有少量石片石器。

关庙遗址位于安康市东北约10公里的汉江北岸,石制品主要采自汉江二级阶地上。该遗址发现石制品60多件,石器原料主要为脉石英,也有少量的石英岩和砂岩,均为来自附近河滩的砾石。石制品石核和石片占的比例最大,两者多为不规则形,形体较小,

---

[1] 刘德银、王幼平:《鸡公山遗址发掘初步报告》,《人类学学报》2001年第2期。

长度超过5厘米的石核仅1件,石片的长宽则主要分布在2.5—3厘米,经过第二步加工的石器中刮削器的数量最多,占60%,尖状器次之,占30%,另外还有一些雕刻器技法的标本①。

南方地区的旧石器文化发展特点十分明显,从时代上看,明显经历了一个由砾石工业向石片工业转变的过程,即在旧石器时代早中期,砾石工业是其主工业,到了旧石器时代晚期,石片石器取代了砾石工业;在洛南盆地,文化特征和华北南部具有一定的相似性,即砾石石器和石片石器交错分布。

四、西南地区

同中国南方地区相比,西南地区的旧石器工业和华北北部的旧石器工业相似的程度要大一些,以石片—刮削器为特征的旧石器文化在旧石器时代早中晚都有分布,但是和华北北部相比,又具有自身特征。

观音洞遗址先后经四次发掘获得石制品300多件,原料为石块或结核,岩性主要为硅质灰岩,占65%,其次为脉岩、硅质岩、燧石、玉髓、细砂岩等。打片方法以锤击法为主,少数使用碰砧法。加工方向以正向加工为主占半数以上,反向加工占20%,另有交互、转向、错向、对向等。刃角较钝多在75°以上。修正痕迹不平齐的多。石器类型有刮削器、端刮器、砍砸器、尖状器、石锥、雕刻器、凹缺刮器等,其中前两类占90%,砍砸器等大型工具很少见。石器大多数在3—5厘米之间②。

---

① 王社江、李志厚:《安康关庙旧石器地点》,《考古与文物》1992年第4期。
② 李炎贤、文本亨:《观音洞——贵州黔西旧石器时代初期文化遗址》,文物出版社1986年版。

贵州水城硝灰洞位于贵州省水城县西北25公里三岔河右岸。洞内堆积由上而下由三部分组成,上层为灰白色钟乳石钙板,未见化石和文化遗物;中层为胶结坚硬的杂色灰烬层,含炭屑、烧骨、烧石等;下层为黄色砂质土和灰岩角砾层,人化石、石制品和动物化石都发现在下层。哺乳动物化石有剑齿象、牛、羊、野猪、鹿等,铀系法测年为 $5.7\pm^{1.0}_{0.8}$ 万年。该地点发现石制品53件,大多数由玄武岩砾石制作,其中石锤2件,石片33件,石器5件,打片主要使用锐棱砸击法,其次才是锤击法。石器均为刮削器,以复向加工为主[①]。

普定白脚岩洞位于普定县西南约9公里处,海拔高度为1280米,洞底高出附近河床约40米,附近岩溶地貌发育,多为峰林—谷地。该洞洞口朝南,比较宽敞,但洞内堆积受到较严重的破坏,洞口堆积保持比较完整。根据 ^{14}C 测定,年代为2万—1.5万年。经1978年和1982年两次发掘,共发现1000多件石制品及2件骨器,动物化石22种。石制品原料以燧石、硅质灰岩为主,水晶、灰岩、砂岩等也有使用,燧石呈块状,其余为砾石。打片主要使用锤击法,砸击法也有使用,另外零台面石片的存在,说明锐棱砸击法也有使用。石器仍以刮削器为主,共发现400件,约占石器总数的80%,主要以各类石片和断片为素材进行加工。砍砸器共发现43件,占石器总数8.5%,尖状器数量不多,仅20件,另外还有雕刻器、端刮器、凹缺刮器,值得注意的是有2件修背石刀和华北地区旧石器文化中同类制品相似[②]。

---

① 曹泽田:《贵州水城硝灰洞旧石器文化遗址》,《古脊椎动物与古人类》1978年第1期。

② 李炎贤、蔡回阳:《白岩脚洞石器类型的研究》,《人类学学报》1986年第4期。

猫猫洞位于贵州兴义城东约25公里猫猫山东侧的一个岩厦内,虽然岩厦大部分已经坍塌,除了保留在未坍塌部分的堆积外,岩厦的前缘也保留了较好的堆积。地层共分四层,石制品主要位于第3层,动物化石比较破碎,初步确认的有中国犀、鹿类、牛类、野猪、獾、象类及窄齿熊等。猫猫洞遗址在70年代发掘出土了4000多件石制品、骨角器14件等文化遗物,石器原料为质地较软的变质粉砂岩、砂岩、泥页岩等,来自3公里外的河床。打片技术主要采用锐棱砸击法。石器组合中有刮削器、尖状器、砍砸器3大类,另有一件雕刻器打法的标本及锐棱砸击石锤、石砧和打击砾石。刮削器数量最多,多以石片为毛坯以向背面加工为主,形体较大,加工精制,可分单刃、复刃、端刃等。尖状器也多以石片为毛坯,向破裂面加工为主,并采用"指垫法"加工。砍砸器数量最少,均以砾石或石核为原料,采用复向修理技术,加工粗糙。骨角器中有骨锥5、骨刀1、角铲8件[①]。

富林遗址位于大渡河沿岸的二级阶地上,该地点1960年发现,1972年发掘,发现5000余件石制品、用火遗迹和动植物化石。石制品位于二级阶地上部,堆积集中,上下层的界限很清楚,除了用火遗迹外,还有动植物化石,这种现象应该是原地埋藏的结果,从文化层不很厚的情况来看,可能是人类短期活动遗留下的。和华北地区狩猎文化遗存很相似,石制品原料大部分来自附近山上的砾石结核,另有少量石英、水晶、石英砂岩。打片主要使用锤击法,偶然使用砸击法,石片多短宽薄,属于副产品,也有一定数量的似石叶。制作石器的毛坯以块状为主,占56%,仅42%以石片加

---

① 曹泽田:《猫猫旧石器之研究》,《古脊椎动物与古人类》1982年第1期。

工。石器组合分边刮器、端刮器、尖状器、雕刻器和砍砸器。边刮器数量最多,占石器总数80%,其中多数为单刃类。端刮器数量不多,但加工仔细,刃口较钝。雕刻器数量很少,且不典型。砍砸器仅有1件。富林石器工业最显著的特点是石器非常细小,长度很少超过3厘米者,打片技术以锤击法为主,但有砸击法存在,石片中有相当数量的似石叶存在,石器以小型刮削器为主,加工石器毛坯以块状为主,片状石器占次要地位[①]。

西南地区的旧石器文化虽然从旧石器时代早期到晚期都以小石片－刮削器为主要特征,但和华北地区相比还是有一些自身的特点,一是砍砸器等重型工具的数量虽然少,但在各遗址中都有出现,说明这类工具在经济生活中不可缺少;二是对砾石原料多采用锐棱砸击法打片,而不是锤击法打片。

五、岭南地区

岭南地区旧石器时代早期工业以百色盆地为代表,是典型的砾石工业。石器原料以砂岩为主,以砾石为毛坯直接加工,加工的方法基本只见锤击法。加工方向以一面加工为主,但有一定数量的两面加工者。部分刮削器用石片加工。石器修理多细致,刃缘较为整齐。石器的类型主要分砍砸器、手斧、小尖状器和刮削器。其中砍砸器数量最多,大部分是以砾石加工的侧刃式。手斧多数仅在尖部两面加工,跟部仍保留砾石面。和大尖状器的区别在于尖部呈舌形,两面加工。

宝积岩遗址的年代为距今3万年,石制品的原料为石英粗砂

---

① 张森水:《富林文化》,《古脊椎动物与古人类》1997年第1期。

岩砾石,从石核上观察是使用锤击法剥片,也用砾石直接加工石器,石器类型有砍砸器和刮削器两种,其中砍砸器数量最多,加工粗糙,和本区早中期旧石器文化相似。

广西柳州白莲洞遗址可以代表岭南地区旧石器晚期文化的发展。该遗址位于柳州市东南郊的白面山南麓,遗址堆积复杂,按照发掘者意见可分早中晚三期,年代为距今3万－1万年,正好是旧石器时代晚期向新石器时代过渡阶段。在距今2.6万－2.8万年主要流行燧石等原料制作的小型石片工具,石器制作主要使用小型石片石器,石器制作仍然使用石锤直接打击法,但第二步修理细致,石器组合以刮削器为主,砍砸器居于第二位,并已经不见典型的砾石砍砸器,修理精致的小型尖状器代替了大尖状器。但在距今1.8万年,砾石石器所占比例开始回升,砍砸器包括边刃和端刃两类,小型的加工精制的石片石器仍有一定数量,主要是各类刮削器,小型尖状器也很精致,有的两边对称,类似石镞,出现磨制的石制品[1]。

岭南地区旧石器文化的发展轨迹和华南地区相似,即早期为砾石工业,晚期为石片工业,但是石片工业的出现要晚一些,而且在旧石器时代结束之际,砾石工业有所回升,代表了区域文化发展的特点。

从上面的论述我们可以看出,虽然小石片－刮削器工业在不同地区都有出现,但其时空分布、文化特征各有特点。在西南地

---

[1] 周国兴:《再论白莲洞文化》,载周国兴主编:《中日古人类与史前文化渊源关系国际学术讨论会论文集》,中国国际广播出版社1994年版。

区,除了使用锤击法打片并修理石器,针对砾石石料,锐棱砸击法占有重要地位。在华南,即使是在旧石器时代晚期,虽然石片工业占据主导地位,但仍有一定数量的砾石石器,显示受区域文化传统的影响比较明显。在华北南部和华南北部,砾石石器和石片石器交错分布,只是到了旧石器时代晚期,石片石器才占主导地位。西北地区虽然小石片－刮削器工业一直占据主导地位,但遗址年代局限在旧石器时代中晚期。相比之下,华北北部从距今100多万年的旧石器时代早期到旧石器时代晚期小石片－刮削器文化一直占有统治地位,应该说是一个很重要的区域文化特征。

第八节　华北北部旧石器文化的总体特征

如上所述,本区旧石器文化经历了东谷坨文化期、北京人文化期、许家窑文化期、爪村文化期、峙峪文化期和虎头梁文化期,连绵不断,概括起来具有以下几个特点。

从原始人类使用的石料来看,脉石英是本区古人类使用最多的一种石料,周口店地点群、辽宁东部的金牛山、鸽子洞、小孤山,山西北部的许家窑、峙峪、神泉寺等重要遗址都以脉石英为主要石料,这在中国乃至世界区域文化中都是不多见的;其次是隐晶硅质岩,主要分布在阳原盆地,具有明显的区域性;第三是燧石,主要为细石器文化所采用,隐晶硅质岩和燧石在岩石成分和结构上比较相似,只是成因不同而已。另外石英岩、砂岩等也在有的遗址中占有重要甚至主要地位。

从石制品的打制技术来看,本区旧石器文化可以划分为两个类型:第一类型主要以小石片－刮削器为特征,生产石片没有固定的程序，锤击法是主要剥片方法，也是最主要的修理方法。制作石器的毛坯主要为石片，石器类型除了刮削器外，还有尖状器、雕刻器、锥钻等工具，石器大小多在40毫米以下，因此有许多学者将这种文化称为小石器文化。在长达100多万年的历史中，保持一种文化，在其他地区不多见，成为本区旧石器文化最突出的特征，从东谷坨文化期到峙峪文化期主要使用这种技术；第二类型为细石器技术，从石核预制到剥取细石叶有一个固定的程序，这一点和小石器文化完全不同，它主要出现在虎头梁文化期。探讨小石器文化的成因和细石器文化的起源无疑是华北北部旧石器考古的两大重要课题。

从文化发展来看，本区旧石器文化存在比较明显的阶段性。在旧石器时代早期，也许由于目前发现的属于早更新世遗址集中在一个小区域，因而文化性质比较单一。到了中更新世的周口店文化期，文化性质则从单一走向多样，表明人类面对不同的原料采取了不同的适应手段，因而各遗址的文化性质显得"个性"很强，有的遗址以砸击法为主，有的以锤击法为主，有的遗址以小型石制品为主，有的遗址石制品明显粗大，甚至同一个遗址从早到晚也表现出较大的变异；另一方面，到了中更新世，用火成为当时人类普遍采用的一个适应手段，而且随着时代发展保存火种的方法也在进步，这一点也是区别早更新世文化的一个重要特征。在旧石器时代中期的许家窑文化期和爪村文化期，面对不同的石器原料，锤击法这种具有较高生产效率的打片方法已经成为不同遗址古人类面对不同石器原料的共同选择，盘状石核和棱柱状石核的出现、石球这一专门工具的大量发现以及更为精致的石器加工，都表明这一阶段和旧石器时代早期文化相比明显进步，人类的适应能力明显提高，行为方式可能也有所不同。到了旧石器时代晚期，峙峪文化期的石器制作技术并没有明显的变化，但骨、角制品和艺术品、墓葬等新的文化现象出现后，表明人类文化进入了一个新阶段。随着文化间相互交流的增多，细石器工业的出现将打制石器技术推向高潮，人类的适应能力进一步增强，并最终为新石器时代的到来准备了必要的条件。

第四章　石器原料与文化成因

探讨中国旧石器文化的成因是近十多年来学术界关注的一个前沿课题,对于华北北部旧石器文化来说,实际上包含两个命题:一是相对于华北南部和中国南方地区来说,为什么在长达100多万年的历史中,以小石片－刮削器为特征的石器文化一直占有统治地位;另一个是和西亚、非洲和西欧的旧石器相比,为什么会缺失模式 II、III、IV 技术;另外,在华北北部旧石器考古的研究史上,关于石制品的性质曾经引发过多次讨论,在20世纪60年代关于周口店第1地点、80年代关于小长梁石制品进步性和原始性的讨论以及2000年前后关于东谷坨遗址文化性质的争论,都多少与文化成因有一定的关系,本章重点讨论上述三个问题。

第一节　石制品的大与小

贾兰坡先生1972年将华北旧石器时代文化划分为两个系统[①],中国旧石器文化研究中石制品的大小被赋予了特别的含义,常常是判断文化性质的重要因素,引起了学者关于界定石制品的

---

① 贾兰坡、盖培、尤玉柱:《山西峙峪旧石器时代遗址发掘报告》,《考古学报》1972年第1期。

大小标准的讨论①。随着研究的深入,石器大小甚至成为文化分区的重要依据,例如20世纪90年代,随着华南地区砾石工业发现逐渐增多,发现大型石器更多地和砾石工业联系在一起,而小石器多和小石片、刮削器联系在一起,并因此将中国旧石器文化划分为南方的砾石工业和北方石片工业的二元结构②。然而迄今为止,学者对石器大小的成因仍然众说纷纭,其中关于石器大小与原料的关系也曾经受到学界关注,但研究者对石料的认识仍局限于遗址中石制品的原料特征③,从区域地质背景和石料力学性质来探讨石器大小和原料的关系仍显得十分必要。

一、区域地质环境

在旧石器时代,岩石是制作工具的主要材料,由于不同地区地史发育过程并不相同,因此在不同地区的地球表面留下了不同的岩石,例如在火山活动比较频繁的日本列岛,火山玻璃成为一种比较常见的石料;而在华北地区,由于古生代海相地层比较发育,因此灰岩、白云岩是一种常见的岩石。

但是并不是所有的岩石都适合于人类制作生产工具,由于旧石器时代人类加工石器的方法主要是打制,因此只有那些在硬度、刚度等力学性质上符合生产、使用要求的岩石才会被人类选择。

---

① 张森水:《丁村54:90地点石制品研究》,《人类学学报》1994年第3期。张森水:《丁村54:100地点石制品研究》,《人类学学报》,1993年第3期。卫奇:《泥河湾盆地半山早更新世旧石器遗址初探》,《人类学学报》1994年第3期。
② 张森水:《中国旧石器考古学中的几个问题》,载湖南文物考古研究所编:《长江中游史前文化暨第二届亚洲文明学术讨论会论文集》,岳麓书社1996年版。
③ 王幼平:《试论石器原料对华北旧石器工业的影响》,载北京大学考古系编:《"迎接二十一世纪的中国考古学"国际学术讨论会》,科学出版社1998年版。

这样,人类选择哪一种岩石作为制作生产工具的原料主要取决于两个方面的因素,一是该地区或相临地区在地史发育过程中有些什么岩石,二是这些岩石中哪些在力学性质上符合人类的需求。

从大地构造的角度来看,华北及东北南部地区正好位于华北地台区,地史发育过程基本一致,古生代以前主要发育太古界古老变质岩系、下元古界浅变质岩系和上元古界沉积岩系,早古生代寒武系—奥陶系地壳下沉接受浅海相碳酸岩沉积,泥盆系—志留系退出海盆成为剥蚀区,石炭系—二叠系为近海平原沼泽相沉积了一套海陆交互地层和含煤地层,三叠系以后本区脱离海相沉积,部分地区含湖相地层。中生代燕山运动和新构造运动在本区活动强烈,形成大量的火山岩体和变质岩系[1]。从目前的发现来看,适合人类制作石器的原料主要来源于中生代地层,现以泥河湾盆地和周口店地区为例详述如下:

(一)泥河湾盆地

据河北省1:50万地质图,本区出露晚新生代前的地层,由老而新概述如下[2]:

下太古界阜平群:出露于桑干河南北两侧的熊尔山区、石匣山地西部及月山西北部,由花岗片麻岩、黑云斜长片麻岩、斜长角闪岩和大理岩组成,由于多次遭受岩体侵入,产生了深度区域变质作用,岩石普遍受到强烈混合岩化作用,形成各种混合岩。

震旦系:由页岩、海绿石页岩、石英岩、燧石灰岩、燧石白云岩、泥灰白云岩、叠层白云岩构成,出露于桑干河两侧及壶流河以西以南地区。

---

[1] 武汉地质学院:《地史学教程》,地质出版社1984年版。
[2] 陈茅南:《泥河湾层的研究》,科学出版社1988年版。

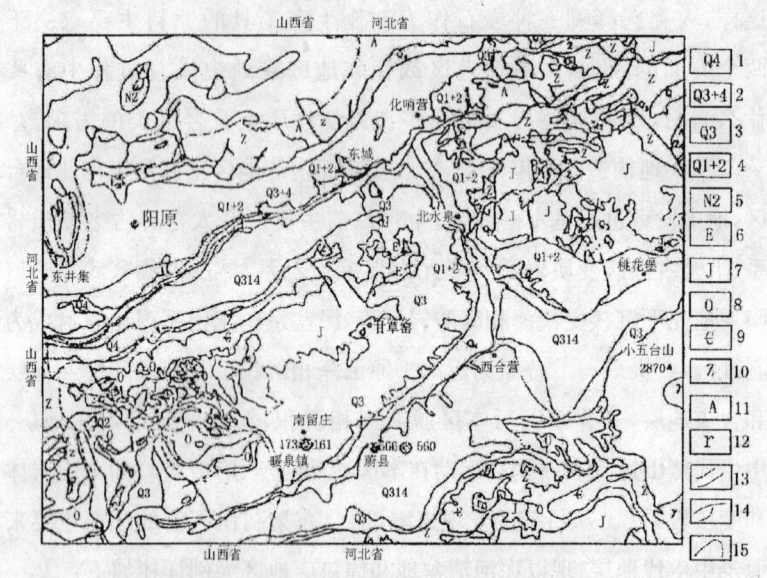

图 4—1 泥河湾盆地 1:50 万地质图
1. 全新统；2. 上更新统＋全新统；3. 上更新统；4. 下更新统＋中更新统；5. 上上新统；6. 渐新统；7. 侏罗系；8. 奥陶系；9. 寒武系；10. 震旦系；11. 太古系；12. 岩浆岩；13. 地质界限地层；14. 河流；15. 省界

寒武系：由页岩、角砾岩、鲕状灰岩、竹叶状灰岩、白云质灰岩组成，出露于桑干河以南地区。

奥陶系：由结晶灰岩、竹叶状灰岩、含燧石白云质灰岩、厚层状灰岩、类白云质灰岩、页岩组成，出露地区与寒武系相同。

侏罗系：由页岩、砂岩、砾岩、角砾岩、安山岩、安山集块岩、凝灰岩、火山角砾岩、流纹岩、斑岩、粗面岩等组成，岩性复杂。分布于壶流河两侧。

此外，区内还有一些燕山期岩浆侵入体存在。

需要特别指出的是，晚第三纪以来，区内有两次玄武岩喷发活动。其中第一次在上新世三趾马红土形成之前，在灰泉堡一带玄武岩分布面积 100 多平方公里，最大厚度约 298 米，玄武岩中多气孔，被 SiO$_2$ 充填，形成玉髓杏仁体。岩石风化后，玉髓杏仁体大量溢出，形成灰泉堡砾石层[①]。

（二）周口店地区

本区出露地层以太古界、元古界、古生界和新生界为主，此外还有著名的房山岩体及部分变质岩，现将主要岩性及分布描述如下[②]：

太古界：分布于官地、山顶庙和小红山一带，岩性为一套变质的杂岩体——透辉角闪岩、黑云斜长片麻岩及混合岩。

元古界：主要分布于黄峪儿及东北部的南大寨一带，区内东山口一条龙骆驼山、山顶庙及牛口峪一带也有出露，岩性为硅质白云岩含燧石团块、中细粒铁质石英砂岩、千枚状板岩等。

寒武系：主要分布在太平山北坡、山顶庙、磨盘山一带，整合于元古界之上。主要岩性为豹皮状灰岩、竹叶状灰岩夹千枚岩。

奥陶系：主要分布于墨云寺和北部南岙及磁家务一带、太平山南北坡和山顶庙以南、籍箕掌以北地区均有出露，主要岩性为灰岩、白云质灰岩等。

石炭系：主要分布在太平山南坡，主要岩性为变质硬砂岩、炭质板岩和煤、绿泥石砂岩、红柱石砂岩。

二叠系：主要分布在太平山、籍箕掌、升平山一带，主要岩性为硬沙质砂岩、含砾砂岩、砾岩、板岩等。

房山侵入岩体：位于房山县城西北东山口—官地—大红寺一线

[①] 卫奇：《泥河湾盆地旧石器遗址地质序列》，载中国科学院古脊椎动物与古人类研究所编：《参加第十三届国际第四纪大会论文选》，北京科学技术出版社 1991 年版。

[②] 这部分资料来源于内蒙古工程学校编：《周口店地区地质测量实习指导书》，1999 年 5 月，未出版。

以北地区,平面形状近似圆形,直径达 7 公里,面积 65 平方公里。岩体由石英闪长岩、中粗粒连续不等粒花岗闪长岩、似斑状花岗闪长岩组成。这些岩性分别代表岩体的边缘相、过渡相与内部相。

脉岩:在花岗岩体周围,沿围岩的原生节理分布有大量脉岩,主要有三组 NW300°—350°、NE45°—50°、个别近 SN 向,其中以 NE45°—50°一组最为发育。岩性主要为闪长岩、花岗岩、细晶岩和伟晶岩。脉石英和水晶的原始产地即位于此处。

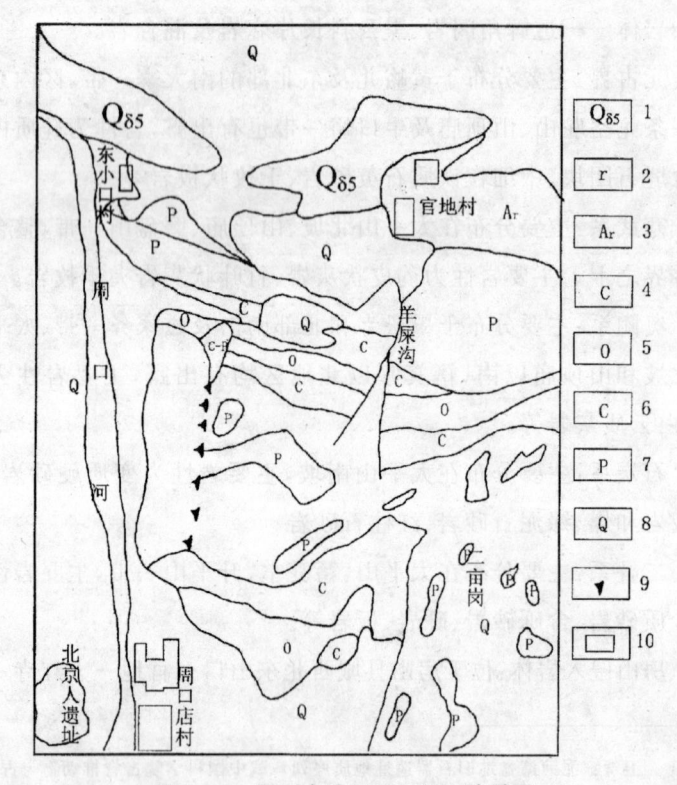

图 4—2　周口店地区 1:10000 地质图

1. 石英闪长岩;2. 花岗岩;3. 太古界地层;4. 寒武系;5. 奥陶系;6. 二叠系;7. 石炭系;8. 第四系;9. 构造盆地;10. 村庄

二、石料的结构与力学性质

鉴于石料在研究旧石器文化成因中占有重要地位,因此对于石料分类鉴定应有一套客观的标准。如果说在研究石料产地过程中,对岩石的鉴定可以依赖地质学中关于岩石学的研究方法,而关于石料对于石器制作工艺影响的研究,则需对岩石的材料力学性质进行鉴别和分类。

(一)岩石的结构模型

从材料力学的角度来看,岩石是矿物颗粒的集合体,矿物颗粒间或者由其直接接触面上所发生的相互作用力来联结,或由外来的胶结物来联结,胶结物又分为硅质、钙质和泥质。一般来讲,前者多为岩浆岩和变质岩如玄武岩、安山岩、石英岩、角岩等;后者多为沉积岩如燧石、硅质灰岩等,由火山作用分泌的 SiO_2 或风化的 SiO_2 凝聚而成的岩石如碧玉、玛瑙也属于这种类型。矿物内部主要由各种化学键联结形成晶格。由于晶格内部的作用力相当强大,因此岩石破裂主要沿着矿物颗粒间进行。在各种连接方式中接触联结作用力最大,依次为硅质、钙质和泥质胶结[1]。

(二)岩石的成分、结构与材料力学性质的关系

自然界中的岩石并非都能满足石器制造者和使用者的需要,从材料力学角度考虑它在以下方面必须具备一定的条件。

(1)强度

强度是指在载荷作用下抵抗破坏的能力。适宜于打制石器的岩石强度应小于人的加工能力,但在使用过程中又应具备一定抵

---

[1] 李先炜:《岩块力学性质》,煤炭工业出版社1983年版。

抗破坏的能力,李先炜先生认为影响岩石强度的因素有[①]:

矿物的成分:不同矿物,抗压强度不同,石英是造岩矿物中强度较大的矿物,如果石英在岩石中能形成骨架结构,则石英含量越高,强度越大,如砂岩;但如果石英颗粒的自晶型很好却是分散的,那石英含量的增加并不能增加岩石的强度。因此那些不含石英或石英含量较低的岩石如灰岩等不太适合制作石器,有些脉石英由于自晶型很好,打击后易粉碎而不易制作石器。

颗粒的大小:一般来讲细粒岩石的强度都高于同一矿物组成的晶粒较大的岩石的强度,燧石、玉髓等结构细密匀纯的岩石多数具有较高的强度。

胶结情况:对沉积岩石来说,胶结情况对强度的影响很大,硅质胶结者具有很高的强度,其次为钙质胶结,再次为泥质胶结。

生成条件:在火成岩当中,形成具有非结晶物质就要大大降低其强度,如细粒橄榄玄武岩的强度达 5000 千克/平方厘米,而玄武质熔岩的强度为 300—1500 千克/平方厘米。

空隙度:一般来讲,空隙度小则密度大,空隙度增加时,极限抗压强度减小。这是因为当晶质岩石内空隙度减少时,岩石中颗粒间的接触面积会增加,而在胶结岩石中颗粒与胶结物间的接触面积也会增加。应当注意,岩石在风化后,空隙度增加,强度必然减少,如泥河湾盆地的隐晶硅质岩中有一部分因长期暴露于地表产生了大量的细小裂纹,打片时易呈粉碎性破裂,而出自岩石内部的岩石,适宜于打制石器。

温度:一般而言,随温度增加,岩石单向抗压强度减小,这是因

[①] 李先炜:《岩块力学性质》,煤炭工业出版社 1983 年版。

为岩石破裂是沿颗粒之间进行,而加热后的岩石则穿越颗粒进行,故所需外力小。但对于非结晶质岩石温度增加,抗压强度却增加。

层理结构:具有层理结构的岩石,不同方向的抗压强度不同。

湿度:水侵入岩石后,会减少岩石的强度。

体积:岩石的强度随体积减少而增大,对于石料原始体积较小的岩石,有时施以砸击法,可能出于这种缘故。

(2) 硬度

有些岩石如致密的石灰岩,抗压强度很高,但硬度并不很大,仍非制作石器的最佳材料,因此把硬度作为一个力学性能仍有一定的意义。由于石英是主要的造岩矿物,因此根据石英的含量可以大致确定岩石的相对硬度。

(3) 刚度(韧性)

刚度是岩石对形变的抵抗能力,确切地说,它是施力体产生一个单位变位所需的打击力。它在力学上反映了一个材料的坚固性。对于制作石器的原料因皆为脆性材料,不含塑性变形,故应是一个固定值。

(三) 根据成分结构判定石料的力学性质

从以上叙述可以看出,要制作一件适意的工具,在材料上必须在硬度、刚度、强度满足一定的条件,以保证加工方便而使用中又不轻易损坏。对岩石力学性质的判定最准确的办法是使用科学仪器进行测定,但这种办法使用起来不太方便,由于岩石的力学性质与其成分、结构密切相关,据此可简便地对力学性质作出判断。

从成分上来看,含有一定量的石英是首先考虑的条件,除基性岩浆岩等少数石料 SiO_2 的含量低于 50% 外,大多数石料都大于 50%,一些结构较好但石英含量过低者,如硅质灰岩等有时也为古人采用。

从结构来看,岩石颗粒细、密、匀、纯应是理想中的最佳石料,燧石、霏细结构的石英岩基本满足这些条件。但实际中这四项条件恐难以满足。

颗粒之间的连接方式是影响石料力学性质的重要因素,接触联结的岩石强度过大,不易加工,泥质胶结者强度过小,耐用性差,故硅质、钙质胶结者较为理想。另外,还应注意被后期地质作用改造后的变化,如风化、水侵、加热都可能使其力学性质发生变化。

(四) 本区石料的分类

根据地质情况和古人类对石料的要求即结构上细、密、匀、纯和成分上含有较高的石英矿物,本区适合古人制造石器的石料的原生层位主要是发育在震旦系、二叠系的沉积岩中的燧石结核及侏罗系与早第三系形成的岩浆岩系中的脉岩和部分变质岩系,但根据野外调查,燧石结核很难开采,因风化而脱落的打击后也很容易呈粉碎性破裂,因而适宜于打制石器者主要有以下几类:脉石英、隐晶硅质岩类(也有人称作燧石,主要出现在东谷坨文化中)、玉髓(主要出现在许家窑一带)、火山角砾岩(主要出现在虎头梁文化中)以及硅质灰岩如辉绿岩、凝灰岩等。对遗址中石料的鉴定情况也符合上述判断。

脉石英可分两类:一类颜色洁白,没有杂色,岩石颗粒较小,结构紧密,不含裂纹,在周口店地区的牛口峪一带、泥河湾盆地许家窑一带的脉石英具有这种特征;另一类结构较松、裂纹发育、在现代周口店河床中的石英砾石多属此类。可能二者在成分、结构上也有一定差别,笔者暂依通常考古报告中的描述,仍称作脉石英。

东谷坨一带的隐晶硅质岩可分三类：第一类表面有一定的风化，质地均匀或不均匀，裂纹发育；第二类，质地细密匀纯，没有风化，但裂纹发育，且裂纹多被不同物质所充填，板井子的石料具有这种特征；第三类，结构细密匀纯，无风化，无裂纹，油坊遗址中有这种石料，虎头梁一带的江家梁遗址也有这种石料。

火山角砾岩的成分结构基本一致，但根据风化与否也可分为两类：一类光泽暗淡、裂纹发育，表明风化严重；另一类光泽鲜艳，没有风化。前者主要出现在虎头梁文化期以前的遗址中，后者主要出现在虎头梁文化中。

许家窑一带的玉髓，即是上文所述由火山作用分泌的 SiO_2 凝聚而成的硅质岩类，质地细密匀纯但硬度极大。

浅成侵入岩颗粒较粗，含石英成分少，因此硬度较小。其他岩类如硅质灰岩、硅质泥岩数量较少。

三、小石器文化的成因分析

虽然在长达100多万年的历史中小石片－刮削器文化遗址一直占有统治地位，但砾石工业在华北北部也曾经出现过，在有的遗址或某一阶段曾经占有重要地位，如北京人文化早期和庙后山遗址。因此在讨论华北北部小石器文化成因时不仅要回答小石片－刮削器文化为什么会占统治地位，而且要回答砾石石器为什么会在这一地区出现，尤其要回答周口店第1地点早晚期文化发生变化的原因。

（一）对小石器文化成因的已有认识

石器大小的原因一直受学术界的关注，主要观点有：

第一种观点认为小石器文化的成因是由于生态环境或经济类

型决定的。

"纵观桑干河流域各遗址的文化特征和化石组合,我们不难看出,各遗址的主人虽然生活在不同的历史时期,有早、中、晚之分,但是它们之间有内在联系,共同特点说明它们都生活在以草原为主的自然环境中,并且以猎取动物为其主要经济活动;适应狩猎和生活的需要,都以细小石器为其使用工具。"①

"在小石器组合中,占主导地位的是各种类型的刮削器,而承担重型工作的大型工具类型的砍砸器所占比例很少,大尖状器基本不见。这种石器组合应该是适应草原环境的产物。它所代表的经济类型要比大石器类型更为复杂。比较清楚的是有与加工动物肉类有关的活动的存在。小石器组合中缺少承担重型工作的大型砍砸、挖掘等工具,这应是因为在其生活环境下少有这类活动而已。小型工具除了承担切割肉类等,也可以用来采集植物类的食物或承担其它类型的工作。"②

第二种观点认为,华北北部小石器文化的成因是由于石料的性质所决定的。

"小长梁当地石料的来源十分丰富,但质地很差,与理想打片所需的匀质硅质石料相去甚远。由于石料裂隙非常发育,我们认为这一特点会对小长梁工业的打制技术与石制品特征与尺寸产生很大的制约作用。"这样的观察也和打制试验的结果相吻合,"大部分石片和碎屑块不是循打击方向破裂,而是沿

---

① 尤玉柱、李壮伟:《关于峙峪遗址若干问题的讨论》,《考古与文物》1982年第5期。

② 王幼平:《更新世环境与中国南方旧石器文化发展》,北京大学出版社1997年版。

其内在裂隙崩落,很难从锤击的方向与力量来控制石片的剥离与尺寸。"[1]

第三种观点认为华北北部长期保持以小石片－刮削器为传统的旧石器文化正好印证了东亚古人类连续进化的理论[2]。

第四种观点是通过对洛南盆地内旧石器区域文化的研究提出来的。在洛南盆地,龙牙洞内的石制品是以小石片－刮削器为特征的石器工业;而在旷野,时代相同的阶地上出土的石制品却是以砍砸器、手斧等为主的石器工业,两种不同类型的石器工业同时并存于一个小盆地内,制作石制品的原料也完全相同。因此在洛南盆地用石料和环境难以解释龙牙洞内的石制品为什么是小型的石片石器,而野外阶地的石器是大型的砾石工业。对于这种文化现象原研究者认为是由于两个遗址使用功能上存在差别[3]。

另外,也有学者从埋藏学的角度探讨这一问题。在丁村,不同地点的石制品的大小与类型也有不同,研究者通过对丁村遗址各地点石制品大小和其所处的地理位置的对应关系的分析,认为处于河流上游的石制品尺寸较大,而处于河流下游的石制品尺寸较小,进一步推测,石制品的大小是由于埋藏过程中河流分选所致[4]。

但是,仔细分析上述因素,任何一种因素都不能完满解释小石器文化的成因,比如,如果说环境变化是影响石器大小的因素,那

---

[1] 陈淳、沈辰、陈万勇等:《河北阳原小长梁遗址1998年发掘报告》,《人类学学报》1999年第3期。
[2] 吴汝康、吴新智:《中国古人类遗址》,上海科学教育出版社1999年版。
[3] 王社江、张小兵、沈辰等:《洛南花石浪龙牙洞1995年出土石制品研究》,《人类学学报》2004年第2期。
[4] 王益人:《从河流埋藏环境看丁村遗址群的文化性质——与张森水先生商榷》,《人类学学报》2002年第2期。

么,在更新世期间,冰期-间冰期发生过多次气候波动,我们目前没有发现石器大小随气候变化反复由大到小、由小到大的例证,说明小石器可能并不仅仅用于狩猎,大型工具可能也并不单纯用于采集,而且作为一个完整的工具组合砾石工具中也不乏小型的石片石器,小石器组合中也有少量的大型工具。即便是在某个遗址中大型工具缺无,由于石制品只是原始人类使用工具的一部分,其他材质的工具可能由于年代久远无法保存至今,因此仅仅根据现在发掘的石制品来确定原始人类的经济类型是相当危险的。同样如果说石料是影响石器大小的因素,为什么在周口店第1地点、鸡公山遗址中石器在同一个遗址的早晚期会有不同的石器工业。

(二) 华北北部小石器文化成因分析

为了解决华北北部小石器文化的成因,我们先把研究区域的旧石器文化划分为若干小区,对每个小区里的旧石器遗址的埋藏环境、石料特点、生态环境、遗址的使用功能等方面进行综合分析,以了解究竟什么因素在文化成因中起着决定性因素,最后再对整个区域进行总结。

(1) 泥河湾盆地东部旧石器时代早期文化

根据目前的研究,泥河湾盆地东部旧石器时代早期遗址的年代属于早更新世,从距今160万年延续到距今90万年。动物群研究表明,这一阶段气候的主要特征是温暖湿润,时代为早更新世的泥河湾动物群是森林-草原动物群,其中森林动物多于草原动物,气候温和湿润。例如新猎豹、纳玛象及黑鹿等都是在温暖湿润的环境中生活[1]。孢粉

---

[1] 计宏祥:《中国第四纪哺乳动物群的地理分布与划分》,《地层学杂志》1987年第2期。

分析表明在距今 248 万—97 万年前泥河湾盆地植被中,木本植物占较大的比重,禾本科植物茂盛,反映一种比较湿润的气候环境[①]。

制作石器的原料来自遗址附近,根据野外观察这种石料主要分布在侏罗系浅成侵入岩和震旦系燧石白云岩的围岩之间。隐晶硅质岩主要分布在东谷坨一带,多沿层面或节理面呈片状、块状和板状,这一点在东谷坨的火石沟一带最为明显。除基岩外,在东谷坨一带,在湖相地层底部和基岩相交接的部位,普遍发育有一层砾石层,在这层砾石中含有大量的隐晶硅质岩和火山角砾岩砾石。东谷坨一带的隐晶硅质岩的力学性质可分三类:第一类表面有一定的风化,质地均匀或不均匀,裂纹发育;第二类,质地细密匀纯,没有风化,但裂纹发育,且裂纹多被不同物质所充填,板井子的石料具有这种特征;第三类,结构细密匀纯,无风化,无裂纹,油坊遗址中有这种石料。根据对石料表面的观察,泥河湾盆地东部早期旧石器文化所使用的原料主要为第一类石料[②]。

根据遗址的埋藏情况和遗址出土的遗物、遗迹,不同遗址的使用功能有所不同。东谷坨遗址不仅遗址堆积厚而且含有精制品的数量也比较多,反映人类在这里从事一种比较复杂的活动,而且使用时间比较长,具有类似中心遗址的性质;相比之下岑家湾遗址文化层薄,石制品多为初级产品,可能代表人类的临时活动场所[③],

---

[①] 袁宝印、朱日祥、田文莱等:《泥河湾组的时代、地层划分和对比问题》,《中国科学(D)》1996 年第 1 期。

[②] 杜水生:《泥河湾盆地东部早期旧石器文化的石料与文化性质探讨》,《文物春秋》2002 年第 2 期。

[③] 谢飞、李珺:《岑家湾旧石器时代早期文化遗物及地点性质研究》,《人类学学报》1993 年第 3 期。

飞梁遗址也同样反映了相类似的使用功能①。

从埋藏学的角度来看,位于泥河湾盆地东部的旧石器时代早期遗存,均属于湖相堆积,随着湖水的涨落,湖进人退,湖退人进,有的遗址废弃后被快速埋藏,形成原地埋藏如岑家湾遗址,有的则随湖水的涨落被流水改造,形成异地埋藏,如飞梁遗址、半山遗址等②。

泥河湾盆地东部旧石器时代早期遗址的石制品的大小显然与遗址的使用功能、埋藏性质没有直接关系,因为在不同性质的遗址中,石制品特征基本一致;和经济形态也没有关系,因为早更新世的泥河湾盆地生态环境温暖宜人,森林分布广泛,许多南方种类的动物生活在这一地区,生态环境和砾石工业分布主要地区华北南部、华南地区的区别可能并不很大。石制品的特征主要由原料的性质所决定。

(2) 周口店第 1 地点

至少从距今 50 万年开始,人类在周口店地区一直连续地生活 20 万年,在此期间经历了数次冰期—间冰期的气候波动,有些时期冰期与间冰期气候的差异并不大,有些冰期时的干冷气候表现得相当明显,根据孢粉和动物化石的研究结果,代表北京人文化早期的 8—10 层,以温暖湿润的森林动物为主,喜水或近水动物较多。而代表北京人晚期文化的 1—3 层则以草原动物为主,喜干燥种类多。

---

① 中美泥河湾考古队:《飞梁遗址发掘报告》,载河北省文物研究所编:《河北省考古文集》,东方出版社 1998 年版。

② 卫奇:《泥河湾盆地半山早更新世旧石器遗址初探》,《人类学学报》1994 年第 3 期。

从原料的来源来看,北京猿人早期文化中虽然从数量来看石英居多,但主要工具都是用砂岩等砾石制作的,虽然砂岩只占本期石料的15%—20%,但其实际作用要大于石英。根据笔者调查,在现代周口河中有大量的砂岩和质量较差的脉石英。到了北京猿人文化晚期,在原料采集方面不仅以脉石英为主,而且质量有所提高,质地细腻的乳白色或半透明的石英的数量大大增加,水晶和燧石的用量也明显增加了。

从遗址的使用性质来看,周口店一带的洞穴为人类提供了较为稳定的家园,洞穴或岩厦不仅可以遮风挡雨,而且冬暖夏凉,是人类理想的居住场所。

可以看出,周口店的文化性质和石器原料、环境变化三者之间存在明显的耦合关系。在北京人文化早期,砂岩在石器制作中发挥着重要作用,同时也是环境温暖湿润的时期;在北京人文化晚期,脉石英、水晶等原料占据主导地位,环境也变为干冷。那么,究竟是什么原因使北京人放弃了砂岩而选择脉石英、水晶、燧石等原料呢?据调查,这些原料在遗址附近的河床中很少见到,主要存在于距遗址五六公里之外的房山花岗岩体附近,表明了人类在这一阶段可能频繁活动于较远的地区,活动范围比以前有所扩大[①]。

类似的现象在南方地区也存在。以鸡公山遗址为例,在鸡公山遗址中上下文化层的石制品有一定差异。下文化层属于典型的砾石工业,原料均为砾石,但岩性比较庞杂,有石英砂岩、砂岩、燧石、石英等原料。打片与修理均使用锤击法,石核以单台面居多,

---

① 裴文中、张森水:《中国猿人石器研究》,科学出版社1985年版。

没有发现修理台面和预制台面的情况,石片数量很多,但多是天然台面。石器类型仍以砍砸器为主,但尖状器最有特色,多是将一长条形砾石从一侧剖开,然后在一端向背面加工,修出一个三棱状的短尖,这种石器不仅数量多,而且加工方法固定。除此之外还包括重型刮削器、轻型刮削器、凹缺刮削器等。上文化层的原料来源可以分为两个部分:一部分为河滩砾石,来自于遗址附近;另一部分为燧石结核,来源于其他地区。在砾石原料中岩性主要为石英、石英岩或石英砂岩。石器打片与修理均使用锤击法,石片的台面主要为自然面,石器的素材主要为石片,加工方向主要为向背面加工,但也有1/3向腹面加工,加工比较粗糙,石器形状不十分规则,石器类型有刮削器、雕刻器和尖状器。

因此,伴随着石制品由砾石工业向石片工业转变,人类活动范围也逐渐增大。当然,人类活动范围的增大既可能意味着人类体质的进步和适应环境能力的增强,也可以解释为由于环境变干、变冷迫使人类不得不在更大的范围内活动,二者之间究竟哪一个是因,哪一个是果,确实难以区分。不过考虑到,在更新世期间,冰期-间冰期曾经发生多次变化,到目前为止我们没有发现一个地区砾石工业和石片工业反复变化的例证,所以我们不能忽略由于人类自身进步和文化本身发展所固有的规律在由砾石石器向石片石器发展过程中的作用,有趣的是通过对北京人头盖骨的研究,属于北京人文化晚期的V号头骨表现出明显的进步性。

(3) 泥河湾盆地西部

泥河湾盆地西部是华北北部小石片-刮削器文化的主要分布区,也是贾兰坡先生提出第1地点-峙峪系学说的主要依据所在,主要包括许家窑遗址、峙峪遗址、西白马营遗址、神泉寺遗址、新庙庄遗址等。

根据前面对地层、时代和文化分期的研究,许家窑遗址可能属于阶段 4—6,其他几个遗址属于阶段 3 的晚期,从阶段 3 到阶段 6,气候的干湿冷暖波动很大。

泥河湾盆地西部遗址中脉石英是人类选择的主要石料,其次为有一定程度风化的火山角砾岩和体积较小的玉髓。脉石英和风化的火山角砾岩脆而硬,打片时和泥河湾盆地东部的石料很相似,很难获得较大一些的石片,而玉髓,虽然质地优良,但由于体积很小,也不能剥取大一些的石片。从我们对区域地质背景、石料分布的调查结果来看,当地适合于打制石器的原料普遍尺寸较小,难以制作重型工具。

从遗址的堆积和出土的遗物来看,上述遗址应该都属于中心遗址。从埋藏学的角度来看虽然属于河湖相堆积,但河流分选不明显,属于原地埋藏。

综合上述分析,本文认为华北北部小石片-刮削器文化的成因主要受两个因素控制:一是文化本身的发展规律,即从旧石器早期到晚期旧石器文化存在一个由砾石工业向石片工业发展的趋势,这一点不仅表现在华北北部的周口店地点群,在华北南部、华南、岭南地区同样存在。这是华北北部旧石器文化中出现砾石工业的主要原因;另一个因素就是不同地区石料的性质,由于早期人类活动范围有限,只能在有限的范围内选择合适的石料加工工具,因此当地石料的力学性质在一定程度上决定了文化性质。受劣质石料的影响,即使在年代较早的泥河湾盆地东部,人类也只能生产以小石片-刮削器为特征的石制品,但是只要石料合适他们也会生产大型工具,比如庙后山遗址中大型工具就占有主要地位。

第二节　中西文化比较

自 20 世纪 40 年代美国学者莫维斯提出"两个文化圈"理论[1]以来,关于东亚地区旧石器文化成因的讨论,就成为国际旧石器考古学界一个长盛不衰的话题,但以往学者多把西方以手斧为代表的文化和东亚以砍砸器为代表的文化进行对比,而把东西方小石器文化进行对比研究还比较少,如果能认真研究这个问题不仅能为我们了解"莫维斯线"的成因提供一些新的启示,也为探索小石器文化的成因提供参考依据。

一、欧洲地区的小石器文化

在欧洲,也有一些旧石器遗址的石制品以小石片－刮削器为主要特征,其主要分布区在东欧地区,但在西欧也有类似遗存,代表遗址有法国的 Arago,德国的 Vértesszöllös 和荷兰的 Bilzingsleben 遗址[2]。

Arago 遗址位于 Tautavel 附近,是一个包含多个文化层的洞穴遗址,绝对年代距今 32 万－47 万年,孢粉分析表明当时气候干冷,在剖面 17 的 G－D 层属于遗址的中心部位,共发现石制品 2 万多件。

---

[1] H. L. Movius, "Early Man and Pleistocene Stratigraphy in Southern and Estern Asia." *Paper of peabody Museum of American Archeology and Ethnology*, Harvard University, 1944, 14 (3)： 1－125.

[2] Jiri Svobada, "Lithic Industries of the Arago, Vertesszollos, and Bilzingsleben Hominid: Comparison and Evolutionary Interpretation", *Current Anthropology*, Vol. 28, No. 2, 219－227.

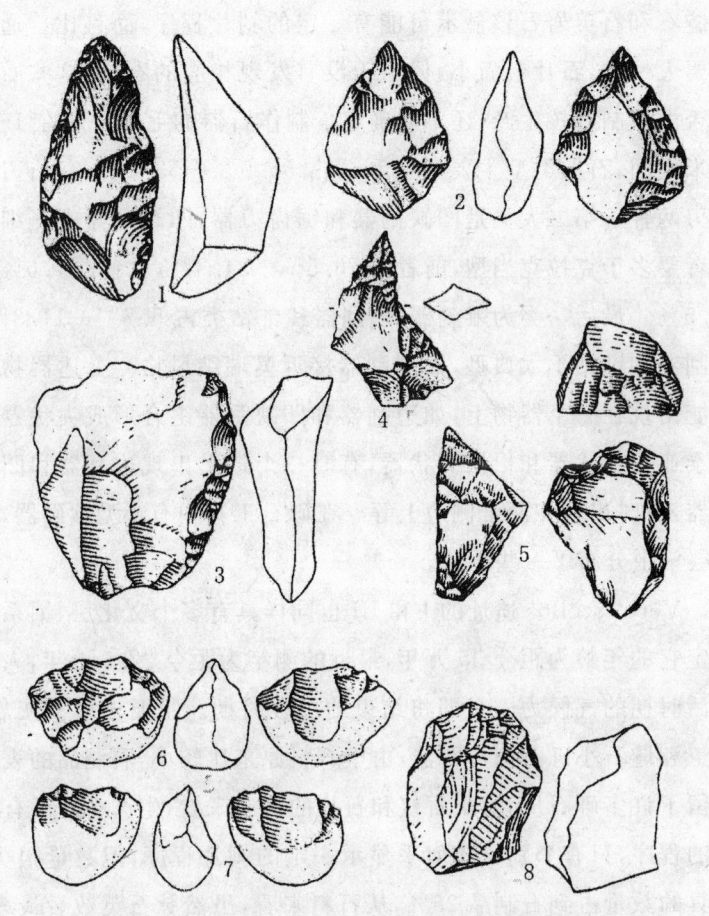

第四章　石器原料与文化成因　189

图 4—3　Arago 遗址中的石制品(Jiri Svobada,1987)

制作石器的原料在不同类石制品中的分布不同,在小石片和断块中脉石英占 92.3%,燧石占 1.6%—4.5%,在砾石工具中,石灰岩占 34.7%—61.3%,脉石英占 28.0%—46.8%,石英岩占 10.7%—18.4%,使用最多的脉石英占 87.5%是断块和碎片,只有 12.5%是石片。石核数量较少而且多数石核没有经过预制,但是燧石和石英岩石核显示可能有一定的剥片程序，而且比普通石核要大一些，石片台面小，但由于没有发现相应的石核，这些石片是否由预制石核生产，还不能确定。制作石器的毛坯一般在1—3厘米之间，石器类型主要为边刮器占50.0%—53.8%，有凸刃和直刃两种。第二大类是凹缺刮器和锯齿刃器，凹缺刮器中仔细修理者要多于克拉克当型，前者占26.5%—34.3%，后者占7.6%—10.5%。最后一类为雕刻器、端刮器和锥钻类占5.7%—11.3%，端刮器和锥钻不太典型，而端刮器接近奥瑞纳风格。上述器物也可能出现在一个器物上，如边刮器和凹缺刮器组合形成尖状器包括泰亚克尖状器和根松尖状器，有时一个边上出现边刮器和凹缺刮器，有时出现在两个侧边上等。在砾石工具中有小型砍砸器，在E层集中分布了一些手斧。

Vértesszöllös遗址的 I 和 III 也同样具有多个文化层，铀系法测定它的年龄为距今35万年，最近的测年为距今22.5万年，人类生活时期的气候为一个即将结束的温暖时期。主要选择石灰岩、碧玉和燧石小砾石制作石器，由于石料原来比较小，石制品的表面保留了许多砾石皮壳，从石核和石片的性质来看，生产石片没有固定的程序，只有个别石核似乎显示一定的剥片程序，但数量很少。工具的数量占到石制品25%，从石料来看，虽然脉石英数量最多，但石器中燧石的数量要多一些。和Arago遗址相比，小型工具的类型和数量有一定的相似之处，而大型工具的数量要少得多。石器中边刮器的数量超过50%，凹缺刮器和锯齿刃器的数量占40%左右，剩余的器物包括锥钻、端刮器，另外还有少量的小型砾石砍砸器和一些骨器。

Bilzingsleben遗址位于古代的一个河流附近，人类生存时期的气候特征为间冰期,遗址的测年数据比较多,U 系法测年的数据有 22.8 万年、17.9 万－30.1 万年、33.5 万－35 万年,氨基酸测定年代为 28 万－35 万年。石制品可以分为两部分:一部分为大型砾石工具,另一部分为燧石制作的小型工具。

从石核和石片来看生产石片没有固定的程序,但是由于石料较好,完整石片占到 66%,而断块和废片仅占 34%,这和 Arago 遗址形成鲜明对比,石片角较大在 120°－140°之间,长宽指数较低,台面较大。虽然如此但加工石器的毛坯中断片和断块仍占到 70%,而完整石片常常不加工,直接使用。

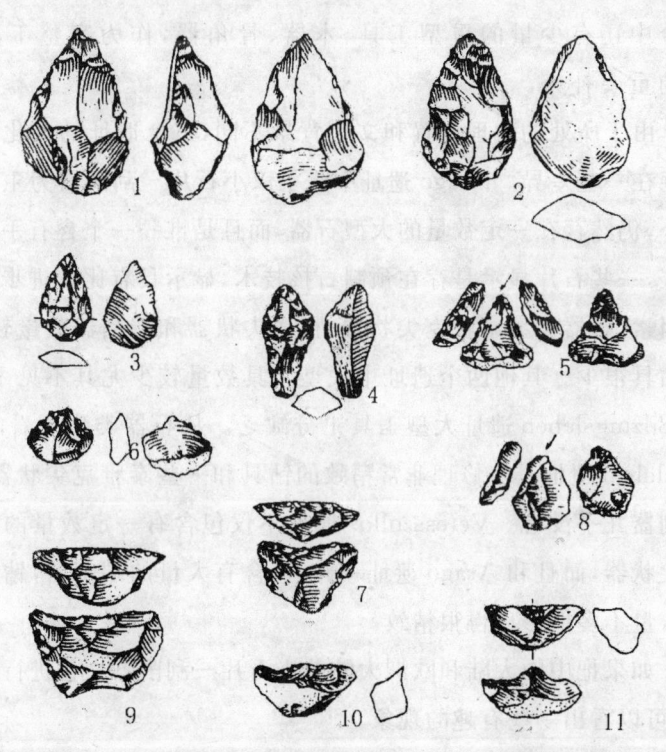

图 4－4 Bilzingsleben 遗址中的石制品(Jiri Svobada,1987)

小型石器的类型包括边刮器、凹缺刮器、锥钻、尖状器等,这些器型有时候也组合出现在一个器物上形成复合器物。个别器物采用了两面修理方法,但是很不规律。在重型工具中标准的砍砸器很少,大多数是具有使用痕迹的砾石、大石片、石砧和石块。除此而外还有骨器存在,这些器物多具有崩疤、擦痕和磨光面。

以上三个遗址的石制品具有一些共同特征:首先,生产石片的方法简单,没有固定的程序,工具组合以小型工具为主;其次,石器的基本类型为边刮器、凹缺刮器、锯齿刃器,并由这些基本形态组合在一起形成新的器型或复合器物;第三,工具组合中还有少量的重型工具、木器、骨角器,作为完整工具组合的重要补充。

由于所处的地理位置和文化背景不同,三个遗址的文化性质也存在一些差异。Arago遗址中除了以小石片-刮削器为主要特征外,仍然存在一定数量的大型石器,而且是惟一一个含有手斧的遗址,一些石片显示是存在预制石核技术,显示具有比较进步的技术因素,石器类型泰雅克尖状器、根送尖状器和端刮器数量较多,而钻具很少。其他两个遗址中大型工具数量较少尤其不见手斧,在Bilzingsleben遗址大型工具十分缺乏。从石器类型上看Bilzingsleben遗址具有修理非常精致的钻具和一些泰雅克尖状器,但端刮器几乎没有。Vetesszollos遗址不仅包含有一定数量的泰雅克尖状器,而且和Arago遗址一样,包含有大量的端刮器,钻具虽然数量不多但修理得很精致。

如果把中国大陆和欧洲大陆的小石片-刮削器文化进行对比后,可以看出一些有趣的现象。

首先,中西方小石器文化的共同性十分明显,制作石器的原料中劣质的脉石英占有比较重要的地位,打片缺乏固定的程序,随机性比较高,石器大小在 1—3 厘米之间的占有相当的比重,刮削器在石制品中占有比较高的比例等。尤其是东欧地区的小石器文化和华北北部的小石器文化相比共同点更明确一些,工具组合中除了以小石片—刮削器为主要特征外,同样缺少大型的砾石工具和显示比较进步的技术因素。

其次,中西方旧石器时代遗址也存在一定程度的不同点,而这些不同点更多地取决于遗址所处的文化背景。Arago 遗址处于手斧文化圈的中心,其文化特征除了以小石片—刮削器为主要特征外,还具有手斧文化的一些技术特征,不仅出土了一定数量的手斧,而且一些石片显示具有一定的生产程序,是从预制石核上剥取的石制品,部分石器修理得十分精致,具有奥瑞纳文化的技术风格。而处于华北南部和华南地区的石片石器,由于处于砾石工业文化圈内,石器组合中砾石石器占有一定的分量。

二、小石器文化与"莫维斯线"理论

关于"莫维斯线"形成的原因目前有以下几种解释。

一种解释认为造成这种现象的原因是由于人的不同。莫维斯教授在提出两个文化圈理论后就持这种看法,他认为不同地区的文化发展过程不同,是因为不同地区的古人类分属于不同的支系,虽然器物类型和石料有一定的关系,但把这些完全归咎于石料是不能解释的。Bar-yosef 教授也认为中欧、东南亚、东亚、中国,几乎完全缺乏阿舍利双面器,在多数情况下不能解释为缺乏合适的石料,例如在爪哇有大量的硅质凝灰岩结核能够作为优质石料。这些文化是由不同的人群或不同的直立人或早期智人制造的[1]。

另一种解释主要归于环境因素,概括起来有以下四种观点:第一种认为东亚缺乏合适的石料而不能制作像西方一样的手斧,或者由于东亚地区广泛分布着竹子,使得东亚地区存在一个"竹木文化区",因此石质工具相对简单一些;第二种观点认为早期古人类进入东亚后,由于地理环境的变化,如青藏高原的隆升以及由此引发的环境效应,使西北干旱区和东南亚热带雨林的形成,对中西古人类的文化交流造成障碍,东亚古人类有一条完全不同的演化路线;第三种观点认为东亚的生态环境不同,如广泛分布的森林植被使得植物资源和小动物为主要生活来源,客观要求东亚古人类使用一套完全不同的工具套;第四种观点认为人类迁徙过程中可能存在文化断层而使石器制作技术失传[2]。

上述解释为我们探索"莫维斯线"形成的原因提供了充分的想象空间,但是从考古学研究的角度出发,有些理论很难在考古学上得到证实,比如东亚地区是否存在"竹木文化区"和"人类迁徙过程中可能存在文化断层"这两个假说,在此不作过多评述。笔者只根据对华北北部及相关地区小石器文化的研究,对其余四种原因进行讨论,即石料、生态环境、文化交流障碍和人。

首先,从小石器文化所使用石料来看,在华北地区脉石英和富含裂纹的燧石是生产石制品的主要原料,这两种石料对石器制作

---

[1] Bar-yoserf O,1995. "The Role of Climate in the Interpretation of Human Movement and Culture Transformation in West Asia", in Vrba ES et al eds. *Palaeoclimate and Evolution With Emphasis on Human Origins*. Yale University Press, pp. 507—523.

[2] K. Schick, "The Movius Line Recongsidered:Perspective on the Earlier Palaeolithic of East Asia",in Corryuccini R. S,Ciochon R. L eds. *Integrative to the Past*, New Jersey:Prentice Hall,569—596.

技术会产生明显的影响,前面我们已经论述了石料对石器大小的影响。但是在 Arago 遗址,该遗址的石料主要以劣质的脉石英为主,石制品也以小石片－刮削器为主,但是遗址中少数燧石为原料的石制品的加工却明显显示出进步的技术特征,有些石核的显示剥片具有一定的程序,有些刮削器具有奥瑞纳技术风格,还有用石灰岩制作的少量的手斧。

比较 Arago 遗址和华北北部小石器文化各遗址,我们会发现,虽然在华北北部脉石英是使用最多的一种原料,但是质量较好的燧石和石灰岩在各遗址中并不缺乏,在局部地区例如泥河湾盆地东部的板井子遗址中,主要是质量较好的燧石,但具有莫斯特风格的石制品十分罕见。白云岩和灰岩更是华北地区广泛分布的一种石料,但华北北部的旧石器文化和 Arago 遗址相比在石器制作技术、石器类型上的差别仍十分明显。

类似的情况在中国其他遗址中也能找到证据,水洞沟遗址是西方技术传统中最靠东部的一个遗址,其中的勒瓦娄哇技术、石叶技术十分典型,所使用的石料主要为白云岩,而这种石料在泥河湾盆地、金牛山等地也有广泛的分布。

可见,虽然中国北方缺乏像欧洲那样的质量优良的燧石,但是把中西方旧石器文化的差异全部归结为石料可能是不全面的。

其次,青藏高原的隆起是新生代历史上一个重大的地质事件,它不仅改变了大气环流和其周边的地理环境,而且对中西文化交流产生重大影响,这一点毋庸置疑。但是,由于高原隆起过程中其环境效应十分复杂,简单以现在青藏高原的环境效应来解释更新世期间中西方文化的差异,仍有可能出现偏差,比如在第四纪期间,除了喜马拉雅山崛起外还有一个重大的地质事件就是冰期—

间冰期的气候波动,以及由此导致的海平面升降,这些都会对中西之间的文化交流产生影响。从小石器文化的分布来看,中更新世时期不仅在中国大陆,而且在东欧,甚至在手斧文化的腹地——法国也有分布,以石片－刮削器为特征的旧石器文化的分布区明显跨越了喜马拉雅山两侧。如果说中国大陆以砍砸器为特征的旧石器文化和以手斧为特征的旧大陆西侧的旧石器文化之所以不同,是因为地理上存在障碍,阻碍了两个地区之间的文化交流,那么,中更新世期间中西方小石器文化的相似以及东欧和西欧之间文化上的差异显然不能用地理障碍来解释。

关于东亚地区的生态环境主要为森林环境的结论,可能主要基于在华南地区发现的动物化石方面的证据。这样的结论显然不适宜于中国北方地区,也和中国南方地区更新世期间环境状况有一定的出入,大量的孢粉资料以及广泛分布的黄土说明北方地区在整个更新世期间主要是疏林草原和干草原环境,南方地区也存在冰期—间冰期的周期性变化。

上述对几个环境因素的辨析表明,造成中西文化之间差异的原因可能十分复杂,单纯归结为某一种环境因素都有可能出现偏颇;同时也意味着在这些原因背后可能存在更深层次的因素,比如两个地区在人类演化方面是否存在一些差异。

20世纪90年代以来,在非洲、亚洲和欧洲的一些地点陆续发现了一批新的直立人化石及与直立人活动有关的其他证据;在直立人生存年代测定方面也取得了一些新的进展,基于这些新的发现,对一些传统的直立人演化理论与模式提出了质疑。比如在格鲁吉亚德马尼斯(Dmanisi)地点发现了大量的年代距今约175万年的早期人类化石,其特征属于早期直立人或早期人属成员。在中国,位于泥河湾盆地的马圈沟遗址的年代也达到160万—170万年,提示人们,非洲地区早期人类走出非洲的时间可能大大提前,并进而推测欧亚地区直立人独立演化的可能性。根据对亚洲直立人和非洲直立人的对比研究,学术界出现了直立人是单一种还是多型种的争论,并进而对亚洲直立人是否为现代人的直接祖先提出质疑[1]。

对中国直立人的研究也出现了一些新的认识,大量的发现表明中国古人类是连续进化的,他们之间有许多共同特征,与其他地区的古人类有所不同:中国的直立人与智人的头骨脑颅的最宽处在中三分之一部分,脸面都比较扁平、比较短;鼻梁比较扁塌,不很隆起;额骨与鼻骨及上观骨相接成水平的弧线,上门齿呈铲形、都有矢状嵴等。不仅如此,直立人和早期智人之间还存在镶嵌进化的证据。

虽然上述观点仍处在争论之中,但有一点是明确的,即不同地区的古人类的演化历程可能存在一些不平衡,这些不同对中西文化的发展不可能没有影响[2]。

总之,半个世纪前提出的"莫维斯线"理论,虽然看似简单,但其成因可能相当复杂,涉及人类演化、旧石器制作工艺以及第四纪环境学等方方面面,简单把这种差别归结为人类、石料或环境变化中的任何一种因素都可能是不全面的。

第三节 石制品的进步性与原始性

在中国北方小石器文化的研究史上,曾经有两次重要的争

---

[1] 刘武:《直立人研究进展及中国直立人起源与演化的一些问题》,《人类学学报》2004年增刊。

[2] 吴汝康、吴新智:《中国古人类遗址》,上海科学技术出版社1999年版。

论,对中国旧石器考古产生了深远的影响。一次发生在20世纪60年代初期,争论的问题是关于北京人文化的进步性;另一次发生在80年代初期,尤玉柱等发现了小长梁旧石器地点后,由于其时代很早而石器又细小,引起了学术界对其文化性质和时代的讨论。在过去的几十年里,可以说这两次学术争论在一定程度上影响了中国旧石器考古学的学术走向。从学科发展史的角度来看,虽然当年争论的一些问题已经随着研究工作的进展在一定程度上得到解决,但认真总结这两次争论在中国旧石器考古研究史上的意义,对学科的进一步发展仍然是一件很有意义的工作。

一、讨论过程的简要回顾

根据过去发表的文献,这两次大讨论涉及的问题至少包括三方面问题:一是石器的进步性与原始性,二是北京人是否使用骨器,三是北京人是否为最原始的人。本节只涉及其中的石器问题。

(一)关于北京人文化的进步性与原始性

1955年,裴文中先生全面总结了中国发现的旧石器文化,在谈到北京人文化时他说:"总观中国猿人使用的石器,只采用了本地出产的原料(如石英、绿砂岩等);无论打石片或打砾石,没有一定的严格的方式方法,更由于技术的不熟练,也不能打成一定的形状(类型)。使用的时候,不作第二步加工,只是任选一片,即行使用。因之,石器的形状一致性很差,不能分别成有意义的类型。这就是中国猿人使用石器的特点,也代表了人类使用石器的最初阶段。在这一个阶段中一定的制作方法和石器的形态中个别的、进步性质的,只有在以后的时代中,才发扬光大起来,具有一定的代表性。"①1960年,贾兰坡先生也对中国猿人石器和当时华北地区发现的旧石器文化进行总结。针对中国猿人石器,他指出:"中国猿人石器的性质,说明了中国猿人已掌握了一定的制造石器的方法,他们不仅知道了如何在石核上打击石片,而且还学会了把石片加工成比较适于不同用途的石器。因而我们认为:中国猿人的石器在时代上,虽然还未越出旧石器时代初期的范畴,但已非初期的开端,而是代表着在原始文化发展过程中已走了一大段的里程。它已把打制石器的最初阶段远远地抛在后面了。打制石器的开端,到中国猿人时代已成了历史事件。这更进一步说明了,在我国境内寻找最原始的文化,应当在比中国猿人化石产地更古老的地层(泥河湾期)中去寻找。"②

从上面引述的两段文字,我们不难看出两位学者对北京人文化的性质作出了完全不同的判断和概括,从裴文中先生的论述里我们似可看出,他认为北京人文化原始,是相对于更晚阶段的石器,因此他说"个别的、进步性质的,只有在以后的时代中,才发扬光大起来,具有一定的代表性"。而贾兰坡先生则以更早的石器作比较,但是由于在当时时代更早的旧石器材料或十分有限或不能确定,因此,关于北京人石器原始与进步的比较就必然要和科学史上的"曙石器"问题联系起来。为此,裴文中先生撰写了《"曙石器"问题回顾——并论中国猿人文化的一些问题》③,对上述两个问题

---

① 裴文中:《中国旧石器时代的文化》,载《裴文中科学论文集》,科学出版社1990年版。

② 贾兰坡:《中国猿人石器和华北各地旧石器时代早一阶段的石器关系》,载《贾兰坡旧石器时代考古论文集》,文物出版社1984年版。

③ 裴文中:《"曙石器"问题回顾——兼论中国猿人文化的一些问题》(摘录),载《裴文中科学论文集》,科学出版社1990年版。

作了全面系统的论述,并提出了最早的旧石器应该具有的基本条件:"一是它们不是自然破碎的石片,二是必须具备一种尖、一种刃和一定的重量。"他还指出:"人类最初使用和制作石器,至少也具备这三方面的特点之一。反过来说,不能认为石器具备这三方面的条件之一,就是进步的象征。"那么,区别石器的进步与否的标准又是什么,他接着说:"中国猿人制作的石器,可以有几种类型——如尖状器、刮削器、砍砸器、石锤、石砧等,实际上都是适合上述人类使用石器最基本要求(即尖、刃、重)的工具。如果不能满足这种基本要求,就不成为石器,就成了所谓'曙石器'。所以在我看来,中国猿人制作的石器正是具有原始性质的类型,而不带有进步性质。当然,在打制石片时偶然也可能生成一些特殊的、好像有进步性质的石器。因为是偶然的,不是用固定方法生成的东西,所以数量很少,在10万件之中只有一件或两三件。我们若以这一两件偶然生成的石片为中国猿人文化的代表,进而与某些欧洲进步的石器(如莫斯特期的)对比,显然不够恰当。"也就是说,石器是否由固定方法制作而成,是判定技术进步与否的标准。

对此,贾兰坡先生提出了自己的看法:"打制石片,不管主观愿望如何,如果不进行第二步加工,无论如何也不会生出特殊的、好像有进步性质的石器来。更不用说是'偶然'了,至于'因为是偶然的,不是固定方法生成的东西,所以数量很小,在10万件之中只有一件或两三件'一语,与事实是不相符的。虽然我还摸不清所谓之'一件或两三件'是指那项材料而言,但是,我相信不会超出能代表进步性质的石片或石器而说的吧!如果是指薄长而规整的石片,当然不止此数;如果是指尖状器,那他把实际的数字也大加缩小了。特别是把薄长而又规整的石片或者修制整齐的石器归于'偶然'更难令人赞同。中国猿人打制石片和修正石器已经有了一定的方法和步骤。比如他们打制石片能根据石质的不同,使用不同的方法。当然,我们在研究石器的过程中,不能不考虑总的情况,哪些是代表原始的一面,哪些又是代表进步的一面;但我们也不能把其中代表进步的东西都一笔勾销,而冠上'偶然'二字,专门突出说明它们的原始一面。根据我的认识,凡是代表时代最突出的东西,可以说都是少的。"[1]毫无疑问,贾兰坡先生认为北京人文化之所以进步一是有砸击法形成的薄长石片代表一种进步的技术特征,二是因为部分石器修整整齐。

1999年李炎贤先生在分析产生这次争论的原因时指出:一是石料,北京人的石制品所用原料较多,约有44种,可以概括为三类:第一类是砂岩和火成岩或变质岩以及一部分石英构成的砾石,它们多用作石锤或石砧、或用作石核以打制较大的石片、或加工成砍砸器,用这类原料加工出来的石制品比较粗大,显得较为粗糙。第二类是为数最多的脉石英,约占石制品总数的89%。由于它的特殊性质,使北京人选择了砸击法,因此,出现大量的两极石片和用它们加工成的比较细小的石器。德日进认为,由于原料容易破碎的性质,石英小工业难于分析。虽然可以明显地识别出刮削器、端刮器和各种尖状器,这些石器似乎是石英碎裂产生的偶然形状形成的结果,而不是根据确定的技术加工而成的。第三类是质地较为均匀致密的硅质岩石,如水晶、燧石、石髓、蛋白石等,用这类原料加工出来的石制品以中小型为多,加工痕迹清晰,显得较为精

---

[1] 贾兰坡:《谈中国猿人石器的性质和曙石器问题——与裴文中先生商榷》,载《贾兰坡旧石器时代考古论文集》,文物出版社1984年版。

致。由于原料不同,加工出来的石制品的大小和加工痕迹给人的印象也有所不同,因而对石制品的技术类型的总的认识就往往发生分歧;砸击法可产生很多像石叶或细石叶的标本,同时也可在石核上产生像剥离石叶或细石叶留下的疤。这就常常使人产生一种错觉,以为面对的标本是旧石器时代晚期甚至更晚的东西。至于周口店发现的旧石器时代晚期类型石器,并不典型,只能说像,而不能说是。如果说是,就无法协调年代古老和石器进步的矛盾。实际上,周口店北京人的石器,有一小部分是可以同旧石器时代中期或晚期发现者比较,它们之间有一定的共同点,如加工部位、加工方向、甚至一部分标本的大小;但它们之间也有明显的区别,如素材、修整痕迹的结构、刃缘的情况等。步日耶强调了它们之间的共同点,而忽略了它们之间的差别。还有一点要指出的是标本数量的关系。在周口店北京人的石制品中偶尔可见到几件标本加工较为精致,在外形、加工部位、加工方向甚至修整痕迹的结构都可以同旧石器时代晚期,甚至新石器时代的同类标本比较,除了素材、加工范围和刃缘等方面还存在一定的差别外,很容易被当作时代较晚的类型的代表。但这类标本数量太少,据裴文中说,"另外,我们找到过特别精致的石器,甚或与新石器时代的箭簇相似,但是这是个别的,不是有意识地制成了这样,因为在 10 万件之中,类似的只有 3 件。"像这么少的标本,除了偶然的因素外,很难用更好的理由来解释[①]。

可以看出,因为不了解不同石料的破裂特点(尤其是砸击法在脉石英原料打片时破裂特点)是引起北京人文化进步与否讨论的

---

① 李炎贤:《关于小长梁石器的进步性》,《人类学学报》1999 年第 4 期。

主要原因。

(二) 关于小长梁文化

时隔 20 年,小长梁遗址的发现又一次引起了学术界的大讨论,争论的焦点仍然是石制品进步与否。有的学者认为这是 60 年代关于北京人文化争论的延续①。

1978 年尤玉柱等发现小长梁旧石器遗址,由于伴出的哺乳动物化石中有鬣狗(*Hyaena licenti*)、古菱齿象(*Palaeoloxodon* sp.)、三趾马(*Proboscidipparion*)、三门马(*Equus sanmeniensis*)等,时代被定为早更新世。根据古地磁测量结果,估计绝对年代超过 200 万年,实现了数代学者在三趾马活动的地层里寻找人类活动遗物的梦想。第一次发掘获得石制品 804 件,其中石核 25 件、石片 47 件、石器 2 件、废品与碎块 720 件、骨片 6 件。石核被分为大小两类,前者大小在 10—15 厘米之间,共 19 件;后者不超过 5 厘米,共 6 件。石器 12 件,被分为小型砍砸器(1 件)、单刃刮削器(10 件)和复刃刮削器(1 件)三类。石制品所用原料以燧石为主,约占 98.26%,脉石英次之,约占 1.24%,石英岩和火山岩都很少,各有 2 件,各占 0.25%。尤玉柱等针对年代较早而石器比较细小的现象,提出了自己的解释:(1)采用的原料是一个重要的原因,因为在泥河湾一带所能攫取的燧石块裂隙多,不易制成较大的石片;(2)与当时人类的生活有关系,以采集为主要经济活动的人类,使用的石器可能器型较大,而狩猎者则反之②。

---

① 黄慰文:《小长梁石器再研究》,载卫奇、谢飞:《泥河湾论文选编》,文物出版社 1989 年版。
② 尤玉柱、汤英俊、李毅:《泥河湾组旧石器的发现》,载卫奇、谢飞:《泥河湾论文选编》,文物出版社 1989 年版。

针对小长梁遗址发现的资料,裴文中先生认为,"有明显的第一步加工痕迹,还有的有第二步加工者,石器都比较小……已达到了黄土时期的式样,当中把周口店时期飞跃过去了",并对遗址的年代提出质疑[①]。

贾兰坡先生也认为这批材料十分进步,打片方法和加工技术都有一定水平,不是最初的人所能制造出来的,并推测在中国大陆可能还有时代更早的人类活动[②]。

鉴于小长梁遗址在石制品性质和年代方面之间的矛盾,黄慰文根据对小长梁剖面和郝家台剖面的地层对比认为,小长梁遗址的年代改定为距今100万年或稍大于100万年比较切合实际。在对小长梁的石制品进行研究后认为,石器工业在打片技术上已经达到比较熟练的程度,这表现在:对原料的利用率较高;不仅出现一些小的长石片,更有意义的是还出现了修理台面的实例。小长梁的石器类型已经相当复杂,它拥有多种形式的刮削器,有尖状器、钻具和小砍斫器,可能还有雕刻器。小长梁石器采用锤击法加工,一般石器的刃缘呈锯齿状。但同时也出现了个别刃缘平齐的,如上述的直刃刮削器(标本 P.5508)和双端刃刮削器(标本 P.5515)。这两件石器的刃都有可能是放在软垫上修理出来的。在谈到小长梁石器和北京人的石器的关系时,黄慰文指出:"北京人石器工业在继承小长梁石器工业的基础上,在不少方面又有新的发展。小长梁石器工业从技术和类型上大都没有超过其后的北京

---

① 裴文中:《对泥河湾组旧石器的发现疑问的意见》,载卫奇、谢飞:《泥河湾论文选编》,文物出版社 1989 年版。

② 贾兰坡:《对泥河湾组旧石器的发现疑问的意见》,载卫奇、谢飞:《泥河湾论文选编》,文物出版社 1989 年版。

人石器工业。"①

随着时间的推移,小长梁遗址又积累了一批新材料,尤玉柱对此进行了研究并鉴别出其中有两极石核与石片、薄石片、小台面石片、单直刃刮削器、圆头刮削器、尖状器和小石钻,结合以前发现的材料对小长梁遗址的石制品作了如下概括:(1)选取的原材料以燧石为主,约占 95% 以上。它们采自遗址附近凤凰山上的燧石层。由于燧石岩层较薄,约 4-5 厘米厚,因此,当时的人类在打片时可以直接利用层面作为台面。(2)由于燧石块较薄,节理发育,因此遗址中的石片和修理后的石器普遍细小,长极少超过 40 毫米的。(3)打片以锤击法为主,辅以砸击,打下的石片通常具有小、薄和刃缘锋利的特点。(4)很多规整的小薄石片未经进一步加工便直接使用,使用痕迹清晰,崩落的碎碴往往在劈裂面一侧。(5)不规整的石片加工成器也较简单,多由劈裂面向背面加工,故痕迹亦较陡直,极少有错向加工者。(6)成器率低,器型不复杂,其中的单边直刃刮削器是这一遗址的稳定类型。因此,他认为小长梁的年代应在贾拉米诺事件界线之下,距今约 100 万年或稍大于 100 万年②。

1998 年陈淳等对小长梁遗址进行重新发掘,除了对所发掘的石制品进行研究外还进行了打制试验,认为:"石制品废品率极高。即使不计石核与块状石料,有修整痕迹的石制品在整个采集品中也仅占 0.89%。根据打片实验证实,小长梁石制品尺寸偏小是由

---

① 黄慰文:《小长梁石器再研究》,载卫奇、谢飞:《泥河湾论文选编》,文物出版社 1989 年版。

② 尤玉柱:《河北小长梁旧石器遗址的新材料及其时代问题》,载卫奇、谢飞:《泥河湾论文选编》,文物出版社 1989 年版。

于石料质地使然,非人工所为。"①

1999年李炎贤先生对小长梁石制品又作了重新研究,认为:"小的不规范的石制品并不说明技术的进步;小长梁石制品的原料利用率并不高;几件不规则的石叶状的石片也不足以说明打片技术的进步;所谓修理台面的石片亦难于肯定;至于所谓极精细的加工痕迹似乎用使用痕迹来解释更为合理。总之,小长梁发现的石制品从打片和第二步加工的技术水平看来,加工简单粗糙,并未显示出任何明显的进步性质。小长梁的石器类型并不复杂。比较起来,小长梁的石制品没有北京人的石制品进步,也没有达到晚更新世的石制品的技术类型水平。就目前已经发表的材料看来,小长梁的石制品所表现出来的特点与生物地层学及古地磁测年提供的论断是大致协调的。"②

上述对小长梁石制品的研究涉及两个问题,一是石制品进步与原始,二是石制品的成因。对于第一个问题,不同于对北京人石制品的认识在最初就有两种不同的意见,一方认为原始,另一方认为进步;对小长梁石制品的认识开始都认为其相当进步,而认识到小长梁石制品并不那么进步是20年以后的事情了。对于第二个问题,一开始就提出来了,但是并没有引起重视,也是后来才引起学者的重视,认为小长梁石制品进步的特点主要有石制品细小、原料利用率高、出现修理台面、出现小长石片,石器类型复杂、修理痕迹具有在软垫上加工的特征。尤其是石制品细小几乎是所有学者都特别强调的一个特点。但是后来的研究者也正是从上述几个方

---

① 陈淳:《河北阳原小长梁遗址1998年发掘报告》,《人类学学报》1998年第3期。

② 李炎贤:《关于小长梁石器的进步性》,《人类学学报》1999年第4期。

面论述了小长梁石制品并没有进步到超出所在的那个时代。究竟是什么原因使研究者在20年后得出了相反的结论？

笔者认为有一个原因，就是对原料特点没有充分的认识，虽然原研究者在最初的报告中就指出小长梁遗址石制品细小是因为石料中裂隙较多，但可能由于和华北地区许多遗址以脉石英为主要原料的情况相反，小长梁的石料是一种和燧石非常相似的隐晶硅质岩，这一点往往使人认为小长梁的石料为一种优质石料。另外，在对石料的研究中对石料质地关注较多，很少注意石料的最初形态对石器制作技术的影响。笔者在对泥河湾盆地东部旧石器文化与石料性质的研究时曾经注意到，由于石料最初形态是块状而非河卵石，在统计剥片率时就会出现较大的误差[①]。后来的学者通过对石制品更精细的观察、比较和打制试验才终于解决了这一问题，协调了小长梁石制品的技术特征与时代风貌之间的矛盾。

二、启示与思考

似乎是20年一个轮回，就在关于小长梁文化的争论渐趋平静的时候，对东谷坨遗址的重新研究又一次引起了学者关于时代与石器性质之间的讨论。

1997年，张森水先生在研究了东谷坨遗址的石器和动物化石之后，对如何协调古地磁测定的地质年代的古老和石制品明显的进步性及共生的哺乳动物化石显示年代较新的问题提出质疑："先说石器，其加工精致程度超过中国猿人文化期的同类石器，与中、

----

① 杜水生：《泥河湾盆地东部早期旧石器文化的石料与文化性质探讨》，《文物春秋》2002年第2期。

晚期者可以媲美；特别令人注目的是其中的尖刃器，在数量上，与中国猿人文化中期者相当（各占石器的 11.5%），而比早期者（占 5.9%）占比例约大一倍，另外，无论从形态或加工精致的程度看也远超过早期的，也可与中、晚期乃至华北更晚时期的尖刃器相匹敌。""东谷坨目前发现的哺乳动物化石具有中国北方中、晚更新世特点，而见不到早更新世的有代表性属种。"①

　　2003 年，在对东谷坨遗址出土的石制品的研究中，侯亚梅发现了一类有规范形制和固定打片程序的石核，即"东谷坨石核"，它以生产小长石片为目的，从石核预制到剥片的过程与旧石器时代晚期的楔形石核有惊人的相似，并认为"东谷坨石核"的发现对认识东亚早期人类技术发展水平将产生新的影响②。

　　这里暂不讨论动物化石和年代古老之间的矛盾，仅对石制品表现出来的进步性和古地磁测年之间的不协调提出一些认识。从半个多世纪关于中国旧石器早期文化进步与否的争论我们可以看出，没有充分认识石料的特点，仅把少数终端产品与西方或其他遗址进行对比是引起争论的主要原因，在中国猿人文化进步与否的争论中，针对劣质的脉石英，中国猿人发现了砸击技术，虽然砸击技术也能够生产出两侧平行的薄长石片，但和旧石器时代晚期的石叶制品完全不同。同样，小长梁石制品所表现出的进步性，如石器剥片率高等，也是由于石料的原因，因此充分认识石料和石器制作工艺之间的关系，对了解中国旧石器时代石器制作工艺特点十分重要，从目前的材料来看，"因材施工"可能是中国古人类适应环

---

① 张森水：《在中国寻找第一把石刀》，《人类学学报》1997 年第 2 期。
② 侯亚梅：《"东谷坨石核"类型的命名与初步研究》，《人类学学报》2003 年第 4 期。

境的一个重要的手段,也是中国旧石器文化的一个特点。

因此,在研究"东谷坨石核"时也要充分了解原料最初形态对石核预备、制作乃至剥片的影响,这一点"东谷坨石核"的研究者已经注意到:"从原料产地直接采集合适的砾石或从遗址附近的岩层露头部分采集石料,从中挑选形态和尺寸合适的原料,在这一过程中,有些石料上具有的平展的节理面常常成为遴选毛坯中的有利条件而被优先考虑。有证据表明石器制作者已充分注意到节理面的平展优势,而在后面的步骤中直接利用现成的节理面作为设计方案里对形态有特殊要求的石核的台面或横(A、B)剖面之一。当原料上有两个具备适当接合角度的节理面时,更是兼用两者使之分别成为需要中的台面和横侧面之一。"[①]所以,当我们评估东谷坨遗址文化性质时也不应忽略石料的特殊性,不仅要了解石料的质地,更重要的是研究石料最初形态对石器制作工艺的影响。事实上,在目前已经发表的材料中"东谷坨石核"的分布具有明显的时空局限性,也多少说明了某些区域因素对东谷坨文化的影响。当然,随着研究的深入,类似"东谷坨石核"的发现可能会越来越多,届时会有更新的认识。

[①] 侯亚梅:《"东谷坨石核"类型的命名与初步研究》,《人类学学报》2003 年第 4 期。

第五章　石器原料与人类行为

　　从石料的获取和开发来分析古人类的行为特征是近 20 年来国际旧石器考古学界的一个比较流行的方法，例如根据 Feblot-Augustins 的研究在西欧旧石器时代中期，在 116 个遗址中有 13%—17% 的遗址使用来自 80—120 公里以外的石料。而在旧石器时代中期之末的东欧，有 71% 的遗址有来自 80 公里以外石料，其中有一个遗址的原料来自 300 公里以外。在埃塞俄比亚的 Porc Epic 有 5% 的石制品原料来自 90 公里或 140 公里左右的地区，Merric 等认为 100 公里左右属于游动部落的活动范围，如果大于 300 公里可能意味着有准备的寻找资源和不同群体之间交流活动的增加[1]。可见通过对石料产地的研究可以了解远古时期社会组织之间的交流情况。另一方面，通过研究古人类对石料的开发方略也能了解古人类智力水平与行为特征。本章主要研究两个问题，一是通过石料产地的研究了解其行为的变化过程；二是通过研究直立人和早期智人对石料开发方略了解其对环境适应能力的差异。

---

　　[1]　引自 Sally McBrearty, Alison S. Brooks, "The Revolution that Wasn't: a New Interpretation of the Origin of Modern Human Behavior", *Journal of Human Evolution*, Vol. 39, No. 5, 2000.

第一节 石料的获取与人类行为

史前时期石器原料的使用一般来说有两个特点:一是当地的原料远远多于外地的原料,二是外地的原料一般为优质原料而且都被充分使用。因此在研究人类行为时不仅要关注主要石料,对少数的优质石料更要关注①。

一、石料分布特征

根据文献资料和实地调查,笔者将泥河湾和周口店地区旧石器文化中石料的种类、分布状况、大小、质地、丰富程度等概述如下。

(一)脉石英

脉石英是由许多不规则的颗粒组成,它们的排列无一定顺序,多呈梳状,镶嵌结构,单偏光下像一个不规则的完整颗粒。它是小石器文化中使用最广泛的一种石料,周口店第1地点②、第15地点③、

表 5—1 脉石英在主要遗址中的分布

遗址	周口店第1地点	周口店第15地点	山顶洞	金牛山	许家窑	神泉寺	西白马营
含量(%)	88.841%	95.2%	68%	69%	32.23%	>90%	18.6%

---

① 引自 Sally McBrearty, Alison S. Brooks, "The Revolution that Wasn't: a New Interpretation of the Origin of Modern Human Behavior", *Journal of Human Evolution*, Vol. 39, No. 5, 2000.
② 裴文中、张森水:《中国猿人石器研究》,科学出版社 1985 年版。
③ 高星:《周口店第 15 地点剥片技术研究》,《人类学学报》2000 年第 3 期。

金牛山遗址①、许家窑遗址②、神泉寺遗址③、西白马营遗址④中都含有较高的比例。脉石英的分布与岩浆活动密切相关,经后期地质活动改造后,分布范围会更为广泛。在周口店地区,脉石英的原生产地主要在房山岩体周围,由于受围岩中的裂隙控制,在东小口村经官地村至牛口峪一带的围岩中有大量脉石英体,最大厚度约二三十厘米,而在东小口村西北的围岩中很少能看到脉石英,围岩风化后这些岩体裸露地表,经流水搬运,在官地村至牛口峪一带的地表很容易找到,在周口河东小口村以下的河流砾石中也有分布,但在此上游则很难发现。

在周口河中的脉石英大小悬殊,大者达数十厘米,小者仅数厘米,且以小者居多。脉石英含量在河床砾石中虽占少数,但笔者在周口店遗址前的河床中一个小时之内拣到20公斤的石料。河床中的脉石英磨圆度较好,但质地较差,打击后易粉碎,偶有质量较好的脉石英,但形状不规则。

在官地和牛口峪一带的地表,脉石英也有多种情况,有的呈块状,致密坚硬,但有的颗粒较粗,打击后易作块状破裂;有的成分复杂,节理发育打击后也容易破裂。但颗粒较细、结构致密、颜色洁白、呈块状的要比河床中的多得多,容易发现。

---

① 吕遵谔:《金牛山遗址1993、1994年发掘收获和时代探讨》,《东北亚旧石器文化——1996年国际学术会议》,韩国国立忠北大学先史文化研究所、中国辽宁文物考古研究所,1996年。

② 贾兰坡、卫奇:《阳高许家窑旧石器时代文化遗址》,载卫奇、谢飞编:《泥河湾研究论文集》,文物出版社1989年版。

③ 杜水生、陈哲英:《山西阳高神泉寺遗址石制品初步研究》,《人类学学报》2002年第1期。

④ 谢飞:《河北阳原西白马营晚期旧石器研究》,《文物春秋》1989年第3期。

在泥河湾盆地,脉石英的原生产地多位于熊耳山太古代变质岩体的裂隙中,在一些脉石英的石料上可以看到半边是花岗片麻岩半边是脉石英。这些脉石英在更新世末期随着古湖的消失,在河流的冲蚀下,一直分布到桑干河沿岸。现以神泉寺遗址附近脉石英的分布情况为例描述如下:

神泉寺遗址南500米处现代河流砾石特征:黑色玄武岩,最大者直径可达1米,小者不足5厘米,含量40%以上;红色花岗片麻岩,大者可达30厘米,小的仅1厘米,含量也在40%以上;白色脉石英含量较少,大者可达13厘米,小者4—5厘米,最大的一块20×22×15厘米,但节理发育,每个面上都有两三道裂纹,硬锤打击后亦能产生大片,但稍用力后就分成几块,此外还有燧石、含燧石条带灰岩或白云岩。砾石磨圆不好,多呈次棱角状,分选很差。

这些砾石来源于附近灰绿色泥河湾层顶部交错砂砾层中,在据此200米一新切开的冲沟两侧的剖面上,砾石成分与上面的描述相同,以红色花岗片麻岩和黑色玄武岩为主,脉石英含量虽少,但可以很容易拣到,大小10厘米左右,此外还有含燧石条带白云岩。

根据地层对比,此砾石层的时代和神泉寺遗址的时代相当,估计神泉寺人活动时,这些砾石就分布在当时的地表,故脉石英原料可以很容易获得。推测许家窑遗址和西白马营遗址的情况与此相同。

(二)玉髓

有的报告中称为燧石和玛瑙。在小石器传统中,燧石是一种常见的石料,但由于成因不同,容易引起误会,为了区别,笔者将将这两种石料统称玉髓,它主要分布在许家窑、神泉寺和西白马营遗址中。就全部石制品来看其含量虽然不高,但在石器中,占有较高的比例。

这种石料主要分布在阳原县城至许家窑一线北部山地始新统

灰泉堡组的地层中。在桑干河支流的冲蚀下,阳原县城至神泉寺一带的地表中都有分布。现将一些调查资料报告如下:

No.1 在阳原县城西北15公里的赵家沟村西,灰泉堡组地层中,玉髓大量分布,笔者在一个小时内采集到二三十公斤。

No.2 该地点距阳原县城西环城马路200多米,农民在耕地时,将砾石拣出堆放在田埂上,其中主要为花岗岩、玄武岩和石灰岩,但也可拣选到玉髓。

No.3 西沟堰村村西的西沙沟,砾石磨圆较好,大小多在5—15厘米之间,1—5厘米者少,成分玄武岩为主,花岗岩次之,玉髓亦可随处拣到。

No.4 沿西沙沟追至柳树皂村,在大同至阳原公路北侧,也能很容易地选到玉髓。据说一直到桑干河沿岸都有玉髓分布,甚至有一部分被带到桑干河中。

如前所述,这种玉髓是由于玄武岩中的气孔被SiO_2充填,形成的杏仁体,因此石料不大,根据野外观察,一般来说大者3—5厘米,小者不到1厘米;这种石料质地细、密、匀、纯,但强度较一般的燧石大,因此并不易加工。总体来看,应是一种较好的石料。

如此看来,无论是旧石器中期的许家窑还是晚期的神泉寺和西白马营在遗址附近寻找这些石料都不是一件很困难的事,笔者在许家窑遗址旁的梨益河中就曾随手拣到数块这种石料。因此神泉寺和西白马营人选择这种石料的范围应在遗址附近,但当时人如果在原生地层中采集这些石料,则需要跋涉5—10公里以上的路程。

(三) 隐晶硅质岩和火山角砾岩

这两种石料在泥河湾东部诸遗址和虎头梁文化中被广泛使

用,其中东谷坨、小长梁、岑家湾、板井子、油坊、头马房中以隐晶硅质岩为主,其颜色质地在不同遗址中略有差异;火山角砾岩是虎头梁文化中的主要石料,在新庙庄遗址中也有少许。

根据野外观察,这两种石料主要分布在侏罗系浅成侵入岩和震旦系燧石白云岩的围岩之间。隐晶硅质岩主要分布在东谷坨一带,多沿层面或节理面呈片状、块状和板状,这在东谷坨的火石沟一带观察最为明显;火山角砾岩主要分布在籍箕滩南山、马主部、新庙庄一带都呈很大的岩体。

除基岩外,在东谷坨一带,在湖相地层底部和基岩相交接的部位,普遍发育有一层砾石层,在这层砾石中含有大量的隐晶硅质岩和火山角砾岩砾石,现将霍家地遗址和马梁遗址附近的砾石层情况描述如下:

No.1 霍家地遗址底部砾石层,砾石成分主要为白云质灰岩,个别为细粒硅质岩,颜色为肉红色和黄绿色,和遗址石器的岩性基本相同。砾石大小为直径为 20—25 厘米者占 5%,15—20 厘米者占 5%,10—15 厘米者占 20%,5—10 厘米者 30%,1—5 厘米者占 40%。

No.2 马梁遗址北 200 米处,基岩为火山角砾和隐晶硅质岩,基岩之上为湖相地层的底砾层,砾石成分主要为隐晶硅质岩和白云质灰岩,砾石的大小以 10 厘米以下的为多,笔者在此拣选石料 20 多公斤。

根据对东谷坨文化所处的地质地貌的研究,当东谷坨人在这一带生活时,在河滨湖畔,应广泛分布着隐晶硅质岩和火山角砾的砾石。

在盆地中部,火山角砾除在基岩及其附近有大量分布外,沿月山山谷也有大量分布，这些山谷在出了峡谷后可一直延伸到桑干河，其中可发现大量的火山角砾岩。笔者在籍箕滩遗址上游拐家湾一带的现代河床中就曾看到。砾石大者一两米，小的仅数厘米，村民们选取直径四五十厘米的砾石做建筑材料。在去新庙庄的沿途，在公路两旁随处可见大量的火山角砾岩砾石。但未经风化的火山角砾岩，很难找到，笔者在拐家湾村南的山谷中发现有没有风化的火山角砾岩石料，其中有一块大约有一两方大。

如前所述，由于这类岩石存在于火成岩和沉积岩之间，因此从总体上来看，结构较复杂，有的部分质地细腻，有的部分颗粒较粗，有的还含有围岩的包裹体，岩石的颜色有的浅黄，有的肉红，有的为黑色。再加上岩石长期裸露地表，风化作用使其结构构造也发生一些变化，因此其力学性质有较大的区别。一般来讲，质地细腻，未经风化的岩石，有较好的力学性质，但不易获得，而易于获得的岩石或质地较粗或结构不匀，或多少有些风化。

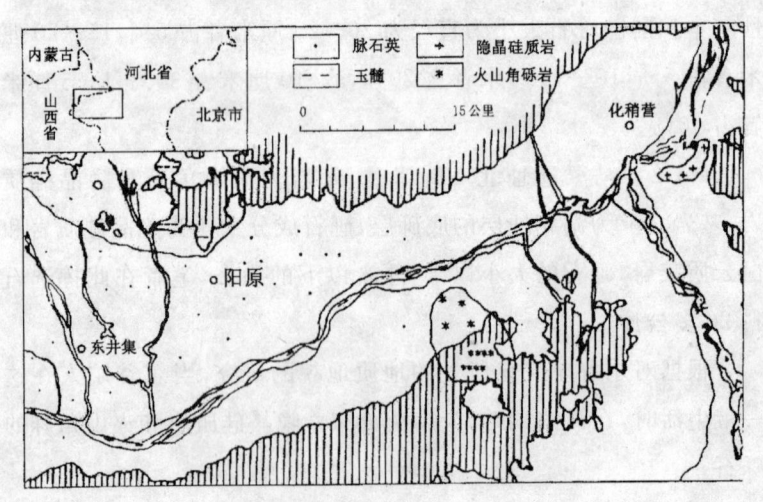

图5—1 泥河湾盆地主要石料分布图

（四）浅成侵入岩等

这类岩石包括安山岩、辉绿岩、凝灰岩等岩石，主要分布在新庙庄遗址中，其他遗址中少见。在新庙庄遗址附近的河床中，这种石料的原生层位属于中上侏罗统地层，这套地层主要分布在新庙庄至马主部一带。

（五）沉积岩

这类岩石包括硬砂岩、粉砂岩、硅质页岩等。除在周口店遗址中早期有大量的砂岩外，其他岩石在遗址中用量甚微，但在西水地梅沟遗址中全为硅质页岩。

这些岩石在遗址附近的河床中都有分布，在周口店附近的周口河中主要为砂岩。在西水地现代桑干河中阶地砾石都有一定量的硅质页岩。

二、不同遗址中石料选择

为了研究不同时代不同地区的遗址如何利用当地的资源，选择适当的石料制作石器，本节将所研究区域内的石器分为四组，每一组内的遗址位置接近而时代不一。

（一）泥河湾盆地东部诸遗址

本组遗址包括马圈沟、岑家湾、马梁、东谷坨、板井子遗址、油坊遗址。

马圈沟遗址

总体来看马圈沟的石制品风化严重。T100②：1 单台面石核，燧石质，外形近似船形，周身有一层胶结物，在较宽的一端为剥片面，共有 8 个大小不等的石片疤。除了片疤外，其余部分都被胶结，说明此胶结物在打片之前已有，或未剥片部分为较粗糙的风化面。其实所观察到的几个石核都具有这一特点,即剥片面较为新鲜,其他面或为砾石面,或风化严重、结构疏松,或胶结壳较厚。石料的岩性为细粒硅质岩或火山角砾。有的石制品半边为细粒硅质岩,半边为火山角砾[1]。

岑家湾遗址

石制品已经完成拼合研究。从拼合的结果来看,多数是断块拼接,拼成一个或半个砾石,石料风化严重,表面有一层风化壳,石锤打击后易粉碎,另有少数石料表面新鲜,质地细腻,有光泽。

东谷坨遗址

石料主要为流纹质火山角砾岩和细粒硅质岩,肉红色火山角砾岩占多数,此种石料与虎头梁文化的石料岩性相同,但虎头梁的石料光泽鲜亮,而东谷坨的石料相反。可能是风化较严重的缘故。

马梁遗址

岩性主要为黑色燧石,可能与遗址所处的位置有关。

东谷坨文化生成时,东谷坨一带为湖滨河畔相,在附近山坡、河床和湖滨分布有大量侏罗系的火山角砾和细粒硅质岩,它们或已磨圆或仍为石块。从各个遗址石料的分布状况来看,东谷坨多肉红色火山角砾,小长梁多黄绿色细粒硅质岩,根据笔者调查,这些石料的颜色多与遗址附近的石料相当,但马梁多黑色燧石。

板井子遗址

石料以黄色隐晶硅质岩为主,另有极少量的脉石英和石英岩。

---

[1] 河北省文物研究所:《马圈沟旧石器时代早期遗址发掘报告》,《河北省考古文集》,东方出版社 1998 年版。

石料的质地可分两类：一类风化严重，石料表面缺少光泽，此类石料数量极少，均为断块，应为偶尔从当地河床中拣选所得；另一类以隐晶硅质岩为主，表面新鲜，无风化面，质地细腻，但裂隙发育，有的裂隙被石英充填，几乎每一块石制品上都多多少少有这样的裂隙存在。另外对15层到18层中的断块进行观察发现，在190块断块中，80块稍大者(3—5厘米)均有节理面，另有110块稍小(小于2厘米)。

为了判断板井子原料的产地，我们对遗址附近现代桑干河的砾石、二三级阶地的砾石进行观察，从三级阶地到现代河床，河流逐渐向南推移，在现代河漫滩中，在靠近南部基岩山地附近，含有极少量的隐晶硅质岩和火山角砾岩，最大的直径20—40厘米，而往北在靠近板井子村附近，无论在河漫滩还是一二级阶地中都很难发现隐晶硅质岩，岩性主要为花岗岩和白云质灰岩等。我们判断板井子人选择石料的地点不在遗址附近，从整个盆地石料的分布来看，可能在油坊附近的火石沟一带，距遗址的直线距离大约5—10公里。在将石料带到遗址之前，对石料进行了初步加工，因此在石制品中，很难见到像东谷坨文化中的带有砾石面和风化面的断块。

油坊遗址

从总体来看，石料和板井子的相似，都是黄色为基调的隐晶硅质岩，在17件大石片断块中，几乎都有砾石面或中间有裂纹，而细石核的石料不仅质地细腻而且光泽鲜艳。估计油坊居民为了更好地剥取石叶，比板井子居民更懂得通过打掉外面的风化壳，获取较精的石料，或直接在原生地层中直接采集优质石料。另外，从楔形石核的石料和技术来看，油坊居民可能存在远距离输送石料。

比如：标本 Y575，长、宽、厚分别为 9、7.6、8.4 厘米，周身有 4 条裂纹，裂纹垂直于层理，这样的石料已被纵横分割，打击后很容易裂成碎块；标本 Y021 楔形石核，石料为火山角砾岩，和虎头梁文化中的一致；标本 Y048 半锥形石核，青色细粒硅质岩，质地细腻，油脂光泽，极难见到。

（二）泥河湾盆地中部地区

本地区主要包括雀儿沟、大西梁南沟、虎头梁文化诸遗址，为叙述方便，新庙庄遗址也包括在内。

雀儿沟遗址

主要岩性有火山岩 18 件，占 45%；脉石英 12 件，占 30%；石英岩、燧石各 4 件，分别占 10%；石英砂岩和硅质灰岩各 1 件，分别占 2.5%[①]。由于遗址的埋藏性质属异地埋藏，因此从石制品本身的保存状况很难说明其石料的原始状态。但对遗址附近与遗址层位相当的湖积砾石层的岩性观察后认为雀儿沟遗址的石料在砾石层中都能找到，只是比例不同，比如脉石英在砾石层中含量很低，而在遗址中含量较高，但从遗址中石料的多样性来看，当时人类对石料的选择并不十分的苛刻，就地取材。

大西梁南沟遗址

原料主要为火山岩、燧石和片岩，石料产地亦应在遗址附近[②]。

新庙庄遗址

本遗址的石料种类较多，有安山岩、辉绿岩、凝灰岩、硅质灰

---

① 谢飞、梅惠杰、王幼平：《泥河湾盆地雀儿沟遗址试掘简报》，《文物季刊》1996 年第 4 期。

② 谢飞：《泥河湾盆地旧石器研究新进展》，《人类学学报》1991 年第 4 期。

岩、石英砂岩、火山角砾岩、玛瑙和水晶①。安山岩、辉绿岩、凝灰岩、火山角砾岩这些石料的基岩就在遗址附近侏罗系地层中,硅质灰岩和石英砂岩在盆地中属于广域分布的一种岩石,遗址附近也有分布。玛瑙和水晶用量甚微,应为偶尔获得。总之,新庙庄遗址的石料主要来自遗址附近。

另外笔者对新庙庄遗址中的火山角砾岩进行了较为仔细的观察,与虎头梁文化后期的同种石料相比,新庙庄者有一定的风化,颜色呈瓷性光泽。说明新庙庄人不刻意寻找优质石料,而是就近选择、直接使用。

值得注意的是在新庙庄遗址的上部3米左右,有一套文化层,石料和文化性质与虎头梁文化一致,石料主要为火山角砾岩而且质地细腻,有光泽,没有风化后的特征。显然这种石料在输送到遗址之前进行了粗选。

虎头梁文化诸遗址

如前所述,虎头梁是盆地内分布范围最广的一种文化,所有属于这一文化的遗址中,95%以上的石制品都是火山角砾岩,此外还有硅质泥岩、硅质灰岩以及燧石等。根据盆地内火山角砾岩的分布状况,这些石料都来自盆地南部上侏罗统地层及其次生分布区。估计最远的遗址距石料产地应有数十公里。

以马鞍山遗址为例,这一时期古人类对石料的选取有一套严格的程序:首先在石料被搬运到遗址之前,肯定进行了粗选,因为在遗址中我们找不到带有砾石皮或有明显风化特征的素材;其次,在进行石核预制和石器制作之前可能还要对石料进行进一步加

---

① 谢飞:《泥河湾盆地旧石器研究新进展》,《人类学学报》1991年第4期。

工,笔者对马鞍山遗址第三层中480块断块进行观察,大都至少有一个面为非新鲜断裂面,根据拼合的结果来看,原料中可能存在一些裂纹,打击后易于破裂,所以在石器制作前亦应去掉。而制作楔形石核的石料代表了石制品中最好的石料,应是精心选择的结果。这一点和油坊遗址的观察结果一致。

(三)泥河湾盆地西部地区

这一组遗址包括三个:许家窑、神泉寺和西白马营。其特点是遗址的时代和地理位置相距较大而石料分布较为相似。

许家窑遗址

依原报告许家窑遗址的石料如下:

表5—2 许家窑遗址的石料种类及比例[1]

原料	脉石英	燧石	火山岩	石英岩	变质灰岩	硅质岩	玛瑙
数量	190	178	117	33	22	2	47
百分比(%)	32.26%	30.22%	19.86%	5.60%	3.74%	0.34%	7.98%

许家窑遗址的石料和神泉寺遗址的石料基本相同,亦应来源于遗址附近。下面以神泉寺为例作详细说明。

神泉寺遗址

石料主要分两大类:一类是脉石英和水晶,其中脉石英占95%以上;另一类属于玉髓,包括燧石和玛瑙,含量少于5%。此外还有极少量的火山角砾岩(仅发现1块)和硅质灰岩。但从成器

---

[1] 贾兰坡、卫奇:《阳高许家窑旧石器时代文化遗址》,载卫奇、谢飞编:《泥河湾研究论文集》,文物出版社1989年版。

率来看,脉石英极低,大多为断块①。

神泉寺遗址的石料来源,前文已有详细论述,在此不赘。从石料的质地来看,都没有明显的风化,尤其是玉髓,在所研究区内,堪称优质石料,结构完全符合细、密、匀、纯的要求,只是石料较小,强度较大,不宜加工。

西白马营遗址

本遗址石料的特点是种类繁多,依原报告统计如下:

表5—3　西白马营遗址石料的种类及比例②

岩性	火山碎屑岩	脉石英	玛瑙	硅质灰岩	燧石	角岩	石英砂岩	片岩
件数	551	228	210	196	153	94	33	21
百分比(%)	35.6%	18.6%	13.6%	12.7%	9.9%	6.1%	2.1%	1.4%

根据笔者观察,其中玛瑙、燧石、脉石英和西部的神泉寺遗址中同类者相似,火山碎屑岩和盆地中部新庙庄者属于同类,其他岩石含量较少应为偶尔获得。

西白马营处于盆地中部和西部之间,其石料的这些特点应与其所处的地理位置有关,这也从侧面反映了西白马营人似乎并不刻意的选择某种石料。从石料分布来看,其选择范围最大应在10公里范围之内。

从石料的质量来看,火山碎屑岩多少有些风化,脉石英颗粒较粗,硅质灰岩硬度较小,玛瑙和燧石质地较好但太小,因此,西白马营遗址的石料质量较差。

(四)周口店遗址群

---

① 杜水生、陈哲英:《山西阳高神泉寺遗址石制品初步研究》,《人类学学报》2002年第1期。

② 谢飞:《河北阳原西白马营晚期旧石器研究》,《文物春秋》1989年3期。

周口店第 1 地点

中国猿人石器的石料,经初步鉴定,共有 44 种,最常见的是石英,占总数的 88.841%,水晶次之,占 4.774%,燧石和砂岩用量差不多,分别占 2.428% 和 2.597%,其他岩石用量均少于 1%。20 件以上的有三种岩石:石英岩、煌斑岩和片岩,超过 10 件以上的有四种岩石:灰岩、铁质角页岩、花岗岩和粗面岩,其余均甚微[1]。

但是,如果分层考虑,北京人在长达二三十万年的时期内,对不同石料的选择重点存在差异(表 5-4),砂岩总量的 60.36% 在早期,而脉石英的 66.1%,水晶的 70.4%,燧石的 79.3% 都分布在晚期。再联系到周口店地区石料的分布特点,虽然在遗址附近的周口河的砾石中几种石料都有分布,但质量较好的脉石英和水

表 5-4　周口店第 1 地点四种主要石料在早中晚期的含量[2]

石料 含量%	脉石英	水晶	燧石	砂岩
晚期	66.1%	70.4%	79.3%	22.97%
中期	14.64%	10.6%	6.5%	7.66%
早期	9.2%	2.8%	10.36%	60.36%
层位不明	12.8%	16.05%	3.8%	9.46%

晶主要分布在距遗址稍远的官地和牛口峪一带。因此,北京人对不同石料选择重点的不同,可能意味着其活动范围的逐渐扩大,即早期猿人的活动范围主要在遗址附近,选取硬度较小的砂岩和质量稍差的脉石英为主要原料,到了晚期随着猿人活动范围的扩大和对石料认识能力的提高,质量较好的脉石英和水晶、燧石等成为

---

[1] 裴文中、张森水:《中国猿人石器研究》,科学出版社 1985 年版。
[2] 同上。

主要原料。为了更好地说明这个问题,我们对脉石英在各层的成器率进行了统计(表5-5)。鉴于11层只有18件标本且全为石器,如果把11层除外,按中国猿人文化早、中、晚期来统计,其成器

表5-5　周口店第1地点脉石英在各层的成器率[①]

层　　位	L3	1-3	4-5	6	7	Q2	8-9	10	11
成器数	339	1066	4086	363	34	281	222	137	18
总　　数	439	3189	5983	951	146	1124	1004	376	18
成器率	77.2%	33.42%	68.3%	38.2%	23.2%	25%	22.1%	36.4%	100%

率分别为26.97%、30.52%、57.13%。根据笔者的实验研究,河滩中的优质脉石英十分稀少,绝大多数由于质地疏松,形状浑圆,不易控制砸击点,砸击后极易裂成碎块,故成器率较低;而质量较好的脉石英多分布在原始产地,由于多呈块状,容易控制砸击点,且质地紧密故容易剥片、成器。这也从侧面反映了中国猿人早期可能多在附近河滩上选取石料,晚期则到较远的地方选取相对优质的石料。

周口店第15地点

第15地点居民所采用的做石器的原料主要有脉石英、砂岩、火石、燧石和一些火成岩等。大多数原料是当时人采自沿山脚的河床中,真正采自原产地的岩石是很少的,只有几件石灰岩石器属之,在堆积中大而没有加工的、直径20—30厘米的砾石不常见。最大直径为1.5—2.0厘米的小砾石常被加工成工具。

---

① 裴文中、张森水:《中国猿人石器研究》,科学出版社1985年版。

表 5—6　第 15 地点和第 1 地点石料对比[①]

石　　料	第 15 地点	第 1 地点
脉石英	用量多,主要是河卵石	用量多,主要产自原产地矿脉
水晶	用量不多,采自河卵石或原产地	用量不多,主要产自原产地矿脉
燧石	不多	很少
火石	常见	不多
石髓	不多	不多
碧玉	未发现	很少
石英岩	常用,主要采自河床,如砾石	与第 15 地点相同
砂岩	用量多,特别是采用大砾石	与第 15 地点相同
火成岩	同上	同上

山顶洞遗址

山顶洞遗址发现的石制品较少,据原报告共发现脉石英 17 件,燧石和火石 5 件,砂岩砾石 3 件,火成岩穿孔砾石 1 件[②]。总的来看,石料仍主要来自周口店一带,没有发现远距离输送石料的迹象。

三、人类选择石料方式的时序性变化

通过前面几节的讨论,对本区石料的特点及不同时期、不同地点古人类的选择方式都有了一定的了解,本节将在此基础之上,全面讨论古人类在选择石料方式上的时序性变化过程。本节所讨论的石料选择方式主要包括两个目标:一是通过对石料产地的调查,了解古人类的活动范围;另一个是通过石制品表面状况的观察,了

[①] 表文中:《新的旧石器遗址——周口店第 15 地点的初步研究》(节译),载《裴文中科学论文集》,科学出版社 1990 年版。

[②] 表文中:《周口店山顶洞之文化》,载《裴文中科学论文集》,科学出版社 1990 年版。

解古人类在获取石料后,如何对石料进行处理,是直接打片,还是去粗取精后再运送到遗址中使用。对于后一个问题相对容易判断,虽然还有待于从定性研究转为定量研究。但对于前一个问题则不容易有一个明确的判断,这是因为一方面石料的原始分布一般都有一个较大的范围,比如玉髓,虽然90%以上的石料都分布在原生地层附近,但仍有一部分石料可以沿着河流分布到很远的地方,因此要判断某一块石料的确切来源应当说是不现实的。另一方面,不同石料在遗址中含量不同,其原始产地距遗址的距离也不同,那么应该以哪一种石料确定的数据为人类的活动范围?

限于以上两方面的考虑,笔者对人类活动范围的复原也主要从两个方面考虑:一是主要石料的分布范围代表人类的主要活动范围,二是特别注意各小区中特色石料(即原产地只在本小区者)的分布范围,此类石料更具有指示意义。

(一) 东谷坨文化期

根据对古地理环境的分析,当古人类在东谷坨一带活动时,这一带处于当时的湖滨河畔。隐晶硅质岩和火山角砾岩,从附近基岩上风化后脱落,在流水的作用下,在河床和湖畔广为分布,并因基岩中石料质地、颜色的差异,不同地貌部位的砾石石料也略有不同。根据不同遗址出土的石制品观察,不同遗址的石料在质地颜色和结构上与其遗址附近的基岩和地层中的砾石相关,故东谷坨人选择石料的范围就在遗址附近。获取石料后并不进行特殊处理,而是直接进行打片。

(二) 中国猿人文化期

中国猿人对石料的选择从总体上来看,主要受制于当地的地质条件；从岩石的力学性质和可获性来看，脉石英和砂岩应是当地较好的石料。但由于中国猿人文化延续时间较长，其选择石料的方式也略有变化：在中国猿人文化早期，猿人选择石料的范围仍然局限在遗址附近，质量较差的脉石英和较软的砂岩是猿人的主要选择对象；而到了晚期，猿人活动范围逐渐扩大，质量较好的脉石英和燧石、水晶等成为猿人的主要选择对象。根据这些石料的分布，猿人活动范围至少在5公里以上。

（三）许家窑文化期

属于旧石器时代中期的遗址有许家窑、雀儿沟和板井子。从上述分析来看，三个遗址虽然由于所处的地理位置不同，使用的石料相异，如雀儿沟遗址的石料主要为火山岩和脉石英，许家窑遗址的石料主要为脉石英，一部分玉髓可能来自稍远的地区；板井子遗址主要为隐晶硅质岩，石料产地距遗址至少有5公里，并且在石料被搬运到遗址之前，石料都进行了一定程度的精选，但总体来看其所属区域的代表性石料如西部的玉髓、中部的火山角砾岩和东部的隐晶硅质岩都仅限于在本区内使用，说明人类的活动范围有限，对石料的开发上也主要是随取随用，或在距离稍远时作简单处理。

（四）峙峪文化期

这一阶段的遗址主要有西白马营、神泉寺、新庙庄、大西梁南沟。从各区的主要石料来看，各遗址的石料来源仍主要局限在遗址附近，因此表现出强烈的"地方色彩"，如神泉寺遗址中的脉石英、新庙庄遗址中的辉绿岩、安山岩、凝灰岩等在遗址附近都很容易获得；但从各区的特色石料来看，其使用范围虽也主要限于各自小区域内，但也有极少量的石料可能被远距离输送（也可能是偶尔获得),如神泉寺遗址中曾发现一块火山角砾岩,新庙庄遗址中也有少量的玉髓,说明到了旧石器时代晚期早段人类的活动范围与旧石器时代中期可能有所区别,虽主要限于遗址附近,但其最大活动范围已明显扩展到数十公里之外。当然对石料的开发同上个阶段一样,没有多少变化。

(五)虎头梁文化期

这一时期人类在选择石料方式上出现了质的飞跃,表现有三:一是从石料的种类来看,一些质量较差的石料如脉石英基本上被淘汰,玉髓虽然质量不错,但由于体积太小不易施展程序繁缛的细石叶技术,在遗址中也少被采用,而火山角砾岩、燧石在石制品中占有绝对优势;其二,随着人类活动范围的扩大和对石料认识的深入,优质石料被大量的远距离的运输,如中部地区的特色石料火山角砾岩最东在油坊遗址,最西在神泉寺附近的二和尚沟遗址,相距达七八十公里,最南在新庙庄,最北抵虎头梁,相距也有三十公里,东部地区的隐晶硅质岩已被输送到中部地区的虎头梁一带,而西部地区的玉髓在中部地区的马鞍山一带也有许多发现;其三,在远距离携带石料之前,对石料都进行了严格选择,砾石的表层风化壳、质地较差的部分都可能被去掉,故遗址中的石料在细、密、匀、纯上都达到了一定的要求。

四、石器原料与人类行为

通过对不同遗址中石器原料的时空对比,我们可以得出如下几点认识:

从旧石器时代早期到晚期,人类活动范围逐渐扩大。这一方面表现为随着时间推移人类最大活动范围在逐渐扩大,如旧石器时代早期早段人类的活动范围主要在遗址附近,而在旧石器时代早期稍晚阶段,人类的活动范围已达5公里以上,旧石器时代中期人类的最大活动范围在5—10公里范围之内,而到了旧石器时代晚期,已达数十公里。另一方面也表现为远距离活动频率的增加,如在峙峪文化期,人类虽然最大的活动范围可能达到数十公里,但仍以在遗址附近活动为主;而到了虎头梁文化期,人类远距离活动十分频繁,表现为遗址中远距离获得的石料占主要地位。

从旧石器时代早期到晚期,人们对同一种石料的选择也越来越精细。在周口店第1地点,从早到晚优质石料在遗址中的比重越来越大。在旧石器时代中期的许家窑文化期甚至于旧石器时代晚期的峙峪文化期,主要石料仍在遗址附近选择,随取随用;而在旧石器时代晚期的虎头梁文化期在原产地从粗料中选择细密匀纯的部分后再进行远距离输送,而且制作楔形石核的石料还要在遗址中进一步精选。

从石料的多样性来看,从旧石器时代中期到晚期劣质石料逐渐被淘汰。以脉石英为例,是泥河湾盆地尤其在盆地西部内分布最广泛的一种石料,在旧石器时代晚期晚段以前的遗址中多多少少都会出现,但在旧石器时代晚期晚段遗址中已不被采用。

虽然人们对石料的处理与搬运的距离有关,一般来说,搬运距离近者多随取随用,并不做特殊处理,搬运距离远者多去粗取精后再输送它处,但还有其他因素影响对石料的处理,如以盆地东部组群来看,油坊遗址就在石料产地,但其中的细石核对石料选择上比板井子、头马房的要求都要苛刻,可能与石器打制技术和器物的功能要求有关。

虽然从总体来看,人类的活动范围越来越大,但也有一些例外的情况,比如在周口店,中国猿人文化晚期显示人会在 5 公里之外选择优质石料,但在第 15 地点,对石料的选择却主要集中在遗址附近而且对石料的选择重点也有变化,对于这一现象所代表的意义还需进一步探讨。

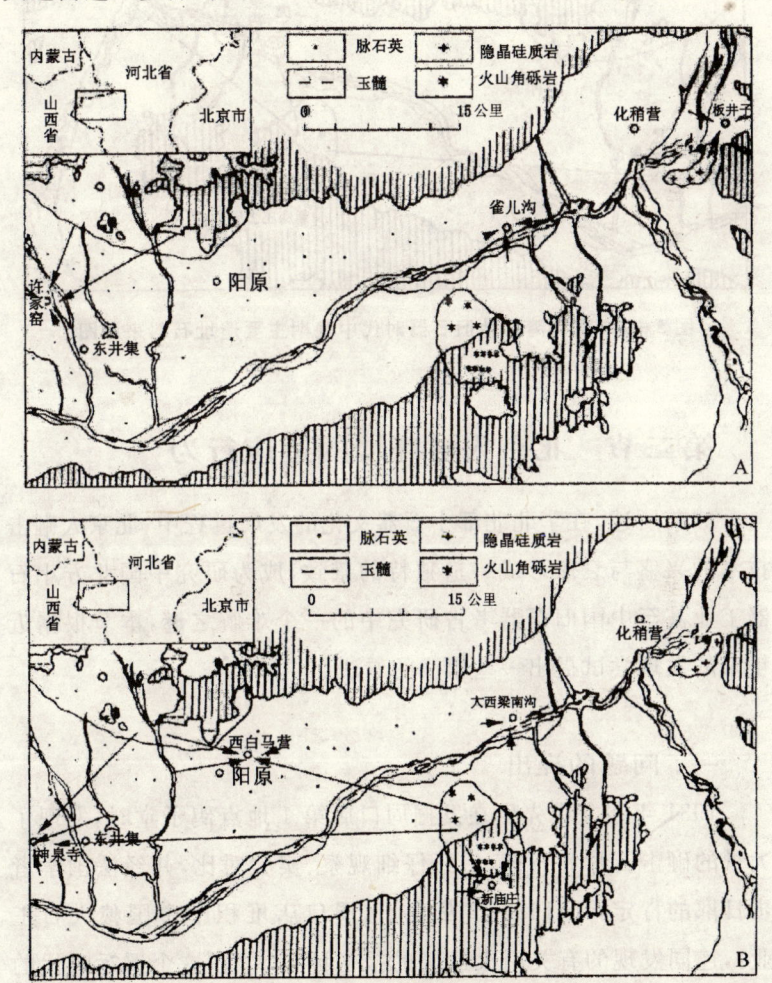

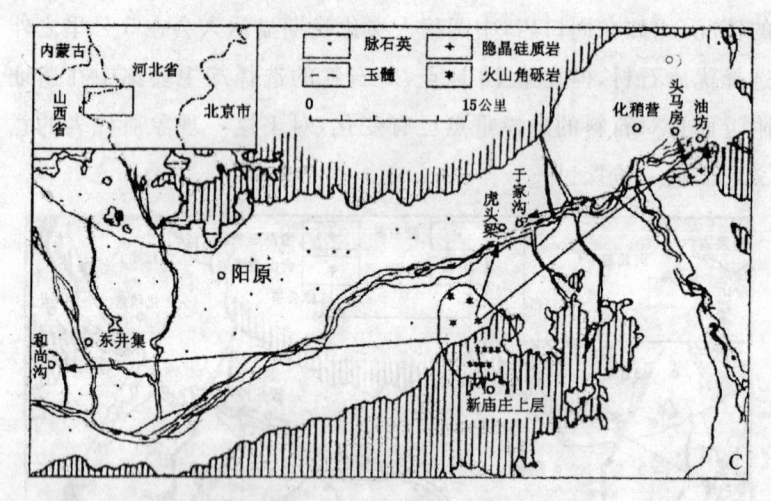

图 5—2 泥河湾盆地旧石器时代中晚期主要遗址石料来源图

第二节 北京人对环境的适应行为

如前所述,在华北北部小石器文化的发展过程中,北京人砸击技术的兴盛与衰落形成一道独特的景致,成为研究中国北方小石器工业甚至中国旧石器考古研究中的一个难解之谜,本节根据近年来的发现尝试提出一些粗浅的看法。

一、问题的提出

1931 年裴文中先生在发掘周口店第 1 地点鸽子堂时,发现了大量的砸击石片和石核,后经仔细观察、实验对比,并经法国学者步日耶的肯定,于 1932 年发表了《周口店堆积中中国猿人石工业》,连同发现的有关用火遗迹的报告证实了"在这个遥远时代的东北亚,以中国猿人为代表的人类,显然既懂得用火,也掌握了粗糙石器的制造技术"①,从而解决了爪哇猿人是人是猿的争论,确立了人类进化过程中猿人阶段的存在。也许受中国旧石器考古学这一成果的影响,此后的中国学者在中国旧石器考古中对"砸击技术"给予了特别的关注。据不完全统计,目前发现的含砸击制品的石器地点有92处,分布范围涵盖了旧石器时代早期、中期和晚期甚至更晚,因此有学者认为砸击技术"是一条文化纽带,把中国北方旧石器时代的主工业从早期到晚期紧密地联结起来……循着它或者可以追索北方主工业南传路线和探讨文化交流的问题"②。

然而到目前为止,在所有的发现中仍以周口店第1地点中的砸击技术最为发达,在北京人工业中,砸击石片是石制品组合的重要组成部分,也是制造石器的主要毛坯之一。在已研究的2962件各类石器中,以砸击石片为毛坯者768件,占总数的25.92%,居七类毛坯之首位。从早期、中期到晚期的发展过程来看,砸击技术在北京人文化中的地位越来越重要,所占比重越来越大。早期砸击法是重要方法,从石片数量来看和锤击石片基本相当,但形制上逊于锤击石片,规整的长薄的两端石片数量极少。到了中期砸击法有所发展并成为主要方法,现存的砸击石片在数量上超过锤击石片一倍多,个体变小界于早晚之间,形制规整的两端石片比较多,Q2中长薄的形制规整的石片数量相当多,可能达到80%,出现了类似石叶的砸击石片;第7层中出现形制比较规整的枣核形石核。在中国猿人晚期,砸击法占绝对优势,现存的砸击石片比

---

① 裴文中:《周口店下更新统洞穴含人化石堆积中石英器和其它石器之发现》,载《裴文中科学论文集》,科学出版社1990年版。

② 张森水:《中国旧石器工业中的砸击技术》,载北京大学考古学系编:《"迎接二十一世纪的中国考古学"国际学术讨论会》,科学出版社1998年版。

锤击石片多出4倍稍弱,对这种技术的运用也更加成熟。在砸击石片中,不仅长宽厚进一步缩小,而且类似长石片和石叶的标本数量增加,长宽比差超过一倍者,数以百计,超过两倍者有25件,形制规整的砸击石片比以前各期要多得多。从石核来看,存在较多的形制规整的枣核形石核和多棱柱形石核;在砸击石片中还见到将两端石片再砸薄的现象,在其破裂面上存在一两块平远的石片疤,可称片状砸击石核[1]。此后,砸击技术迅速衰落,无论在周口店还是在中国北方甚至在东亚地区,虽然许多遗址中都多多少少有一些砸击制品,但无论数量和质量都难以与北京人文化媲美。究竟是什么因素使得一种技术在一个遗址中鼎盛一时之后嘎然而止,使许多考古学家深感困惑。当年裴文中先生在研究第15地点的报告中就提到,假设这两个地点(第15地点和第4地点)均曾为中国猿人所居住,那么在第1地点如此常用的"两端"打片法,在第15地点变得极为罕见,实在令人费解[2]。

二、研究思路和方法

对于这样一个关涉北京人命运的问题,中国科学家并没有停止自己探索的步伐,张森水先生就曾经写道:"从周口店第一地点材料分析,以往对中国猿人广泛使用砸击技术,总是归因于附近没有好的石料,无可奈何的去适应资源的结果。这样的认识(包括笔者在内)似值得反思。因为,在中国猿人文化早期,在石制品有效用料上,砂岩和石英大体相当。砂岩和其他火成砾石就产在龙骨

---

[1] 裴文中、张森水:《中国猿人石器研究》,科学出版社1985年版。
[2] 裴文中:《新的旧石器遗址——周口店第15地点的初步研究》(节译),载《裴文中科学论文集》,科学出版社1990年版。

山脚下,而石英和水晶的产地要远一些。至中国猿人文化中期及晚期,当时人舍近求远,大量使用石英和水晶做石制品的原料,竟然置大量出现废片而不顾,这说明当时人有意选择这种特殊的技术和产品。"①

从上面这段话我们可以看到,导致砸击技术在周口店地区兴盛一时之后迅速衰落的原因可以从两个方面去思考,一是环境因素,二是北京人本身。

从人的方面来看,周口店北京人仍是代表直立人化石的典型标本。但是近几十年来的考古发现,对直立人的认识越来越复杂,例如有的学者在总结了大量的年代学资料后,就认为直立人和早期智人不是前后相继的关系而是同时并存的关系②。

从环境方面来看,影响他们制作石器最主要的环境因素有两个:一是由于生态环境不同,提供的食物资源不同,人们用来获取和加工不同的食物资源需要不同的工具套,进而在加工技术和生存方式上存在一定的差异;另一个是由于地质背景的不同,不同石料的大小和质地、硬度等会对石器的加工技术和石器的类型产生一定的影响。那么对北京人来说,导致其文化迅速衰落的原因是由于更有竞争力的早期智人的出现,还是由于环境变化使其遭到了灭顶之灾?笔者把北京人及其文化置于中更新世中国北方环境与人类演化的背景中进行思考。

---

① 张森水:《中国旧石器工业中的砸击技术》,载北京大学考古学系编:"迎接二十一世纪的中国考古学"国际学术讨论会》,科学出版社 1998 年版。

② 张银运:《直立演化抑或分支演化——中国的人类化石证据》,《第四纪研究》1999 年第 2 期。

三、研究材料

华北北部是中国旧石器考古研究最为深入的地区，几十年来发现了大量的古人类化石与人类文化遗物。不少遗址既具有丰富的人类学材料，也具有大量的旧石器文化，为我们用考古学材料来探讨远古人群之间的关系提供了较好的条件。

金牛山遗址，1974年开山取石发现两个古人类文化遗址，1984年在A地点进行发掘时发现一完整的古智人头骨及部分头后骨骼，后又发现大量石制品及人类用火遗迹[①]。许家窑遗址出土了早期智人头骨化石及大量的石制品[②]。周口店第1地点1—5层文化，发现大量石制品，其中第3层发现直立人V号头骨及下颌骨两件，第4层也发现有部分直立人化石[③]。第15地点发现石制品上万件，没有发现人类化石。从时代上判断，应属于早期智人文化[④]。

四、比较

（一）时代与环境

金牛山人的年代也有争议，根据地层学的研究，金牛山人遗址的剖面从上到下可分11层，上部4层颜色灰黄，和马兰黄土相当；从第5层开始以棕红色沙黏土为主，和砾石黄土相当，位于第8层的人化石应属于中更新世。动物群的综合研究认为，在文化层中发现的居氏大河狸、梅氏犀、葛氏斑鹿和变异狼等在周口店第1地点

[①] 吕遵谔：《金牛山遗址1993、1994年发掘的收获和时代探讨》，韩国国立忠北大学先史文化研究所、辽宁文物考古研究所编：《东北亚旧石器文化》，1996年版。
[②] 贾兰坡、卫奇：《阳高许家窑旧石器文化遗址》，《考古学报》1976年第2期。
[③] 裴文中、张森水：《中国猿人石器文化研究》，科学出版社1985年版。
[④] 裴文中：《新的旧石器遗址——周口店第15地点的初步研究》，载《裴文中科学论文集》，科学出版社1990年版。

都有发现,属于中更新世常见动物,因此金牛山人的年代无疑应属于中更新世。绝对年代最初测定为26万—28万年,应相当于L_3,后来发表的有些绝对年代数据偏晚,与样品本身的层位有关[①]。

相比之下,周口店第1地点的年代研究得最为深入,一般认为第1—3层的年代为20万年左右,但各家结果也略有差异,赵树森用铀子系法认为1—3层为23万年[②],原思训等用铀子系法认为第一层顶部的年龄为23万年[③],这些年龄基本接近,但沈冠军对1—2层钙板层,以新生碳酸岩为材料用高精度热电离质谱仪法测定的结果认为1—2层的年代为41万年[④],这个结果与前面的结果相去较远。然而,1966年在周口店第一地点发掘时曾在上部堆积中发现赤鹿和最后鬣狗化石,这两种动物都属于晚更新世常见种类,因此,张银运先生认为第1—2层钙板层的形成可能早于文化层的堆积应该是有道理的[⑤]。值得注意的是贾兰坡认为:"最上层堆积(即第1层上部)在1934年已经挖掉,现在能采到样品已不是原来最高处……因此含人化石最上层堆积不会大于20万年。"[⑥]这和刘东生等综合科技测年资料,应用旋回地层学认为周

---

① 吕遵谔:《金牛山遗址1993、1994年发掘的收获和时代探讨》,韩国国立忠北大学先史文化研究所、辽宁文物考古研究所编:《东北亚旧石器文化》,1996年版。
② 赵树森、裴静娴、郭士伦等:《北京猿人遗址年代学研究》,载吴汝康、任美谔等主编:《北京猿人遗址综合研究》,科学出版社1985年版。
③ 原思训、陈铁梅、高世君:《周口店遗址骨化石铀系年代研究》,《人类学学报》1991年第1期。
④ 沈冠军、金红林:《北京猿人遗址上限再研究》,《人类学学报》1991年第4期。
⑤ 张银运:《直立演化抑或分支演化——中国的人类化石证据》,《第四纪研究》1999年第2期。
⑥ 贾兰坡、黄慰文:《周口店发掘记》,天津技术出版社1984年版。

口店第 1 地点晚期文化的年代相当于 S_3-L_2 比较相符[①]。

许家窑遗址和周口店第 15 地点的年代若根据动物化石来看，因周口店第 15 地点含有下颌骨肿厚的肿骨鹿化石，其时代可能稍早于许家窑遗址，但两个遗址用铀子系法测年后得到的绝对年代均为约 10 万年[②]，考虑到铀系法的适用范围以及对测年材料的局限性，我们认为周口店第 15 地点的年代应该大于许家窑遗址。根据第二章中的讨论，周口店第 15 地点的年代相当于深海氧同位素阶段 6，许家窑遗址的年代为阶段 6—4。

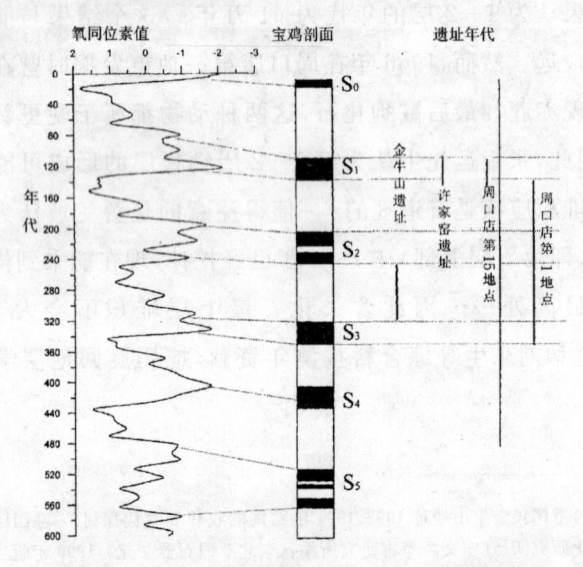

图 5-3　直立人与早期智人经历的时代与环境

---

① 刘东生、丁梦林：《中国早期人类化石层位与黄土—深海沉积古气候旋回的对比》，《人类学学报》1984 年第 3 期。

② 陈铁梅、原思训、高世君：《铀子系法测定骨化石年龄的可靠性研究及华北地区主要旧石器地点的铀子系法的年代测定序列》，《人类学学报》1984 年第 3 期。高星：《周口店第 15 地点剥片技术研究》，《人类学学报》2000 年第 3 期。

根据上述材料,我们可以看出至少在华北北部,直立人和早期智人经历了一段大致相同的时间跨度,也经历了同样的气候变化过程。但是,随着L_2的结束,直立人不再存在,而早期智人却一直延续下来。因此充分研究L_2时期的环境变化特点可能会有助于解释直立人和早期智人的演化过程,并进而了解砸击技术的兴盛与衰落。

(二)地质环境背景——石料的选择与利用

表5—7 中国北方几个直立人与早期智人遗址中主要石料的特征对比(单位:%、mm)

遗址		脉石英				燧石(或玉髓、硅质灰岩)			
	石料	含量	大小	形状	来源	含量	大小	形状	来源
直立人	第1地点4-5	91.3%	<100	块状	<5km	3.5%		砾石	<5km
	第1地点1-3	90%	<100			2.6%			
	金牛山遗址	69%				30.5%			附近
	许家窑遗址	为主	<100	块状		较少	30		
	周口店第15地点	95.2%	<100	砾石	<5km	4.6%		砾石	<5km

从上面的表中可以看出,这些遗址不论是属于直立人还是属于早期智人,使用的石料有一定的相似性,尺寸都比较小;从使用情况来看,容易获得的也就是在遗址中含量较多的,无论是脉石英还是石英岩都质地较差,性脆而易破裂;而不易获得者无论是燧石、玉髓或是硅质灰岩都属于质地细密匀纯,易于加工者,但在遗址中含量较少。

经过对所研究区域的地质背景的初步考察,无论是直立人还是早期智人,选择石料的范围都在5公里范围之内。造成这一现象的原因主要是由于这些遗址所处的地质环境比较相似,含硅质较高的石料多与火山活动有一定的关系,而沉积岩类虽然非常丰富,但由于硬度太小而不为原始人类所采用。

(三) 打片技术

(1) 早期智人的打片技术

金牛山人的打片技术也以锤击法为主,虽然在 1975 年的材料中有一些砸击制品,但在 1992—1993 年的发掘材料中,未见有砸击材料的报道[1]。

许家窑人的打片技术也以锤击法为主,砸击法次之。从石核和石片所反映的打片技术来看,许家窑人的打片技术无论从对石核的利用率还是从石片的规整程度来看,都有了进一步的提高,出现了盘状石核、棱柱状石核等先进的剥片方法[2]。

根据高星对周口店第 15 地点的剥片技术的研究,打击方法以锤击法为主,砸击法为次,砸击制品仅占石核—石片类的 11.6%;在 130 件锤击石核中,以劣质脉石英为原料的有 126 件,石核中不仅有简单石核、多面体石核,而且有盘状石核[3]。

根据以上的叙述可以看到,从打片的技术来看,这些遗址具有一些共同的特点,虽然石料较小且质地不佳,但锤击法仍居主要地位,砸击法居次要甚至于被淘汰的地位,而不同遗址间锤击技术之间的差异可能反映了时代上的不同。

(2) 直立人的剥片技术

与早期智人不同,直立人的剥片技术以砸击法为主,锤击法为次。从数量来看,在周口店 4—5 层,有砸击石核 168 件,锤击石核 51 件;一端砸击石片 1246 件,两端石片 1067 件,锤击石片仅有

---

[1] 吕遵谔:《金牛山遗址 1993、1994 年发掘的收获和时代探讨》,韩国国立忠北大学先史文化研究所、辽宁文物考古研究所编:《东北亚旧石器文化》,1996 年版。

[2] 贾兰坡、卫奇:《阳高许家窑旧石器文化遗址》,《考古学报》1976 年第 2 期。

[3] 高星:《周口店第 15 地点剥片技术研究》,《人类学学报》2000 年第 3 期。

638件。在1—3层的56件石核中,砸击石核44件,锤击石核12件。在石片中,砸击石片556件,锤击石片191件。从质量来看,砸击石核中出现了形制规整的长方形、三棱柱形和枣核形石核。石片中的长方形、圭形、梯形等形制规整的两端石片有一定数量,而且长宽比差超过1倍的数量相当多。另外,还发现一定数量的石砧,石砧上的条状疤痕表明存在把较厚石片再砸薄的现象。这些表明砸击技术已运用得非常熟练①。

虽然说在周口店第1地点中也存在相当数量的锤击石片,但面对周口店地区硬而脆的脉石英,直立人像在其他地方那样用锤击法去获得可用的石片时,似乎遇到了一定的困难,于是,他们采用砸击技术去解决这一问题,并把它发展到相当高的地步。

（四）石器类型及加工工艺

从石器类型来考虑,上述几个早期智人和直立人文化中的石器组合比较类似,都以刮削器为主要器类,尖状器为次,其他器类少见。制作石器的毛坯以石片为主,主要以锤击法加工,并以向背面加工为主。只有一点也许是二者的区别。在直立人文化中砸击法修理的工具占一定的比例,而在早期智人文化中,至今很少报道。现将各遗址中主要器类列表如下:

表5—8　中国北方几个直立人与早期智人遗址中石器类型分布表(%)

遗址＼器类	刮削器	尖状器	雕刻器	砍砸器	石球	其他
金牛山遗址	数量不详	数量不详		数量不详		
许家窑遗址	76.5%	9.2%	5.19%	7.14%	0.51%	1.02%
周口店第15地点	92.6%	0.8%	1.9%	1%	0.2%	2.2%
周口店第1地点 4、5层	78.3%	14.3%	3.5%	2.3%	0.07%	1.5%
周口店第1地点 1—3层	76.2%	12%	2.8%	4.8%	0.5%	2.8%

---

① 裴文中、张森水:《中国猿人石器文化研究》,科学出版社1985年版。

（五）用火

用火可能是人类对温带环境适应的一种有效手段,在华北许多遗址中都发现了用火遗迹,但直立人遗址中以周口店第 1 地点,早期智人文化中以金牛山遗址研究得最为详尽。虽然关于周口店第 1 地点是否存在用火遗迹尚有争议[1],但研究表明即使北京人和金牛山人都能用火,它们在保存火种能力上也是有区别的。

金牛山遗址是目前中国发现用火遗迹最为丰富的一个遗址,共包括 11 个灰堆遗存,其中以第 8 层发现的 9 个灰堆的平剖面分布、单个灰堆的内部结构及实验对比研究得最为清楚。

从平面上分布来看,第 8 层发现的 9 个灰堆具有一个比较明显的分布特点,即从早到晚灰堆由东南逐渐向西北方向移动,尤其在西半部的 5 个灰堆表现得尤为明显。

从剖面上看,9 个灰堆虽然出现在不同的层面上,而且在剖面上的延续时间也不相同,但这 9 个灰堆在整个第 8 层上连续分布,首尾相连,说明当时篝火基本未间断过,灰烬层在剖面上出现和延续的时间基本代表火堆开始使用和延续的时间。

从单个灰堆情况来看,金牛山的灰堆是用石块砌成有间隙的圆形或椭圆形,既可控制火的范围,又可渗透进空气,利于助燃。单个灰堆的平剖面解剖情况以第 9 号灰堆研究最为清楚:灰烬周围垒砌石块,灰烬层的底部、中间和顶部也分布有许多砾石和角砾,由于火的长期烧烤作用,风化程度较高,灰岩表面多成层剥落石灰,含镁大理岩多粉成层状,这些石块显然是当时人有意放置。

---

[1] 刘东生、吴新智、张森水等:《对美国"科学"杂志关于周口店第 1 地点用火证据的文章的评论》,《人类学学报》1998 年第 4 期。

经实验研究,这些砾石因位置不同作用也不同:周缘的石块是为控制篝火的范围而垒砌的;灰烬层底部石块的间隙便于空气渗透,可起助燃作用;中间和顶部的石块则可能是多次封火留下的。可以肯定金牛山人当时至少采用这种方法保存火种。

同金牛山遗址相比,北京人遗址上部堆积中虽然也发现了灰堆遗存,但灰堆的范围较大,尽管北京人遗址灰烬层附近也发现过各种烧石,但分布地不如金牛山集中,且无规律可寻,这些烧石究竟是如何形成的尚须作更深入的观察与研究,看来不像是用来封火的。值得注意的是,该遗址发现的灰烬层厚度很大,其中第4层中发现的灰烬层最厚处达6米,显然不是短时间内能形成的,需消耗大量的烧材。结合有关民族学的材料,我们推测北京人遗址如此厚的灰烬层是不断向火中添加柴草的结果,北京人很可能采用这种方法保存火种,显然不如金牛山人保存火种的方法进步[1]。

五、讨论

从上面的比较,我们可以看出,直立人与早期智人文化在石器的大小和类型上非常相似,而在打片方法、用火甚至于修理方法上都存在一定的差异。

(一) 文化与环境间不同因素的耦合关系分析

一般来说,石器的类型与生态环境有一定的关系,因为不同的生态环境会提供不同的食物资源,人们为了获取和加工不同的食物就会选择不同的工具套。但是我们看到,上面我们讨论的直立人文

---

[1] 顾玉才:《金牛山遗址发现的用火遗迹及几个相关问题》,韩国国立忠北大学先史文化研究所、辽宁文物考古研究所编:《东北亚旧石器文化》,1996年版。

化和早期智人文化都从 S_3 延续到 S_1，在此期间它们经历了同样的气候波动。根据对黄土——古土壤序列的研究，从 S_5 以来，冬季风和夏季风都有所加强，可能是 260 万年以来最强的时期，因此气候主要特征是干冷期和暖湿期气候分明，在干冷期气候更加干冷，而在暖湿期气候更加湿热[①]。但石器类型却都表现出持续渐进的变化特点，说明在此期间石器类型与环境变化不存在明显的耦合关系。

再看石器类型和地质背景所提供的相似的石料之间的关系，在我们选择的这些遗址中，无论是早期智人还是直立人，地质环境所提供的石料都是以小型为主，所以石器当然主要为小型石器，器物类型以小型的刮削器为主，尖状器为次，少见大型砍砸类工具，可以说正是石料限制了石器的大小和类型。

从打片方法来看，锤击法和砸击法是直立人与早期智人共有的打片方法，但直立人以砸击法为主而早期智人以锤击法为主，二者之间的异同究竟导源于人的因素还是环境因素？一般来说，砸击法的应用主要是由于石料过小的原因，但劣质的脉石英也是使用砸击法打片的一个因素。在中国旧石器工业中，典型的砸击产品是与以小石制品为主的北方主工业相关联的[②]，在文化发展史中贯穿于旧石器时代早、中、晚期，因此似乎很难把它和特定的人群相联系。然而，上面选定的几个遗址中直立人文化和早期智人文化具有相似的石料，也都以劣质的脉石英或质量较差的石英岩为主要石料，也经历了同样的气候变化过程，尤其是周口店第 1 地

---

① 刘东生、丁仲礼：《中国黄土研究新进展（二）：古气候与全球变化》，《第四纪研究》1990 年第 1 期。

② 张森水：《中国旧石器工业中的砸击技术》，《迎接 21 世纪中国考古学国际学术讨论会论文集》，科学出版社 1998 年版。

点和第 15 地点,处于同样的地质背景,因此其在打片方法、修理方法上所表现出的差异性似乎很难用环境因素来解释。

锤击法与砸击法生产过程的差异可能反映了直立人与早期智人在开发脉石英这种劣质石料的能力和策略上的差异。比如对于同样的石料,锤击打片要比砸击打片更能节约石料;虽然熟练运用砸击法也能剥取较规则的石片,但相比之下锤击法更易控制石片的大小和形状。

在用火问题上所表现出的差异可能也反映了这个问题。由于早期智人学会了用"封火法"保存火种,毫无疑问比直立人更节约燃料,能更有效地利用能源。当然,这方面的材料还比较少,有待在今后的发现中进一步验证。

通过以上分析,我们可以看出,直立人和早期智人在文化上的相似性反映了它们处于相同的地质背景,而其在文化上的差异与其环境背景没有关系,而应反映了两种不同人在适应环境的方式上的差异。

(二) L_2 时期的环境变化对人类演化的影响

如前所述,大约在中更新世晚期,直立人与早期智人曾共存于华北地区,说明他们均能适应华北干旱—半干旱的气候环境。但是,经过 L_2 之后,直立人不再存在,而早期智人却继续在华北生存,究竟是什么原因使得直立人在历史的进程中被淘汰?

综合研究显示,相当于 L_2 时期的气候比其他阶段要恶劣得多。矿物分析的结果表明,周口店第 1 地点的第 1、2 层的气候似乎较为干冷且波动频繁[①]。季风—沙漠耦合系统研究表明,大约

---

① 吴汝康、任美锷、朱显谟:《北京猿人遗址综合研究》,科学出版社 1985 年版。

在25万年前,我国东部的沙漠发育达到早更新世以来极盛,可能代表一次气候事件[1];尤其值得注意的是根据对最后两个冰期旋回季风—沙漠系统不稳定性的高分辨率黄土记录研究表明,"倒数第二次冰期时的千年尺度的气候波动……同末次冰期有一定的相似性"[2]。动物地理分布也说明在相当于氧同位素第8阶段北方型动物南侵幅度,仅仅到达长江北岸的和县地区($31°45'N$);而在第6阶段,北方型动物的南侵幅度不但渡过了长江,而且还深入华南腹地,到达南岭地区($24°30'N$),甚至超过了末次冰期极盛期第2—4阶段($31°33'N$,$30°22'N$)[3]。由此看来,气候的极度干冷和高度的不稳定性,可能反映了这一时期的气候特点。

进一步分析直立人文化与早期智人文化之间的差异,我们不难看出,虽然直立人与早期智人都能适应华北这种半湿润半干旱的气候环境,但他们对环境的适应策略是不同的,比如,面对周口店地区劣质的脉石英原料,直立人选择了用砸击技术来进行剥片,这种技术虽然也能生产较薄甚至较为规整的石片,但总的来看,这是一种耗费石材的剥片方式。直立人能否用火,现在还存在争论,但即使直立人能够用火,其保存火种的方式也说明,需要大量稳定的燃料供给,才能保证火的持续燃烧,而且,稍有不慎,火就会被熄灭。因此,直立人可能选择的是一种粗放的耗费资源的适应方式,更适应一种相对稳定的生态环境;相比之下,早期智人的打片方式

---

[1] 熊尚发、丁仲礼、刘东生:《北京邻区1.2Ma.以来黄土沉积及其对东部沙漠扩张的指示》,《海洋地质与第四纪地质》1999年第3期。

[2] 丁仲礼、任剑璋、杨石岭:《最后两个冰期旋回季风—沙漠系统不稳定性的高分辨率黄土记录》,《第四纪研究》1999年第1期。

[3] 徐钦琦:《中更新世以来兽类地理分布的变化及天文气候学解释》,《古脊椎动物学报》1992年第3期。

和用火方式都反映了一种能有效控制和充分利用资源的适应方式。

可能正是由于这个原因,在倒数第二次冰期到来的时候,随着气候变化不稳定性的增强,直立人的那种适应方式可能由于不适宜于严酷的环境而被淘汰,而早期智人则可能由于具有较高的生存能力在严酷的环境面前不仅生存下来,而且在石器生产技术上有了进一步的提高。

总之,直立人与早期智人在适应环境方式上的差异(内因)和存在于 L2 时期的快速气候波动(外因),是导致直立人进化为早期智人的一个重要因素,可能也是北京人砸击技术迅速衰落的原因所在。

第六章 细石器文化的起源

如前所述,华北北部地区旧石器时代文化发展的特征之一是在小石片—刮削器文化延续了 100 多万年之后,出现了细石器文化。由于细石器的生产技术和小石器文化有很大的不同,因而关于细石器文化的起源也一直是旧石器考古学研究中的一个重要问题,许多学者对这个问题都有论述,本章在充分吸收前人研究的基础上提出自己的看法。

第一节 楔形石核的类型划分与细石器的起源

在细石器文化中,楔形石核是一类很有特点的石制品,这不仅是因为它在许多遗址中都有出现,而且从选料到剥片包含多种技术因素,可以说代表了细石器工业的核心技术,因而,从解剖楔形石核入手,探讨细石器文化的渊源可能会取得一些进展。

一、两种工艺类型的楔形石核
(一) 细石核分类中的两种划分

目前学术界对楔形石核的划分主要有两种方案,第一种方案是按照楔形石核的外部形态把石核分为宽型楔形石核和窄型楔形

石核,以下川遗址为例:

楔形石核有宽窄两种类型,宽型楔形石核的台面窄而长,成柳叶形。剥片面位于台面最大径的一端。楔状缘主要与台面相对,其尾端缓缓向台面后端收拢成锐角接触;有的则在尾端形成一较缓的转折,与台面成钝角接触或成一平面过渡。

窄型楔形石核,台面呈三角形或扇形,多向后倾。底部较小,楔状缘主要与剥片面相对。楔状缘由核身一侧向剥片面方向打制修理①。

另一种方案是根据动态类型学的原则,盖培先生认为:

产生形态变化是细石核的固有特征,认为它从始至终一直处于形态变化之中,所以需要研究预制品的制作和石核体的利用的全部过程,把每件标本都不看作是最终产品,而是处于一种工作上的片段来进行观察,从剥离石叶的角度观察石核体的形态变化,因此细石核不应按形态进行分类而应从工艺学的角度进行分类。②

按照这种观点,不同形态的石核代表了从制作到剥取链中的一环,如下川遗址中所谓的宽型石核实际上处于细石核使用的前期,窄型石核代表细石核使用的后期阶段。

根据目前发表的材料,中国的楔形石核主要存在以下几种工艺:

(1) 下川工艺

根据日本学者佐川正敏的研究下川楔形石核的制作主要包括

---

① 王建、王向前、陈哲英:《下川文化——山西下川遗址调查报告》,《考古学报》1978年第3期。

② 盖培:《阳原石核的动态类型学研究及其工艺思想分析》,《人类学学报》1984年第3期。

三道工序[①]：

材料的选取：从细石核表面遗留的特征可以看出，原材料表面为自然面和节理面的燧石、砾石和石片等。

修整成石核的原始形状：一般需要两道工序，即台面的确定和侧面的修整。这里面又可以分出两种情况：第一种情况是在未修整之前首先把石材平坦的自然面或节理面、砾石的分割面确定为台面，然后进行侧面修整，侧面的修整有两种方法，即从台面到下侧面和从下侧面到台面；第二种情况是在一个侧面从下缘和后端侧进行修整，在另一个侧面从台面侧进行修整，再对台面从左到右进行修整，从而大致完成石核的原形。值得注意的是，在进行楔状缘修整时没有采用双面器修整技术，而是根据材料的不同或单面修整，或双面修整，或从台面向楔状缘或从楔状缘向台面。

剥片：在对台面做细部修整后首先剥去一个鸡冠状石叶，然后剥取石叶。

（2）河套工艺

选取材料后，先把材料用一种特殊的软锤修整技术，加工成一个小型的双面器，然后纵击几个雪橇形石片以产生一个纵贯全身的台面，在细石叶剥离过程中对台面不做进一步调整[②]。

（3）桑干工艺

选取材料后，同河套类型一样，加工成一个双面器或两面加工

[①] 佐川正敏著、劳继译：《关于中国北方旧石器时代晚期石器群演变的探讨》，《南京博物院集刊》1985 年第 8 期。

[②] Chen Chun and Wang Xiangqian, "Upper Paleolithic Microblade Industries in North China and Their Relationships with Northeast Asia and North American", *Arctic Anthropology*, 1989, Vol. 26, 2, pp. 127−157.

的核坯,从核坯一端修出一个窄小的台面,细石叶沿核身纵向剥离,台面调整与石叶剥离同时进行。

(4)阳原工艺

选取材料后,使用双面技术,将核坯加工成一个D型的双面核坯,相当于半个双面器,在D型双面器较平的一面,从一侧向另一侧修出凹口,然后从前向后纵向打掉一削片止于凹口,形成台面。最后从一侧开始剥片。

(5)虎头梁工艺

选材之后的第一步与阳原类型相同,只是在台面修整时采取从一侧向另一侧修出一倾斜的面,然后在剥取细石叶时再边剥取边调整。

(二)楔形石核工艺的分类

在上述研究的基础上,根据细石核的形态,盖培先生将中国的细石核划分为两个类型:一类台面长小于剥片面长包括锥状石核、半锥状石核、窄型楔形石核、柱状石核;另一类台面长大于工作面长,以宽型楔形石核为代表。前者在下川遗址中数量较多,称下川类型;后者是虎头梁遗址中的主要类型,称虎头梁类型。在这里属于同一工艺过程中两个不同阶段的宽型楔形石核和窄型楔形石核被划分为两种类型。

笔者根据对楔形石核不同工艺过程的分析,认为下川的楔形石核与虎头梁的楔形石核在工艺上有所不同。

下川类型的石核以下川工艺为代表,其主要特征首先是先确定台面,而且台面多为自然面、节理面等,说明细石叶生产者在选材时已考虑到这一点,而对楔状缘的修整在后;其次在对楔状缘的修整时根据坯材的不同,或对一侧或对两侧,或从台面向楔状缘或

1、3. 下川型　4、5. 虎头梁型

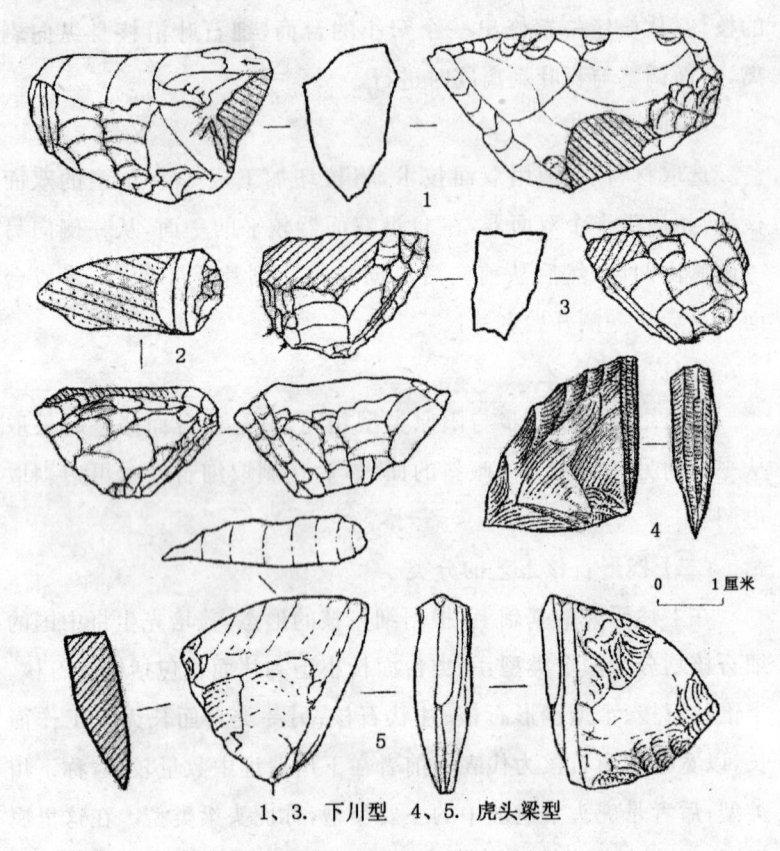

图 6—1　下川型和虎头梁型楔形石核

1—3. 佐川正敏①，1985；5. 盖培、卫奇②，1977；4. 文本亨③，1986

从楔状缘向台面进行修整。这些方法看来没有固定的程序，主要

---

① 佐川正敏著、劳继译：《关于中国北方旧石器时代晚期石器群演变的探讨》，《南京博物院集刊》1985 年第 8 期。

② 盖培：《阳原石核的动态类型学研究及其工艺思想分析》，《人类学学报》1984 年第 3 期。

③ 文本亨：《呼玛十八站旧石器地点》，《中国大百科全书·考古卷》，中国大百科全书出版社 1986 年版。

是因坯材的情况随机而定。

另一种类型为虎头梁类型,河套工艺、阳原工艺、桑干工艺、虎头梁工艺皆属此类。其主要特征是先修理楔状缘后修理台面,而且修理楔状缘时使用了一种特殊的双面技术,这种双面技术与手斧的制作技术惊人的相似,尤其是其中的去薄技术。

值得注意的是,在许多细石器遗址中经常会出现一种船形石核,虽然不同学者都在使用这一名称,但所指的内涵并不完全一致,有的作者所描述的船形石核实际上就是楔形石核,有的则专指一类与楔形石核相似只是与台面相对的底面为一小平面而非刃状缘的石核,但从其对石核毛坯的修理来看也是先确定台面后修理周缘,因此无论哪一种船形石核我们都把它和下川型楔形石核视为同一个技术系列。

二、两种类型的遗存

除了楔形石核外下川遗址和虎头梁遗址还在其他方面存在一些文化差异,表现出两种不同类型的文化遗存。

(一)下川遗址和虎头梁遗址其他文化因素比较

从细石叶的生产技术来看,下川遗址目前共发现细石核195件,其中整锥状和半锥状者有151件,楔形石核34件,柱状石核10件[1];而在虎头梁文化中除楔形石核外,目前尚未发现其他类型的细石核,是两种完全不同的细石叶生产工艺[2]。

---

[1] 王建、王向前、陈哲英:《下川文化——山西下川遗址调查报告》,《考古学报》1978年第3期。

[2] 盖培:《阳原石核的动态类型学研究及其工艺思想分析》,《人类学学报》1984年第3期。

从石器类型来看,下川遗址和虎头梁遗址也有一定的区别:首先,下川遗址中的琢背小刀不见于虎头梁遗址,而虎头梁遗址中大量出现的石矛头也鲜见于下川遗址;其次,下川遗址和虎头梁遗址中虽然都共同拥有石镞、端刮器和锛状器,但是它们无论从形制还是生产技术上看都有一定的区别,下川的端刮器多以石叶为毛坯,而虎头梁遗址中的同类器物则多以厚石片为毛坯,其形制也不如下川者规范;第三,虎头梁遗址中的石镞不仅数量众多,而且同楔形石核的预制品一样拥有娴熟的软锤技术和去薄技术,而下川遗址中的同类器物虽然也进行了通体修理,但从形制来看似乎与尖状器更为接近;第四,锛状器在两个遗址中都有发现,下川者以带砾石面的石片的背面做锛状器的腹面,并以反向加工为特征;而虎头梁者则以石片的腹面为腹面并施以正向加工。虽然二者在形制上比较相似,但这可能反映了某种功能上的需求[1]。

(二) 下川遗址和虎头梁遗址的时代关系

根据^{14}C 测年数据,下川遗址的年代为 2.3 万－1.6 万年,而虎头梁遗址为 1.1 万年,似乎是一种前后相继的关系,但仔细分析目前所发表的年代数据和遗址所处的地貌部位,上述结论应当受到质疑。

从遗址所处的地貌部位来看,下川遗址和虎头梁遗址都处于二级阶地的上部,类似的遗址还有柿子滩遗址,虽然说不同河流阶地的时代会有所差异,但在华北地区这一较小的范围内,应该差别不大。

---

[1] 谢飞、李珺、石金鸣:《中国旧石器时代晚期锛状器研究》,载《东北亚旧石器文化——1996 中韩国际学术会议》,韩国国立忠北大学校先史文化研究所、辽宁省文物考古研究所,1996 年。

从 ^{14}C 的测年数据来看[1],下川遗址的测年数据分布范围较大,最早的为 $36200\pm^{3500}_{2500}$ 年,较晚的数据有 11950 ± 300 年,多数集中在 2.3 万—1.6 万年,但根据笔者对下川遗址的调查发现,下川遗址的上部文化层由于是现代耕作层,已被严重扰乱,因此,其上部的测年数据可能比实际数据大是有可能的,其最晚年代有可能延续到 1 万多年。

虎头梁遗址的测年数据较少而且早期的测年样品的具体层位不十分明确,近年来新的测年数据表明,虎头梁遗址的年代可能早到 1.3 万年[2]。

这样看来,下川遗址和虎头梁遗址可能并不是前后相继的关系,而是平行发展的关系,至少在下川遗址的后期和虎头梁遗址是并行发展的。

总之,从文化内涵来看,下川遗址和虎头梁遗址虽然二者都以生产细石叶为目的,并在形制上存在类似的器物,但细石叶生产和石器制作技术表明,它们可能是两个不同类型的文化遗存,从年代学来看,它们可能并存于华北地区旧石器时代晚期之末。

三、两种不同的文化传统的时空分布

在旧石器文化末期到新石器时代早期,细石器文化曾广泛分布于中国北方、东北亚及西伯利亚等地,甚至在中国南方也有分

---

[1] 中国社会科学院考古研究所编:《中国考古学碳十四年代数据集——1965—1991》,文物出版社 1991 年版。
[2] 谢飞等:《泥河湾盆地考古发掘获重大成果》,《中国文物报》1998 年 11 月 15 日第 1 版。

布,在这一广大的地理范围之内,不同遗址与下川类型和虎头梁类型的关系如何?

在汾河流域及晋东南地区,目前发现的遗址主要有丁村7701地点[①]、榆社岚峪[②]、山西榆社[③]、陵川大泉头[④]等,它们的文化性质和下川文化基本一致,细石核基本上以锥状石核和下川型楔形石核为主,如丁村7701地点共发现6件细石核,其中锥形石核1件,楔形石核2件,船形石核3件,石核式刮削器、琢背小刀、端刮器都有出现;陵川大泉头有2件锥形石核和1件楔形石核,2件石核式刮削器。

在山西北部地区有一些可能属于全新世的细石器遗存,其代表遗址有窑子头遗址[⑤]和高山镇遗址[⑥]。通过与下川遗址的对比研究发现,下川遗址中的主要细石核类型在上述三个遗址中都有出现,端刮器的情况与此类似,而石镞下川者多圆底和尖底,其余三个遗址中多平底与凹底,可能反映了时代的不同[⑦]。

在山东和江苏自20世纪80年代以来发现了不少细石器遗存

---

① 王建、陶富海、王益人:《丁村旧石器时代遗址群调查发掘简报》,《文物季刊》1994年第3期。
② 贾文亮、王太明、陈哲英:《山西榆社岚峪的细石器》,《文物季刊》,1989年第1期。
③ 刘景芝:《山西榆社的旧石器》,《人类学学报》1995年第3期。
④ 陈哲英、梁宏刚:《山西凌川大泉头发现细石器》,《华夏考古》1990年第2期。
⑤ 陈哲英、丁来普:《山西怀仁窑子头的细石器遗存》,《史前研究》1984年第4期。
⑥ 陈哲英、王清诗、解廷琦:《山西大同高山镇之细石器》,《史前研究》1985年第2期。
⑦ 陈哲英:《山西细石器研究》,载山西省考古研究所、山西省考古学会编:《山西省考古学会论文集(三)》,山西古籍出版社2000年版。

如沂水宅科[1]、苏北马陵山中段[2]、江苏东海大贤庄[3]等,这些遗址的文化性质都和下川类型一致而有别于虎头梁类型。以大贤庄为例,原作者曾把大贤庄的石制品和下川遗址中出土的同类器物在形态上作了对比,发现不仅在细石叶的生产上都以锥形石核和下川型楔形石核为特征,而且代表性器物如三棱尖状器、石镞、短身圆头刮削器和雕刻器无论在形制和加工技术方面都极为相似。苏北马陵山中段出土的石制品中石核26件,而下川型楔形石核占有12件,另外长身圆头刮削器、石镞、石核式石器都是下川遗址中的典型器物。

近些年来在冀东地区也发现了一些细石器遗址,如唐山市滦县东灰山[4]、玉田县孟家泉[5]、迁安爪村[6]以及昌黎渟泗涧[7]四个地点,石制品的主要特点是细石核以船形石核为主,楔形石核少见,昌黎渟泗涧发现4件细石核全部为船形石核,而孟家泉遗址中所发现的3件楔形石核一件形状不规则,一件为原始楔形石核,取材于扁平砾石的四分之一,核体呈楔形,台面平展,上有两个修理疤,核体一侧为砾石面,另一侧除部分砾石面外有两个

---

[1] 孔繁刚:《山东省水宅科的细石器遗存》,《东南文化》1990年第4期。

[2] 张祖方:《爪墩文化——苏北马陵山爪墩遗址调查报告》,《东南文化》1987年第2期。

[3] 葛治功、林一璞:《大贤庄的中石器时代细石器——兼论我国细石器的分期与分布》,《东南文化》1985年第1期。

[4] 孟昭永:《唐山地区发现的旧石器文化》,《文物春秋》1993年第4期。

[5] 谢飞:《河北旧石器时代晚期细石器遗存的分布及在华北马蹄形分布带中的位置》,《文物春秋》2000年第2期。

[6] 谢飞、孟昭永、王子玉:《河北玉田孟家泉旧石器遗址发掘简报》,《文物春秋》1991年第1期。

[7] 李珺等:《河北昌黎亭泗涧细石器地点》,《文物春秋》1992年增刊。王恩霖:《河北昌黎亭泗涧细石器遗址新材料》,《人类学学报》1997年第1期。

较大的石片疤,边缘还有许多细小的修理痕迹,使石核的底端和侧缘呈薄刃状,可以看出其预制过程和下川型楔形石核属于同一类型。同样船形石核虽然和下川型楔形石核在形态上有所区别,但和楔形石核的预制技术非常相似,而且下川遗址中也出土了同类型的楔形石核。因此笔者认为,冀东的细石器工业和下川者属于同一类型。

除了华北地区之外,在华南、华中、西南也发现了一些含有细石器的遗存。

广东南海西樵山东麓的细石器属于新石器时代初期,共发现石制品724件,在297件细石核中,楔形石核105件,柱状石核83件,锥状石核48件,带把石核61件。所谓带把石核相当于下川遗址中的一台面和多台面石核,无论从石核的形制还是从石核的预制程序来看,都与下川遗址有一定的联系[1]。

四川广元市中子铺细石器遗存也有与下川遗址中的楔形石核、锥形石核、柱状石核类似的标本,其制作工艺也和下川相类似而有别于虎头梁遗址[2]。

河南舞阳大岗也是一处比较重要的细石器遗存,出土细石核28件,其中楔形石核19件,半锥状石核9件。根据原图3—11,台面为一击而成,楔状缘有从台面向楔状缘和从楔状缘向台面两种修理痕迹,看来和下川遗址有着更多的关系[3]。

---

[1] 曾骐:《西樵山东麓的细石器》,《考古与文物》1981年第4期。

[2] 中国社会科学院考古研究所四川工作队:《四川广元市中子铺细石器遗存》,《考古》1991年第4期。

[3] 张居中、李占扬:《河南舞阳大岗细石器地点发掘报告》,《人类学学报》1996年第2期。

除此之外,在云南、西藏也发现了一些细石器遗存,这些遗存中的细石叶生产技术也同样表现出和下川遗址的一致性。

和下川类型的细石器遗址相反,虎头梁类型的遗存主要分布在泥河湾盆地和中国的东北,除了虎头梁之外,还有籍箕滩[①]、顾乡屯、大兴屯、十八站等遗存,而分布在吕梁山脉的柿子滩、薛关等遗存可能和虎头梁遗存有一定的关系。

黑龙江呼玛呼玛十八站位于呼玛河左岸第二阶地上,1975—1976年发掘的石制品中有楔形石核,其工艺技术和虎头梁遗址中同类制品一致。

大兴屯遗址位于黑龙江市昂昂溪东南18公里,出土一件细石核。顾乡屯位于黑龙江省哈尔滨市郊温泉河畔,自20世纪20年代以来,一直有动物化石和石制品出土,时代属于旧石器时代晚期到新石器时代早期,其中也有一些细石器制品[②]。辽宁凌源西八间房遗址年代为旧石器时代之末,其中也有一些石制品显示出细石器特征[③]。但是上述几个遗址发现的石制品都非常少,对于其工艺类型还不便作进一步分析。

从目前的材料来看,东北地区的细石器文化中,年代相对早一点的如呼玛十八站可能和虎头梁类型一致,而一些全新世早期的遗址,可能和下川类型相当。

柿子滩遗址共发现细石核208件,其中楔形石核79件、船形

[①] 谢飞、李珺:《籍箕滩旧石器时代晚期细石器遗址》,《文物春秋》1993年第2期。

[②] 张镇洪:《辽宁地区远古人类及其文化的初步研究》,《古脊椎动物与古人类》1981年第2期。

[③] 辽宁省博物馆:《凌源西八间房旧石器时代文化地点》,《古脊椎动物与古人类》1973年第2期。

石核 64 件、漏斗状石核 30 件、锥状石核 35 件[①]，其中所谓的船形石核相当于剥片初期的楔形石核。从细石核的类型来看锥形石核和下川文化有一定的联系，而楔形石核则和下川的楔形石核有一定不同，下川的楔形石核多以自然面和节理面为台面，而柿子滩的石核台面都经过预制。用压制法修理的半月形刮削器、尖状器、石镞和手斧与虎头梁遗址的楔形石核预制品、尖状器、石镞等，从形制到加工技术都有许多相似之处，它们都使用了压制技术，说明它们之间有一定的文化联系。

综上所述，中国细石器文化的分布特点是从旧石器时代晚期之末到新石器时代初期甚至更晚，下川类型的遗存在华北、华南甚至西南、中南地区都有一定的分布，是中国细石器文化的主要类型，而虎头梁文化主要分布在泥河湾盆地、东北地区，并对吕梁山区等少数地区的旧石器文化产生一定的影响。

五、与周边地区比较

如前所述，在旧石器晚期之末到全新世之初，细石器文化不但分布于华北地区，而且分布于东北亚和西伯利亚，中国大陆的细石器文化和这些地区的细石器文化相比又有哪些特点呢？

（一）与西伯利亚的比较

在西伯利亚尤其是西伯利亚东部细石叶遗存十分丰富，20 世纪 80 年代以后，对一些遗址进行了大规模的发掘后，细石器技术的发展和演变过程越来越清晰。现以研究程度较好的 Selemdzha

---

[①] 山西临汾行署文化局：《山西吉县柿子滩中石器文化遗存》，《考古学报》1989 年第 3 期。

遗址群[①]为例。

Selemdzha 遗址群位于东西伯利亚 Selemdzha 盆地的 Zeya 河流域，1982 年在这一地区发现了 14 个遗址。从 1982—1988 年，对分布于第二到第五级阶地的 11 个地点进行发掘后，发现在这一地区有四个文化层。

第一文化层的年代大约为 2.5 万—2.3 万年，石制品中石核有楔形石核依工作面的宽窄可划分为两个类型，另有盘状石核、棱柱状石核等，石器有雕刻器、修理的石叶、端刮器、边刮器、凹缺刮器、心形和桂叶形双面器及石刀等，其中端刮器多以石叶制成，而双面器都是用软锤技术修制而成，和旧石器时代早期的手斧相比只是器形小一点而已。

第二文化层中有一个 ^{14}C 测年数据为 19360±65 年，石制品中的石核有楔形石核，其中工作面宽者比工作面窄的更为普遍，另外还有盘状石核、棱柱状石核等。同第一层相比，同类石器更加整齐规范。除此之外，这一层中还出现了一些新的类型；石叶制品由腹面向背面加工，端刮器不仅修理端部而且修理两侧边，而且两侧边在后部收缩形成跟部；屋脊形雕刻器；用两面技术修制大型边刮器等，这些石制品的主要特征是两面修制技术更加熟练。

第三文化层的年代为 1.3 万—1.4 万年前，文化特征和第二层比较接近。

第四文化层的年代应早于 1.2 万—1.05 万年前，在这一时期，细石核中楔形石核数量减少，棱柱状和锥形石核数量增加，勒

[①] Anatoliy P. Derev'anko, Demitri B. Shimkin and W. Roger Powers, Translated by Inna P. Laricheva, *The Paleolithic of Siberia—New Discovery and Interpretations*. University of Illinois Press, 1998.

瓦娄哇石核基本消失。石器除了仍继承了早期的文化特点外,也出现了一些新的器形。这些器物多以石叶和细石叶为坯材,加工技术多施以两面修理。

总的来看,西伯利亚的细石器文化有如下三个特点:双面技术、软锤技术在楔形石核的预制和石器的修理中占据重要地位;细石核有从楔形石核向锥形石核演变的趋势;在细石叶生产的同时,石叶技术也很发达,并作为许多类型石器的坯材。

(二) 与日本列岛的对比

细石叶遗存在日本列岛有广泛分布,是先土器时代到土器时代的主要文化特征,但是有关这些遗存的确切地层关系并不十分清楚,其中福井洞穴是一个文化层位比较清楚的遗址。在福井遗址的第4层,是一套以锥形石核为特征的细石核,但在第3层被楔形石核取代。楔形石核的制作技法是先选取石片进行两面加工,但并不修整为两面器,台面修整晚于两侧面,以一系列横向打击修理出台面,再以不断纵向修琢以调节台面角。这样的楔形石核技术虽有自身特点,但基本上还属于虎头梁类型[①]。

在日本的北部和北海道,情况与南部有所不同,日本学者加藤真二曾告诉笔者,在北海道曾发现距今2.6万年的以楔形石核为特征的细石器文化遗存。

白泷13号地点水合法测定的年代为距今1.7万年,其中出土的楔形石核为先从石核上打下宽而厚的石片,以石片的破裂面作为台面,石核两侧面自台面向下加工,然后自台面向下剥离细石

---

① 九州旧石器文化研究会:《九州の细石器文化——细石器文化的开始和编年研究》,九州旧石器文化研究会1997年版。

叶,石制品中还包括大到中型的石叶、端刮器、边刮器和手斧状工具。白泷4号遗址水合法测定的年代为距今16800年,出土有锥形石核、船形石核和端刮器,其中锥形石核器形规整、加工精细。大约在距今15000年前,以河套技法为特征的细石器工业出现在北海道,此后类似于桑干技法的楔形石核技术也发现于北海道地区[①]。

看来,日本的细石器文化发展脉络和中国大陆有类似之处也有不同之处,相同之处表现在日本的细石器工业也可划分为下川型和虎头梁型,而且下川型最早出现在日本南部,而北海道可能是虎头梁类型出现最早的地区,最早年代可能早到2万多年前。不同之处在于在日本下川型似乎有被虎头梁型由北向南逐渐取代的趋势。

在蒙古人民共和国境内也发现不少旧石器遗存,但是由于缺乏良好的地层关系和年代数据,这里暂不讨论。

位于朝鲜半岛的胜利山遗址,年代为距今4万—3万年,其中出土一种石核和楔形石核很相似,至于属于哪一种类型石核,还需更多的资料。

可以看出,在华北和东北亚地区,下川型细石器工业不仅分布在中国大陆,而且分布到日本列岛,甚至蒙古和西伯利亚,而虎头梁类型似乎主要分布在西伯利亚一带,虎头梁遗址可能是这一类遗址比较偏南的一个地点。从日本列岛的情况来看,两种不同传统的细石器文化一个由南向北,一个由北向南发展,但到了更新世

---

① Chen Chun and Wang Xiangqian, 1989, "Upper Paleolithic Microblade Industries in North China and Their Relationship with Northeast Asia and North American", *Arctic Anthropology*, Vol. 26, 2, pp. 127—157.

末期到全新世初期,以锥形石核为主要特征的下川类型似乎占据主导地位,并扩散到了西伯利亚一带。

六、关于细石器文化的起源

(一)已有的研究成果

德日进和马林杰(J. Maringer)等认为我国北部的细石器文化起源于西伯利亚叶尼塞河上游一带,首先进入我国北部或蒙古的沙巴拉克(Sabark),或我国东北部,然后向南分布;莫兰认为可能是一种欧洲人(奥瑞纳文化期)发展出西伯利亚的细石器工业;莫恰诺夫(Y. A. Mochanov)认为可能起源于中国的中部;奥克拉得尼科夫(A. P. Okladnikov)根据在蒙古莫力特山口发现的发展程序,发表了土著起源的论据,并把旧石器时期全华北、蒙古和西伯利亚看作是文化独立发展的辽阔地带[①]。我国学者裴文中先生也曾经认为中国的细石器文化与其北邻西伯利亚和蒙古一带的细石器文化有一定的关系[②]。

贾兰坡先生从华北地区两个传统理论出发,认为中国的细石器文化脱胎于华北的小石器传统,从周口店的北京人文化、山西阳高县许家窑文化、山西朔县峙峪文化、河南安阳小南海文化,最后发展成为"中石器时代"以及再晚的细石器文化。其论据为在这些文化中都存在两极石核石片、各种小型尖状器、各式各样的刮削器(包括船底形刮削器)和雕刻器,尤其在峙峪文化中不仅见到石镞、

---

① 贾兰坡:《中国细石器的特征和它的传统、起源与分布》,《古脊椎动物与古人类》1978年第2期。

② 裴文中:《中国细石器文化略说》,载《中国史前时期之研究》,商务印书馆1948年版。

拇指盖状刮削器等,还有扇形石核,扇形石核虽然没有"中石器时代"及其后的细石器文化中的典型,但已初具规模①。

盖培先生认为中国细石器文化可以划分为下川类型和虎头梁类型,下川型遗址包括薛关遗址和山东、江苏一带的细石器,主要分布在黄河流域;而虎头梁类型包括顾乡屯、大兴屯、十八站等遗址,主要分布在中国北方地区。这两种类型的细石器文化都和小石器传统有一定的关系,从楔形石核的形制和剥片工作面来看,它可能起源于砸击技术,而砸击技术从北京人文化以来在中国北方小石器文化传统中连续发展②。

张森水先生认为中国的细石器文化遗存从技术上和类型上来看都是相当成熟的,虽然有些遗址的年代偏老,但可能是样品中混入了早期的沉积物,考虑到在中国的北邻已发现大量的细石器文化遗存而且年代较早,因此细石器文化可能是文化交流的产物,也不排除它从水洞沟文化中石叶技术演变为细石器亚工业,但中间应有一些缺环③。

侯亚梅通过对东谷坨定型石核的研究,认为这些石核已具备了同细石器文化中楔形石核同样的技术程序,因此细石器文化可能源于东谷坨文化④。

---

① 贾兰坡:《中国细石器的特征和它的传统、起源与分布》,《古脊椎动物与古人类》1978年第2期。

② Gai Pei, "Microblde Tradition around the Northern Pacific Rim: A Chinese Perspective",载中国科学院古脊椎动物与古人类研究所:《参加第十三届国际第四纪地质大会论文集》,科学技术出版社1991年版。

③ 张森水:《中国北方旧石器工业的区域渐进与文化交流》,《人类学学报》1990年第4期。

④ 侯亚梅:《"东谷坨石核"类型的命名与初步研究》,《人类学学报》2003年第4期。

笔者曾经根据泥河湾盆地旧石器时代晚期考古地质序列认为,中国细石器工业经历了一个由楔形石核向锥形石核发展的过程,而从楔形石核的制作过程来看,它所使用的技术似乎与西方的旧石器文化有一定的关系,而与中国细石器文化以前的旧石器文化关系不大[①]。

(二) 细石器起源研究的困惑与希望

上述不同认识反映了细石器文化的发现和研究历程。把细石器文化和华北小石器文化联系起来仍然基于从器物类型和大小方面的相似形,尤其是小石器传统的石制品形态较小使人容易联想到细石器文化。但根据作者近几年的研究,华北小石器传统的形成主要与这一地区缺乏大块的石料分布有一定的关系;同样,砸击技术在许多遗址中都有存在也是由于劣质脉石英原料在华北北部有广泛分布。在器物类型学上,峙峪的石镞与细石器文化的石镞只是在形态上有一定的相似性,加工工艺上几乎没有可比性。

把细石器文化划分为两个平行发展的技术类型、并进一步探讨不同类型的技术源流,是对中国细石器工艺详细研究的结果,但砸击技术和楔形石核之间的相似性仍然是表面的,砸击技术是一种非常简单的打制技术,属于模式Ⅰ技术传统,并不需要对石核进行预制以及在剥片过程中不断地调整台面角等复杂的技术,而楔形石核从选材到剥片需要一个十分复杂的技术过程,从这个角度来考虑二者之间的关系仍然有较大的空白点。

东谷坨文化中的定型石核和楔形石核之间从工艺上分析,几

---

① 杜水生、钟家让:《泥河湾盆地旧石器时代晚期考古地质序列的建立及意义》,载山西省考古研究所、山西省考古学会编:《山西省考古学会论文集(三)》,山西古籍出版社 2000 年版。

乎不容怀疑二者之间的传承关系,但由于年代和细石器文化相差如此久远,而这中间又缺乏相应的材料作为过渡环节,因此这一假说还需要更多的发现来弥补中间缺环。

从研究方法上来讲,上述对于细石器文化起源研究主要有几个特点,一是虽然动态类型学已为部分学者所接受,但在探讨细石器文化起源时仍然拘泥于形态上的相似形;二是在时间范围上和细石器文化间隔太大,以至于即使二者之间存在联系,也由于中间的空白点太多而失去意义;三是在空间上,由于华北起源说的提出,也在一定程度上限定了人们从更广阔的文化背景中思考这一问题。

因此,从一个时代上比细石器工业稍早一个阶段和一个在地理范围上相对广阔的文化背景中来思考细石器工业的起源则显得现实一些;另一方面由于考古材料的稀少甚至在一些关键点上还存在缺环的情况下,既要考虑器物类型上的相似性,也应使用"文化因素分析法"在前细石器文化中关注细石器文化中主要技术因素的渊源,应该是一个比较可行的办法。

（三）对细石器文化起源研究的一些认识

根据对华北及东北亚地区细石器材料的梳理和前人对细石器起源研究的探讨,笔者认为,在华北和东北亚这一广大的地理范围内,细石器文化存在着下川型细石器传统和虎头梁型细石器传统,虽然二者在各自的发展过程中在地理分布上有一定的重合,一些器物形态上也有一定的相似形,但不同的技术风格仍能够使我们追溯其源流。

首先,目前发现的下川型细石器遗址在更新世末期主要分布在中国北方,只是到了全新世初期才扩散到华中、华南和西南地区,向北扩散到蒙古甚至西伯利亚;而虎头梁型遗址则主要分布在西伯利亚,不仅如此西伯利亚的遗址时代最早达 2.5 万年,早于其他地区的同类遗存,如虎头梁遗址本身的年代只有 1.1 万—1.3 万年,日本列岛这一类型的遗址也表现出从早到晚由北向南发展的过程。从这一点来看,下川型细石器文化可能起源于华北地区,而虎头梁型细石器则可能起源于西伯利亚。

其次,从目前已经报道的材料来看,虎头梁类型细石器文化的许多技术因素如两面技术和勒瓦娄哇技术在华北前细石器文化中都很不发达,而在西伯利亚西部、中部甚至东部地区的旧石器中期文化中却很发达,因此虎头梁类型的细石器文化应和西伯利亚的旧石器时代中期文化有一定的渊源关系。

根据笔者最近的研究,在大约 2.5 万年左右,中国北方地区存在一种石叶工业。从目前的发现来看,这种石叶工业多以直接打击法生产,有一定的厚度,和下川遗址中生产端刮器的坯材比较接近,另一方面生产细石叶的间接打制技术在生产石叶的过程中也已出现。因此,虽然我们目前还无法了解下川文化和前下川文化的关系,但我们可以在下川文化前的石叶文化中找到某些技术因素。说明下川文化可能根植于此前的石叶技术。

第三,困扰我们探索下川型细石器文化的主要原因是对下川文化本身的分期研究仍然不甚清楚,从目前的测年来看,下川文化最早年代数据已超过 2.5 万年,而较晚年代只有 1.1 万年左右甚至更晚,在这么长的范围内,下川文化应该有一个发展过程,因此真正了解下川类型细石器的起源不仅要在前下川文化中了解下川文化的技术来源,还要对下川文化本身进行更详细的研究,才能逐步解决这个问题。

第二节 中国北方旧石器晚期文化的发展谱系与细石器的起源

为了了解下川类型细石器的起源,我们首先对中国北方旧石器时代晚期文化的时代、类型进行梳理,以了解下川类型细石器文化的渊源及可能的起源地。

一、中国北方旧石器晚期文化的地层、年代与文化分期

关于中国旧石器晚期文化的起始年代仍没有统一的看法,至少有5万年[1]、4万年[2]、3.5万—4万年[3]、3万年[4]几种意见,虽然如此,但除了有人建议把萨拉乌苏遗址划入旧石器时代中期外[5],其他旧石器晚期遗址的归属似乎并没有引起争议。对于旧石器时代晚期文化内部的分期,则没有一个统一的标准,通常的表述为"旧石器时代晚期之初"、"旧石器时代晚期之末"等,至于二者之间的分界线在哪里,也没有一个统一的标准。为此笔者根据已经发表的各遗址的年代数据结合第四纪地质学的研究成果,首先讨论中国北方旧石器时代晚期文化的分期问题。

(一)泥河湾盆地旧石器晚期遗址的年代问题

---

[1] 张森水:《中国旧石器文化》,天津科学技术出版社1987年版。
[2] 邱中郎:《中国旧石器时代中期文化》,载吴汝康等:《中国远古人类》,科学出版社1989年版。李炎贤:《中国南方旧石器时代早期文化》,载吴汝康等:《中国远古人类》,科学出版社1989年版。
[3] 黄慰文:《旧石器文化序列的地层学基础》,《人类学学报》2000年第4期。
[4] 王幼平:《中国远古人类文化的源流》科学出版社2005年版。
[5] 同上。

在北方地区，虽然关于泥河湾盆地的第四纪地质演化仍然存在许多问题，但到目前为止仍是研究地最为详细的地区，同时也是旧石器时代晚期文化发现比较集中的一个地区，因此首先确定这一地区旧石器时代晚期文化的年代序列，可以为确定其他地区旧石器时代晚期文化提供一个标尺。

泥河湾盆地旧石器晚期遗址可以划分为两种类型，一类为石片石器文化，包括峙峪遗址[1]、新庙庄遗址[2]、神泉寺遗址[3]和西白马营遗址[4]；另一类为细石器文化包括虎头梁遗址[5]、籍箕滩遗址[6]、西水地地点群[7]、新庙庄上层文化[8]、油坊遗址等[9]。从地貌位置来判断，这两类遗存的年代存在差异，前者主要位于桑干河及其支流的二级阶地的底砾层中，后者则存在于同一级阶地的上部。这一层位关系在新庙庄遗址中表现得最为清楚，遗址所在地貌为桑干河一条支流的二级阶地，二级阶地的上部为马兰黄土，下部为一套河流相的砾石层，再下为一套湖相地层，砾石层和湖相地层之

---

[1] 贾兰坡、盖培、尤玉柱：《山西峙峪旧石器时代遗址发掘报告》，《考古学报》1972年第1期。

[2] 谢飞：《泥河湾盆地旧石器研究新进展》，《人类学学报》1991年第4期。

[3] 杜水生、陈哲英：《山西阳高神泉寺遗址石制品初步研究》，《人类学学报》2002年第1期。

[4] 谢飞：《河北阳原西白马营晚期旧石器研究》，《文物春秋》1989年第3期。

[5] 盖培、卫奇：《虎头梁旧石器时代晚期遗址的发现》，《古脊椎动物与古人类》1977年第2期。

[6] 谢飞、李珺：《籍箕滩旧石器时代晚期细石器遗存》，《文物春秋》1993年第2期。

[7] 谢飞等：《泥河湾盆地考古发掘获重大成果》，《中国文物报》1998年11月15日第1版。

[8] 谢飞：《泥河湾盆地旧石器研究新进展》，《人类学学报》1991年第4期。

[9] 谢飞、成胜泉：《河北阳原油坊细石器发掘报告》，《人类学学报》1989年第1期。

间为侵蚀接触关系。在同一剖面上存在两个文化层,其中上文化层为细石器文化,位于马兰黄土的底部,下文化层位于砾石层中,属于石片石器文化。

泥河湾盆地旧石器时代晚期遗址的绝对年代数据仍十分有限,但结合第四纪研究的一些成果仍能够为我们提供一些初步的判断。研究表明,在距今3万年前,泥河湾古湖开始肢解为若干小湖并逐渐咸化,因此,在虎头梁一带湖相地层顶部有丰富的钙质沉积,钙质物的 ^{14}C 年龄为距今 31920±1300 年,大同许堡东大沟湖相地层顶部水菱镁矿的年代为 25850±300 年,大田洼的官厅村北湖相地层顶部与上覆黄土地层之间钙质层的年龄为距今 27700±500 年。这表明在距今3万年前,在泥河湾盆地贯通的桑干河并未形成,那么桑干河最早阶地的年龄也就不会超过3万年。这意味着泥河湾盆地旧石器时代晚期文化年代的下限为距今3万年[1]。

在已有的年代数据中,峙峪遗址的 ^{14}C 年龄为 28130±1370 年、28945±1370 年[2]和 33155±645 年[3],一般认为是距今2.8万年,西白马营遗址铀系测年定为 1.8±0.1 万、1.5±0.1 万年,虎头梁遗址的 ^{14}C 年代测定为距今 1.3万—1.1万年。考虑到铀系法测年的适用范围,西白马营遗址的年代数据可能存在较大的误差。上述峙峪遗址和虎头梁遗址的年代数据基本上可以代表泥河

---

[1] 夏正楷:《大同—阳原盆地的晚新生代沉积和环境演变》,载王乃樑主编:《山西地堑系新生代沉积》,科学出版社 1996 年版。

[2] 中国社会科学院考古研究所:《中国考古学中碳十四年代数据集(1965—1991)》,考古学专刊乙种第 28 号,文物出版社 1991 年版。

[3] 原思训:《加速器质谱法测定兴隆纹饰鹿角与峙峪遗址等样品的 ^{14}C 年代》,《人类学学报》1993 年第 1 期。

湾盆地石片石器文化和细石器文化的年代。据此我们将泥河湾盆地旧石器晚期文化划分为两个文化期,早期阶段一般位于二级阶地底砾层,时代大约为2.6万—3万年之间,相当于氧同位素阶段3的晚期,可以以峙峪遗址为代表称峙峪文化期;晚期一般位于二级阶地的上部,绝对年代在1.3万—1.0万年之间,相当于氧同位素阶段2的晚期,可以以虎头梁遗址为代表,称虎头梁文化期。

(二) 洞穴遗址的年代问题

在中国北方旧石器时代晚期遗址中,有一部分为洞穴堆积,其中多数遗址都有绝对年代测定,如果能结合动物群所反映的气候特征和时代特征进行综合判断,可以丰富我们在泥河湾盆地确定的年代标尺。

山顶洞遗址最早根据常规^{14}C为10470±360年(标本来自L4),铀系法为19000±1000年(标本无层位),加速器质谱^{14}C测定山顶洞文化层堆积的年龄为距今2.7万年左右,而下窨是从3.4万年开始堆积的。根据动物群资料,山顶洞遗址中的果子狸和猎豹都是现今生活在南方的动物,说明山顶洞人生活时期的气候应当是比较温暖、湿润的,而1.8万年前后正是末次冰期的极盛期,2.7万—3.4万年期间相当于全球气候变化曲线上的阶段3,是一个相对暖湿的时期。因此,山顶洞遗址的年代应当为距今2.7万—3.4万年[①]。

小孤山遗址的第三层为角砾、砾石夹黄褐色黏土质粉砂层。此层在洞口附近厚达2米以上,出土了一些骨角制品、石制品和动

[①] 陈铁梅:《山顶洞遗址第二批加速器质谱^{14}C年龄数据与讨论》,《人类学学报》1992年第2期。

物化石。热释光年代测定为 40000±3500 年[1]，这一年代数据明显早于峙峪文化期。也有学者认为这一年代数据明显偏大，应在 2万—3万年之间[2]，如果是这样的话，那应和峙峪文化期相当。

塔水河遗址的年代为距今 2.6 万年。发现的动物化石有犀牛 (*Coelodonta* sp.)、赤鹿 (*Cervus elphus*) 斑鹿 (*Cervus grayi*)、岩羊 (*Pseudois* cf. *nayaur*)、绵羊 (*Ovis* sp.)[3]。

河南安阳小南海遗址下部 ^{14}C 测年为 24100±500 年。发现的动物化石有披毛犀、最后鬣狗、洞熊、野驴、普氏羚羊等和鸵鸟[4]。

山西和顺当成背窑湾的绝对年代为 31495±1570 年、28730±1175 年。伴生的动物化石有最后鬣狗、普氏野马 (*Equus przewalskyi*)、披毛犀、骆驼、河套大角鹿 (*Megaloceros ordosianus*)、赤鹿、东北狍 (*Capreolus manchuricus*)、普氏羚羊、鹅喉羚 (*Gazella* cf. *subgutturosa*)、岩羊 (*Pseudois* cf. *nayaur*)[5]。

上述三个洞穴遗址的绝对年代都在距今 2.6 万—3.5 万年之间，动物群的性质也基本相同，多数种属为现生种，少数为绝灭种，和绝对年代的测定结果比较吻合。

但还有几个洞穴遗址缺乏绝对年代测定：

陕西韩城禹门口，由于出土的化石比较破碎，能够鉴定到种属

---

[1] 张镇宏等：《辽宁海城小孤山遗址发掘简报》，《人类学学报》1985 年第 1 期。
[2] 王幼平：《中国远古人类文化的源流》科学出版社 2005 年版。
[3] 陈哲英：《陵川塔水河的旧石器》，《文物季刊》1989 年第 2 期。
[4] 安志敏：《河南安阳小南海旧石器时代洞穴遗址的试掘》，《考古学报》1965 年第 1 期。
[5] 吴志清、孙炳亮：《山西河顺当城旧石器时代洞穴遗址群初步研究》，《人类学学报》1989 年第 1 期。

的动物很少,因此很难和其他遗址进行对比。原研究者认为其时代早于峙峪遗址[①]。

河北承德四方洞,动物化石有中华鼢鼠(*Myospalax fontanieri*)、鹿类(*Cervus* sp.)、牛(*Bos* sp.)、犀牛(*Rhinoceros* sp.)、野兔(*Lepus* sp.)等。由于出土的动物化石比较破碎,可以鉴定到种属的很少,能鉴定到种属的又不见时代标志鲜明的种类,同禹门口遗址一样,仅根据动物化石很难确定其时代。从地质地貌情况来看,该洞口开口很低,堆积情况和附近二级阶地相对应,因此其时代不应早于晚更新世,因此定为旧石器时代晚期[②]。

对于这两个遗址的年代,承德四方洞由于可以和附近二级阶地的堆积进行对比,估计其年代也应该和其他洞穴年代一样,在距今2.6万—3.5万年之间。禹门口的年代也应在这一年代范围内。

总之,中国北方旧石器时代晚期洞穴遗址的年代应该在距今2.6万—3.0万年之间,个别遗址可能早到3.5万年前后。和泥河湾盆地旧石器时代晚期的峙峪文化期年代基本相当。

(三)冀东和北京地区的旧石器时代晚期遗址

20世纪80年代以后,中国科学院古脊椎动物与古人类研究所与河北省文物研究所在北京市和冀东秦皇岛、唐山一带进行了几次较大规模的调查,发现了一批重要的旧石器时代文化遗址。

孟家泉遗址位于河北省玉田县城东约3公里的石庄村北200

[①] 刘士莪、张洲:《陕西韩城禹门口旧石器时代洞穴遗址》,《史前研究》1984年第1期。

[②] 刘士莪、张洲:《陕西韩城禹门口旧石器时代洞穴遗址》,《史前研究》1984年第1期。

米,遗址西依荣辉河,处于京秦公路和京坨公路之间,地理坐标为 $39°52'$N、$117°47'$E。根据地层对比及所在地貌位置,原作者认为孟家泉遗址的时代大致与附近河流二级阶地的形成时期相当。文化层中含有大量的哺乳动物化石,但能鉴定到种的不多,主要有诺氏古菱齿象(*Paleoloxdon namdicus*)、披毛犀、普氏野马、野驴、原始牛(*Bos primigenius*)、赤鹿、葛氏斑鹿、虎(*Panthera tigris*)。在这些动物群中诺氏古菱齿象、披毛犀、原始牛、葛氏斑鹿是晚更新世的典型动物,其他动物为现生动物,因此遗址的相对年代应为晚更新世晚期[1]。

淳泗涧遗址位于昌黎县城东北 2 公里处,地理坐标为 $119°10'$E、$39°44'$。该地点背靠燕山余脉亮甲山,南为平原,京山铁路从地点南部穿过,东南 14 公里为渤海。淳泗涧南为饮马河,东北为东沙河,两河向东注入渤海。地点附近的山前地带为饮马河的支流,支流两岸有两级阶地发育。二级阶地紧靠山脚,石制品发现于二级阶地堆积的上部,文化层直接位于震旦系硅质灰岩上,厚 2.8 米,上覆 0.2 米厚的耕作层[2]。

迁安爪村旧石器地点位于迁安县城东南约 10 公里处,发掘点在原公社所在地西约 500 米处。1958 年发现的石制品和哺乳动物化石位于滦河二级阶地上,高出河水面约 20 米,1973 年发现的石制品位于同一级阶地,只是层位略高一些。爪村出土的动物群与丁村动物群、许家窑动物群和萨拉乌苏动物群性质基本相似,但

---

[1] 河北省文物研究所等:《河北玉田孟家泉旧石器遗址发掘简报》,《文物春秋》1991 年第 1 期。

[2] 河北省文物研究所等:《河北昌黎淳泗涧细石器地点》,《文物春秋》1992 年增刊。

在爪村动物群中没有德永氏象（*Palaeoloxodon* cf. *tokunagai*）、梅氏犀（*Dicerorhinus mercki*）和葛氏斑鹿、裴氏转角羊（*Spiroceros peii*）。上述四种动物被认为是延续到更新世较早阶段的中更新世代表动物，前三种见于丁村动物群，后两种见于许家窑动物群，萨拉乌苏和爪村都没有这些动物，因此可以认为二者年代相当，依铀系法研究萨拉乌苏的年代为3.7万—5万年，爪村为4.2万—5万年，同属于旧石器时代晚期。又根据软体动物化石、孢粉化石和介形虫的研究认为含石器的地层比较新，故其时代为晚更新世后期[①]。

1996年发现的王府井东方广场遗址是一处重要的旧石器时代晚期遗址，根据[14]C测定的数据，遗址的年代为22670a±300a B.P.，1997年在该遗址附近的中银大厦又发现一处旧石器晚期遗址，时代和前者相当[②]。

位于北京地区和冀东地区的这些旧石器时代晚期遗址主要分布在河流的二级阶地上，但爪村的年代最早，淳泗涧遗址位于二级阶地的上部，时代可能最晚，孟家泉遗址的年代应该和它相差不大。如果和泥河湾盆地的旧石器晚期文化相对比，亭泗涧遗址、孟家泉遗址的年代和以虎头梁为代表的细石器文化相当，爪村遗址的年代比以峙峪遗址为代表的年代早一些，应属于另一个较早阶段的文化期。王府井东方广场的年代比峙峪文化期略晚一点，但可以视为同一个文化期。

（四）山西南部地区

[①] 张森水:《河北迁安县爪村地点发现的旧石器》,《人类学学报》1989年第2期。
[②] 李超荣、郁金城、冯兴无:《北京市王府井东方广场旧石器时代遗址发掘简报》,《考古》2000年第9期。

山西南部的旧石器时代晚期文化主要有丁村7701地点、下川遗址、薛关遗址和吉县柿子滩遗址。

丁村7701地点位于汾河二级阶地底砾层中,同层原生蚌壳所测得年龄为26400±800年[①]。

下川文化位于山西沁水县下川地区,位居中条山东端,在富益河的二级阶地上存在上下两个文化层,上文化层为典型的细石器,即通常所谓的"下川文化",下文化层为石片石器,根据 ^{14}C 年代测定,一般认为其上文化层的年代为2.3万—1.6万年,但个别地点的测年数据还要更晚一些,下文化层的年代为距今3万年[②]。

薛关遗址和柿子滩遗址的地理位置比较接近,地层剖面和绝对测年以及动物化石都可以对比,前者的绝对测年为距今1.35万年[③],后者为距今1.6万—1.0万年[④],和虎头梁遗址的年代相当。

和泥河湾盆地的旧石器时代晚期文化相比,下川下文化层和丁村7701地点的年代相当于峙峪文化期,薛关遗址和柿子滩遗址和虎头梁文化期的年代相当或略早一些,而下川上文化层的年代介于二者之间。

(五)河套地区和甘肃东部遗址群

河套地区的旧石器时代文化有两种类型:一种是以宁夏灵武

---

① 王建、陶富海、王益人:《丁村旧石器时代遗址群调查发掘简报》,《文物季刊》1994年第3期。

② 王建、王向前、陈哲英:《下川文化——山西下川遗址调查报告》,《考古学报》1978年第3期。

③ 王向前、丁建平、陶富海:《山西蒲县薛关的细石器》,《人类学学报》1983年第2期。

④ 山西临汾行署文化局:《山西吉县柿子滩中石器文化遗存》,《考古学报》1989年第3期。

水洞沟遗址为代表的石叶工业,一种是以萨拉乌苏遗址为代表的小石器工业。

萨拉乌苏河是黄河支流无定河的上游,在乌审旗的大沟湾一带,无定河在50—80米深的峡谷中穿行,在峡谷的峭壁上露出一套约60米的湖相地层,这套地层由细沙、淤泥和风成沙丘构成。河套人化石就埋在距地表45米深的地层中,其中含有大量的哺乳动物化石,在地质学上被称为"萨拉乌苏组",长期以来被作为华北晚更新世标准地层。萨拉乌苏发现的哺乳动物化石有诺氏古菱齿象、野驴、野马、披毛犀、普氏羚羊、河套大角鹿、原始牛、王氏水牛(*Bubalus wansjocki*)、赤鹿等。在这个动物群中食草类占的比例最大,说明当地环境以草原为主,但同时有水牛与象类化石存在,说明当时环境比较温暖、湿润,应有树林与水域存在。根据^{14}C和铀系法测年,萨拉乌苏的年代为距今5万—3.5万年,结合环境特点应相当于阶段3[1]。近年来研究认为萨拉乌苏遗址的年代应该大于7万年[2]。

甘肃环县赵家岔遗址地层剖面下部为一套砾石层,中部为杂色湖相沉积,最上部为一段马兰黄土。石制品均出自中部的湖相地层中,伴生的动物化石有披毛犀、普氏野马、野驴、河套大角鹿、赤鹿、普氏羚羊、原始牛等,和萨拉乌苏动物群十分相似。原作者认为和峙峪遗址的年代相当,但也有学者根据文化性质认为早于峙峪而和许家窑遗址的年代相去不远。考虑到这些意见,把刘家岔遗址的年代置于阶段3的早期即5万—3.5万年比较合适,和

---

[1] 黄慰文:《中国旧石器时代晚期文化》,载吴汝康等:《中国远古人类》,科学出版社1989年版。

[2] 尹功明、黄慰文:《萨拉乌苏遗址范家沟湾地点的光释光年龄》,载高星、刘武:《纪念裴文中教授百年诞辰论文集》,中国科学院古脊椎动物与古人类研究所2004年版。

萨拉乌苏遗址的年代相当。其他如甘肃泾川南峪沟和桃山嘴、甘肃镇原黑土梁发现的旧石器遗址的地层剖面和动物群与赵家岔遗址相比基本相同,应属于同一时期的文化①。

水洞沟遗址的年代位于宁夏回族自治区首府银川市东南 30 公里、灵武县城以北 46 公里,地理坐标为东经 106°29′、北纬 38°21′。这一地区第四纪的沉积主要位于第三纪末期剥蚀丘陵的凹地之中。具体到水洞沟遗址的地层剖面大致可分三个单元:上部为一套粉沙、细沙、黏土的交互层,属于全新世的堆积;中部为灰黄色黄土状粉沙层即水洞沟文化层,时代为更新世晚期;下部为第三纪红黏土层。下部与中部、中部与上部之间皆有侵蚀面。水洞沟遗址的年代已有多组测年数据,^{14}C 测定动物化石和钙质结核分别获得 16760±210 年和 25450±800 年②,铀系法测定同层的动物化石为 38000±2000 年和 34000±2000 年③。最近根据烧火面所确定的年代,证实了水洞沟存在于距今 2.9 万—2.4 万年④。

小口子遗址位于水洞沟北,距水洞沟直线距离约 500 米,地处长城以北,按现在行政区划属于内蒙古自治区伊克昭盟鄂托克旗。石制品全部为地表采集,类似的遗址在前套平原到山西西北的黄河岸边都有发现,在时代上晚于水洞沟遗址,但应早于距今 1 万年,类似遗址的 ^{14}C 测年为距今 10020±60—11660±70 年,可能

---

① 甘肃省博物馆:《甘肃环县刘家岔旧石器时代遗址》,《考古学报》1982 年第 1 期。
② 黎兴国等:《河套人及萨拉乌苏文化的年代》,载《第一次全国 ^{14}C 学术会议论文集》,科学出版社 1984 年版。
③ 原思训、陈铁梅、高世君:《用铀子系法测定河套人和萨拉乌苏文化的年代》,《人类学学报》1983 年第 1 期。
④ 高星等:《水洞沟新的年代测定及相关问题》,《人类学学报》2002 年第 3 期。

由于所处的地理位置不利于黄土沉积,故一直裸露于地表,估计应和虎头梁遗址的年代相当或稍晚一些。

总的来看,西部地区的旧石器时代晚期文化的年代虽然也可以划分为三个阶段:早期为萨拉乌苏文化期,代表遗址为赵家岔和萨拉乌苏,绝对年代为距今5万—3.5万年相当于氧同位素阶段3的早期;中期以水洞沟遗址为代表,相当于峙峪文化期;晚期以小口子为代表,与虎头梁期的年代大致相当。

(六) 其他地区

山东、苏北地区已发现多处细石器遗存,但只有江苏东海县大贤庄遗址具有绝对测年数据,为距今1.6万—1万年[①]。从遗址的地层描述来看,这一测年数据可靠。其他遗址的年代也大致相同,和泥河湾盆地的虎头梁遗址、山西南部的柿子滩、薛关遗址应属于同一文化期。

河南舞阳大岗也是一处细石器遗址,但在细石器的上部直接覆盖着裴李岗时期的文化层,意味着细石器的年代可能已接近旧石器时代末期向全新世过渡阶段[②]。

上述遗址都可以划为虎头梁文化期。

根据上面的论述,我们可以将中国北方旧石器时代晚期文化划分为三个阶段即萨拉乌苏文化期、峙峪文化期和虎头梁文化期,其绝对年代分别为5万—3.5万、3.5万—2.3万、2.3万—1.0万年,分别相当于全球气候变化曲线中氧同位素阶段3的早期、阶段

---

① 张森水:《小口子史前地点发现的石制品研究》,《人类学学报》1999年第2期。
② 葛治功、林一璞:《大贤庄的中石器时代细石器——兼论我国细石器的分期与分布》,《东南文化》1985年第1期。

3的晚期和阶段2的晚期(表6—1)。

表6—1 中国北方旧石器时代晚期文化的分期

绝对年代 (万年)	深海氧同 位素阶段	文化分期	主要遗址
2.3—1.0 (主要在 1.6—1.0)	阶段2晚 期	虎头梁 文化期	下川、虎头梁、薛关、呼玛十八站、 西八间房、油坊、小口子等
3.5—2.3 (主要在 3.0—2.6)	阶段3晚 期	峙峪文化期	山顶洞、峙峪、小孤山、禹门口、育红河、 丁村7701地点、小南海、刘家岔、水洞沟、 塔水河、神泉寺、西白马营等
5—3.5	阶段3早 期	萨拉乌苏 文化期	甘肃东部遗址群、萨拉乌苏、 迁安爪村、小孤山(?)

二、中国北方旧石器时代晚期文化的分区

如前所述,从20世纪80年代末,学者对中国北方旧石器时代晚期文化特点已开始进行全面总结,这里拟在前人研究的基础上,按照考古学文化区系类型的思想对北方地区旧石器时代晚期文化的发展过程进行探讨。

(一)萨拉乌苏期

到目前为止属于这一阶段的文化主要有西部的甘肃东部遗址群、萨拉乌苏遗址和东部的迁安爪村遗址,按照现在公布的绝对年代小孤山遗址也属于这一时期。

萨拉乌苏遗址的石器原料为黑色的硅质岩砾石,也有少量石英岩,这些砾石来自数十公里以外的产地。砾石很小一般只有2—4厘米,因此制成的石器很小,一般为长2—3厘米、宽1厘米,重量在1—2克左右的数量最多。制作石器的毛坯是以锤击法剥取的石片,但从一部分很规整的柱状石核来看,间接打制法可能已

经存在。石器修理技术比较进步疤痕细小,刃口整齐,石器组合中以各类刮削器为最多,其次为端刮器、尖状器、雕刻器、钻具等,其中端刮器最为引人注目,全部为短身类型,形状规整①。

甘肃环县刘家岔遗址位于黄土高原西部,1977年发掘并挑选出石制品1022件,其中石器487件。石器原料90%以上为石英岩砾石,其余为硅质灰岩、脉石英和砂岩。该遗址打片主要用锤击法,但也有砸击法。石片一般不规则,但出现修理台面的石片。石器用锤击法修理,刃缘一般不平齐。石器类型仍以刮削器为主,按照刃形和刃量还可以划分为不同类型,另外还有端刮器、尖状器、雕刻器、砍砸器和石球②。

迁安爪村的旧石器始发现于1958年,最初认为是假石器,1973年进一步工作后认为这些石制品的人工性质可以确定,目前共发表21件标本。石制品的原料主要为燧石,另外还有少量的石英、石英岩、火成岩和硅质灰岩。石制品中包括锤击石核2件、锤击石片10件、砸击石片4件、单直刃刮削器2件、尖状器、砍砸器各1件,具有雕刻器打法的石器1件。从石制品上观察,锤击打片技术达到一定水平,石片比较规整;从石片破裂面和背面的打击点相当散漫来看,可能使用了软锤技术,与此相反,砸击技术趋向衰落。石制品以大中型者居多,占一半以上,小型者稍少一些。石器除1件为片状毛坯外,其余皆为块状毛坯,它们都属于大型工具,

---

① 黄慰文:《中国旧石器时代晚期文化》,载吴汝康等:《中国远古人类》,科学出版社1989年版。黄慰文、侯亚梅:《萨拉乌苏遗址的新材料——范家沟1980年出土的新材料》,《人类学学报》2003年第4期。

② 甘肃省博物馆:《甘肃环县刘家岔旧石器时代遗址》,《考古学报》1982年第1期。

修理石器时可能使用了软锤技术①。

总的来看，这一阶段石制品的总体特征仍然保持一致，整个北方地区均属于石片石器，但已经出现了软锤技术、间接技术等比较进步的文化因素。在萨拉乌苏遗址中精心修整的端刮器显示石器制作技术已经表现出了一定的进步性，选择石料的范围虽然仍主要在遗址附近，但是一旦需要，他们也会到数十公里以外寻找石料。

（二）峙峪文化期

属于这一阶段的文化有山顶洞遗址、峙峪遗址、小孤山遗址、禹门口遗址、育红河遗址、丁村7701地点、下川遗址、小南海遗址、刘家岔遗址、水洞沟遗址等。

山顶洞遗址出土的石制品总共有25件，包括石核、砸击石片、锤击石片、刮削器、砾石石器；石制品的原料主要为脉石英，其次为砂岩和燧石；打片使用锤击法和砸击法，第二步加工粗糙。山顶洞遗址中发现大量的艺术品，其中最有代表的是骨针1件，针眼是用尖状器剔挖而成；有磨痕和刻纹的赤鹿角1件，有人认为是"指挥棒"。另外还有大量的装饰品包括穿孔石珠7件、穿孔砾石1件、穿孔鱼骨1件、穿孔兽牙125件、骨管4件、穿孔海蚌壳3件②。

小孤山遗址石制品原料来自当地河滩，脉石英占绝大多数，只有少量的几件用石英岩、玉石和闪长岩制作。打片使用锤击法和砸击法两种方法，尽管脉石英不是一种理想原料，但标本中仍不乏形状比较规整的长石片，说明打片技术已达到相当高的水平。石器修理主要使用锤击法。石器中刮削器仍是主要类型，数量最多，按照刃部形态可

---

① 张森水：《河北迁安县爪村地点发现的旧石器》，《人类学学报》1989年第2期。
② 裴文中：《周口店山顶洞之文化》，载《裴文中科学论文集》，科学出版社1990年版。

以划分为单刃、双刃、圆刃、拇指盖状和吻状等;尖状器加工精制可能使用了"指垫法",锥钻类器形稳定,有一定数量的多面体石球,另外还有雕刻器和手斧等工具。小孤山遗址最富有特点的文化遗物是骨制品和装饰品,包括双排倒钩鱼叉1件、标枪头1件、骨针3件、穿孔牙齿完整116个、残破9个、穿孔蚌壳1件。在加工这些工具时除了采用刮、磨等技术外,钻孔技术采用了两边对钻和先挖后钻等工艺,和山顶洞同类器物相比,加工方法要先进一些[①]。

峙峪遗址石料主要为脉石英,另有少量燧石结核。从整体来看,峙峪遗址仍然以硬锤直接打击生产石片,而且还有一定数量的砸击制品,因此应属于华北小石器文化传统。从石器类型来看,刮削器仍是主要器类,并可根据刃缘的形态、数量等分成若干类型;尖状器在遗址中数量较多,比较多的是把两侧边向两端修理成尖;加工方向有错向和同向之分,其中有一件菱形尖状器,加工方法特殊。雕刻器根据刃缘所在的部位分屋脊形雕刻器和角雕刻器。此外还有石镞、斧形小石刀和小型砍砸器各一件[②]。

河南安阳小南海是一处石灰岩洞穴遗址,洞穴高出当地河面60米,1960年和1978年曾两次进行发掘,获得大量的石制品、动物化石和用火证据。石器原料中主要为燧石,其余为石英、石髓和石灰岩。主要用锤击法打片,所产生的石片一般不规则,但也有一些似石叶制品。石器类型单调主要为刮削器、端刮器、尖状器和石钻[③]。

陕西大荔育红河共出土石制品4080件,石制品原料以石英岩

---

① 张镇宏等:《辽宁海城小孤山遗址发掘简报》,《人类学学报》1985年第1期。
② 贾兰坡、盖培、尤玉柱:《山西峙峪旧石器时代遗址发掘报告》,《考古学报》1972年第1期。
③ 安志敏:《河南安阳小南海旧石器时代洞穴遗址的试掘》,《考古学报》1965年第1期。

居多,占石器总数的 51.4%,燧石略少,占 44.6%,脉石英很少。从石核和石片来看,锤击法为主,砸击法较少,有 4.4% 的标本使用了间接打击法,有些标本使用了修理台面技术,有的石核上遗留的石片疤浅而狭长。石器的第二步加工以锤击法为主,但偶尔使用压制法。石器的形体以小型为主,类型以刮削器为主,尖状器是重要成员,另外还有砍砸器、雕刻器、石锥、斧形器、石镞、石球等①。

陕西韩城禹门口的石制品所在层位含石灰岩角砾的黄土状粉沙层,共出土 1202 件,石制品以燧石和石英岩为主要原料,打片和修正采用锤击法。石器类型主要为边刮器,此外还有端刮器、凹缺刮器、尖状器和钻具。石器主要为小型。年代为旧石器时代晚期②。

青海省海西蒙古族藏族自治州大柴旦镇东南小柴旦镇盆地内,1982 年发现,1983 年、1984 年进行了较大规模的发掘。1998 年中国社会科学院考古研究所采集到 700 多件标本,包括石核、石片、石锤、刮削器、砍砸器、石钻等,还有细石器的石核和石器③。

宁夏灵武水洞沟遗址所采用的原料主要是白云岩砾石,其次为石英岩和燧石,还有少量的玛瑙,是典型的石叶工业,石叶和生产石叶的石核的绝对数量远远高于普通石核与石片。遗址中还存在一定数量的勒瓦娄哇石核与石片,上述两种石核都属于预制石核,普通石核在遗址中数量不多。在一个遗址如此普遍地采用预置技术生产石叶作为制作石器的毛坯,在旧大陆西侧比较普遍,而在中国,

---

① 高星:《陕西大荔育红河村旧石器地点》,《考古学报》1990 年第 2 期。
② 刘士莪、张洲:《陕西韩城禹门口旧石器时代洞穴遗址》,《史前研究》1984 年第 1 期。
③ 刘景芝等:《青海小柴达木湖遗址的新发现》,《中国文物报》1998 年 11 月 8 日。

水洞沟遗址是目前发现的惟一一处。水洞沟遗址的石器主要以石叶和三角形石片为毛坯,石器类型主要包括尖状器、端刮器、凹缺刮器、各类边刮器包括单边直刃、双边直刃和半月形等,还有雕刻器和钻具。尖状器数量最多,修理精致,应该采用了"指垫法",形状规整,有些尾部进行了修整,可能为装柄使用。端刮器可分长身和短身两类,边刮器数量最多,但也都经过仔细修理,还有一部分石叶可能是作为复合工具的刀片使用的。在水洞沟遗址中还发现了骨器和装饰品,有骨锥一件,残长近60毫米,上端较尖,周围有磨制的痕迹,锥身不圆,下端残破,系斜向劈开,器身不规整;装饰品只有鸵鸟蛋皮装饰品1件,横径16.4毫米,长径18.9毫米,周围有单面磨光的痕迹。中间系一人工圆孔,是刮制而成。虽然骨制品和艺术品不多,但说明当时已经有磨制、穿孔和染色等技术[①]。

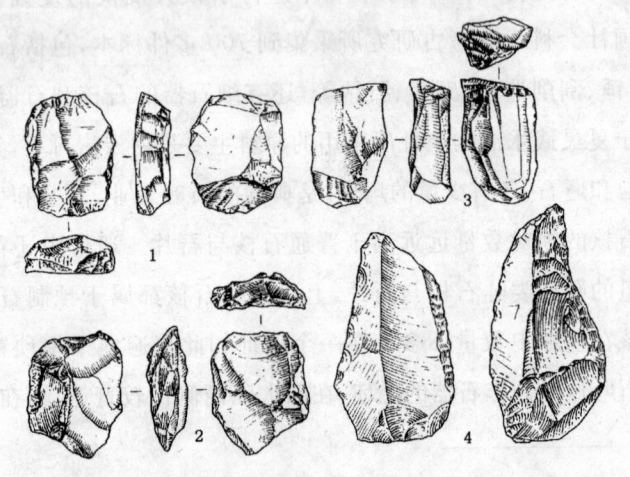

图6—2 水洞沟遗址的石制品(据王幼平,2005)

---

① 黄慰文:《中国旧石器时代晚期文化》,载吴汝康等:《中国远古人类》科学出版社1989年版。

最近在东北地区也发现了典型的石叶工业,时代和水洞沟遗址相当[①]。

丁村 7701 地点的石器可以划分为两个类群:一类是"粗壮石器",主要以角页岩为原料,也有灰岩,包括石核、石片、刮削器、砍砸器和石球,与这一地区早期旧石器工业有一定联系;另一类为细石器,包括锥形石核、楔形石核、细石叶等典型的石叶制品,石器类型有雕刻器、锥钻、端刮器、石核式小刀、尖状器、边刮器等[②]。

在峙峪文化期,中国北方地区旧石器文化大致可以划分为三个文化区(表6—2),以水洞沟遗址为代表的西部和东北地区的旧石器文化和中国北方其他旧石器文化表现出完全不同的特点,表现为成熟的石叶技术、勒瓦娄哇技术、广泛使用的压制技术以及一系列特征鲜明的工具。而在山西南部地区则可能出现了比较成熟的细石器技术。但这两种文化的分布范围都非常有限,在中国北方的大部分地区,无论是洞穴类型的堆积还是露天遗址仍然保持中国北方的石片工业特点,但这些石制品中也出现了压制法打片、"指垫法"修理工具等技术因素,尤其重要的是在一些遗址中出现了骨角器和艺术品甚至使用赤铁矿粉埋葬死者的现象。

(三)虎头梁文化期

属于这一阶段的遗址发现很多,主要有:虎头梁、薛关、呼玛十八站、西八间房、油坊、小口子等。

---

① 陈全家、张乐:《吉林延边珲春北山发现旧石器》,《人类学学报》2004年第2期。陈全家、王春雪、方启等:《延边地区和龙石人沟发现的旧石器》,《人类学学报》2006年第2期。

② 王建、陶富海、王益人:《丁村旧石器时代遗址群调查发掘简报》,《文物季刊》1994年第3期。

下川的石器工业是典型的细石器工业,细石核类型众多,包括锥状、柱状、楔状等,石器类型包括短身端刮器、尖状器、石镞,都是中国典型细石器工业的代表型器物,但琢背小刀、石核式石器、三棱尖状器是下川遗址的特色器物[①]。

虎头梁文化石制品的原料主要是一种色彩斑斓的隐晶硅质岩,另外还有少量的泥岩、玉髓、玛瑙等。这些石料多数种类在遗址附近都没有发现,主要来自数十公里以外的地区,在将石料运输到遗址前,进行了有意识的去粗取精工作。从石核和石片来看,打片使用了多种方法,有锤击法、砸击法、压制法,锤击法中还使用了软锤技术,但这些打片方法在石制品中的地位有着很大的区别,砸击法只在非常偶然的情况下被使用,软锤法和压制法使用得很普遍。从遗址中出土的处于不同阶段的楔形石核可以看出,生产细石叶的楔形石核很有特色,从预制到剥片由一系列步骤构成一个完整的程序[②]。

蒲县薛关遗址位于薛关村西约 1 公里的黄河支流昕水河的左岸,薛关一带共有四级阶地,一、二级阶地为全新世,三级阶地为晚更新世。阶地上部位灰黄色粉砂层,下部为砾石层,总厚度为 20 米,文化遗物出自上部灰黄色的粉沙土中,1979—1980 年曾两次进行发掘,获得石制品 4000 多件,伴生的动物化石有野马、野驴、羚羊、牛、鹿和鸵鸟等,绝对年代测定为 1.35 万年。薛关遗址原料主要是燧石,石英岩次之,还有少量的角页岩,石料来自附近的砾石层。细石核有楔形、船底形、半锥形、似锥形漏斗形,其中船底形占的比例较大,这一点和下川不同而与丁村 7701 地点相似。石器

---

① 王建、王向前、陈哲英:《下川文化——山西下川遗址调查报告》,《考古学报》1978 年第 3 期。

② 同上。

组合包括端刮器、刮削器、尖状器、雕刻器、琢背小刀等。和下川的石器工业相比,下川的琢背小刀很少见于薛关,而薛关的半月形刮削器和两端尖状器也鲜见于下川①。

呼玛十八站位于黑龙江呼玛县十八站附近呼玛河左岸第二阶地上,1975—1976年发掘的石制品中有楔形石核,其工艺技术和虎头梁遗址中同类制品一致②。

大兴屯遗址位于黑龙江昂昂溪东南18公里,出土一件细石核。顾乡屯位于黑龙江省哈尔滨市郊温泉河畔,自20世纪20年代以来,一直有动物化石和石制品出土,时代属于旧石器时代晚期到新石器时代早期,其中也有一些细石器制品③。

辽宁凌源西八间房遗址年代为旧石器时代之末,其中也有一些石制品显示出细石器特征,但是上述几个遗址发现的石制品都非常少④。

小口子的石制品可以划分为两种类型:一类为非细石器制品,加工精制、形制规整,清楚可见用"指垫法"修理,显示和水洞沟文化有一定的联系;另一类为细石器,细石核为楔形石核,估计和虎头梁文化有一定关系⑤。

在虎头梁文化期,中国北方旧石器文化已经完全演变为细石

---

① 王向前、丁建平、陶富海:《山西蒲县薛关的细石器》,《人类学学报》1983年第2期。

② 文本亨:《呼玛十八站旧石器地点》,《中国大百科全书·考古卷》,中国大百科全书出版社1986年版。

③ 张镇洪:《辽宁地区远古人类及其文化的初步研究》,《古脊椎动物与古人类》1981年第2期。

④ 辽宁省博物馆:《凌源西八间房旧石器时代文化地点》,《古脊椎动物与古人类》1973年第2期。

⑤ 张森水:《小口子史前地点发现的石制品研究》,《人类学学报》1999年第2期。

器文化。但根据笔者研究,这一时期的细石器文化可以划分为两个类型[①]:一类为下川类型,其核心技术——楔形石核的特征首先是先确定台面,而且台面多为自然面、节理面等,说明细石叶生产者在选材时已考虑到这一点,而对楔状缘的修整在后;其次在对楔状缘的修整时根据坯材的不同,或对一侧或对两侧,或从台面向楔状缘或从楔状缘向台面进行修整。这些方法看来没有固定的程序,主要是因坯材的情况随机而定。下川类型的遗存是中国细石器文化的主要类型,除华北地区以外,在华南甚至西南、中南地区都有一定的分布;另一种类型为虎头梁类型,其主要特征是先修理楔状缘后修理台面,而且修理楔状缘时使用了一种特殊的双面技术,这种双面技术与手斧的制作技术惊人地相似,尤其是其中的去薄技术。虎头梁文化主要分布在泥河湾盆地、东北地区,并对吕梁山区等少数地区的旧石器文化产生一定的影响。

总的来看,中国北方旧石器时代晚期文化经历了三个阶段:早期大约相当于阶段 3 的早期,距今 5 万—3.5 万年,在整个中国北方地区仍然保持着以小石片—刮削器为特征的石器文化类型;中期大约相当于阶段 3 晚期,年代为距今 3.5 万—2.6 万年,中国北方旧石器文化出现分化和交流,以石片—刮削器为特征的旧石器文化,仍然保持统治地位,但在有些遗址中出现大量的骨角器表明文化进入了一个新的发展阶段,同时在西北地区和山西西南部出现两种新的文化类型,即石叶文化和细石叶文化;晚期大约相当于阶段 2 的晚

---

① 杜水生:《楔形石核的类型划分与细石器起源》,载高星、刘武:《纪念裴文中教授百年诞辰论文集》,中国科学院古脊椎动物与古人类研究所 2004 年版。

期,石器文化完全演变为细石器工业,但是从石器的制作工艺来看,可以划分为两个类型——以虎头梁为代表的虎头梁类型主要分布在泥河湾盆地和东北地区,而以下川为代表的下川文化分布范围大得多,并且延续到新石器时代,是中国细石器文化的主要类型。

表6-2 中国北方旧石器时代晚期文化的分期与分区

绝对年代 (万年)	深海氧同位素阶段	文化分期	文化分区	
2.3—1.0 (主要在 1.6—1.0)	阶段2 晚期	虎头梁文化期	下川型细石器文化	虎头梁型细石器文化
3.5—2.3 (主要在 3.0—2.6)	阶段3 晚期	峙峪文化期	山西南部的细石器文化	小石片—刮削器文化	西北地区、东北地区的石叶文化
5—3.5	阶段3 早期	萨拉乌苏文化期	小石片—刮削器文化	

从文化发展的编年来看,丁村7701地点是目前中国北方年代最早的细石器文化遗址,和下川文化的文化性质十非相似,因此,关于下川文化的渊源,很自然使人们想起丁村7701地点。但是,与丁村7701地点同时的遗址中除了水洞沟遗址和东北地区个别地点外,中国北方均为小石器工业,而比丁村7701地点更早的遗址也都属于小石器工业,这使得丁村7701地点成为一个孤岛,无论是从文化发展还是从文化传播的观点来看,说丁村7701地点的旧石器文化来源于小石器工业都显得难以理解。

如果不考虑丁村7701地点,根据目前的年代数据,下川遗址的最早年代和小石器文化之间还存在数千年的缺环,从时间上看下川的细石器文化起源于中国北方的小石器工业不是没有可能,事实上如果考虑到在下川文化前中国北方的水洞沟遗址已经出现了比较成熟的石叶工业,一些生产细石核的关键技术已能熟练运用,而且同一时期的小石器工业中也出现了一些进步的技术因素,那么,从文化发展的趋势来看,从小石器工业中产生细石器文化,也是可能的,但是要在文化谱系上完成这一假说,还需要更加精细的资料。

近些年来,有学者提出塔水河遗址中出现原始细石核,也有学者据此提出细石器起源于塔水河遗址的看法[①],但是根据笔者的研究,塔水河遗址是制品的性质与细石器文化仍有相当的距离。首先,从打片和修理技术来看,塔水河人仍然使用硬锤直接打片法生产石片,但技术娴熟,能够在较大的台面角的石核上生产石片,甚至较薄的石片,存在一定数量的石叶制品,但没有发现明显软锤技术和压制技术打片的例证,仅有个别标本的修理可能使用了软锤技术;其次,调整台面是细石叶生产过程中经常使用的技术,在塔水河遗址的石制品中有几件标本中有修理台面的痕迹,但由于数量太少,很难说明塔水河人已经掌握了这种技术,而且在同一工作面上连续生产石片的能力有限;第三,从石片的背脊来看,石片中单一纵向背脊占全部石片的32.6%,两侧平行的石片占27.8%,说明塔水河人已经懂得利用背脊来控制石片的形状,但是仔细分析以后发现,在单一纵向背脊中背脊由多片疤构成的33件,占这类石片的37.5%,主要由节理面组成单一背脊的19件,占这类石片的21.6%;而具有两条纵向背脊的石片只有30件,仅占全部石片的11.1%,其中两条背脊平行的只有14件占有两条纵向背脊的石片的46.7%,占全部石片的

[①] 卫奇:《塔水河遗址发现原始细石器》,《元谋人发现三十周年纪念暨古人类国际学术研讨会论文集》,云南科技出版社1998年版。陈哲英:《中国细石器起源于华北的新证据——塔水河石制品再认识》,《中国史前考古学研究》,三秦出版社2003年版。王幼平:《中国远古人类文化的摇篮》,科学出版社2005年版。

5.2%;说明他们在利用背脊控制石片方面仍处于初级阶段,获得背脊的方式不是主动生产,而是尽可能选择已有棱脊的材料作为剥片时的背脊,在获得一个背脊并生产一个石片后,很难在同一工作面上继续形成新的纵向背脊生产石片[1]。据王建、王益人的研究,在下川细石核的预制过程中修理出一纵向棱脊是生产细石叶技术流程中不可缺少的一个环节[2]。

  探索细石器的起源不应该仅仅注意个别标本在形态上的相似与否,而应在前细石器文化中追索细石器生产过程中所必需的一些技术因素的来源。除此之外,当一种技术因素出现在一个文化时,它会体现在从剥片到石器成型的全过程。例如当压制技术成为细石器生产中的一种主要技术时,它不仅表现在压制细石叶方面,而且石器的修理也使用了压制技术,同样周口店人不仅用砸击技术生产石片,也用砸击技术修理工具。中国大多数遗址出土的石制品都用锤击法进行打片,也用锤击法修理石器。因此在判断一种文化是否具备某种技术因素时,不仅应当有一批典型标本,而且这种技术因素在石片打制到修理的各个环节都应该有所体现。按照这样的原则,塔水河遗址可能还没有生产细石器的完整技术,在下川文化和塔水河文化之间还存在一些缺环,换句话说,把塔水河文化作为细石器文化的源头还缺少证据。

第三节 细石器文化起源的环境背景

  如果说山西南部为中心的考古发现还不足以说明下川型细石

---

[1] 杜水生:《山西陵川塔水河石制品研究》,《考古与文物》,待刊。
[2] 王建、王益人:《下川细石核形制研究》,《人类学学报》1991年第1期。

器如何起源,那么细石器可能起源地在哪里呢?中国北方地区的地理环境包括西北沙漠区、黄土高原区和东部平原区,在第四纪期间尤其是晚更新世后期,随着全球气候变化引起季风环流的变化,不同地理单元的分布范围、植被类型、动物群发生了较大的变化,对古人类的生存、迁徙、交流都产生了重要的影响。仔细分析这一时期中国北方古地理环境的变化特点,也许会有一些启示。

(一) 黄土记录

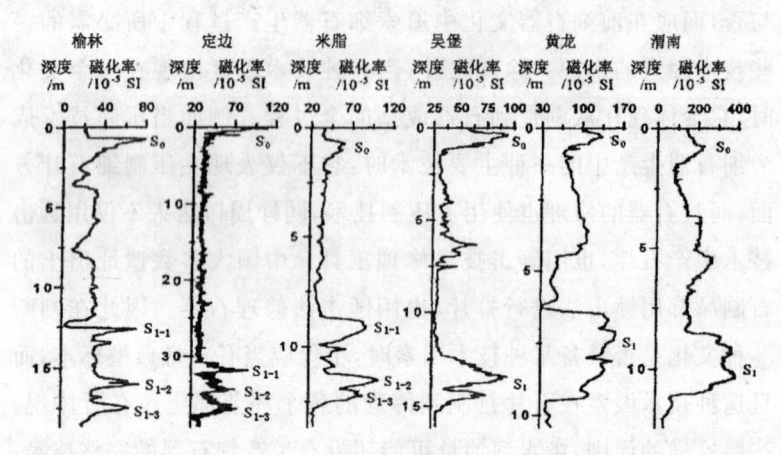

图6-3 近13万年来黄土磁化率曲线的空间对比(据孙继敏等,1997)

黄土在研究全球气候变化中被认为是和深海氧同位素、极地冰芯相并列的三种记录体,尤其在黄土—沙漠边界地区的黄土记录中,甚至保存了千年尺度的环境变化信息。根据对黄土高原近13万年来干湿气候的时空对比,近13万年来,最为显著的成壤期有6期,与这6个土壤期对应的时段也应是夏季风环流加强,气候温湿的时期;在空间上,全新世气候适宜期及末次间冰期中与深海氧同位素阶段 5a\5e\5c 对应的时期,夏季风足可以深入到毛乌素沙漠腹地,并具有占优势的环境效应。在阶段 3 早晚期及 5b 时期,夏季风虽然也能深入到沙漠—黄土边界带,但环境效应在黄土高原北部及毛乌素沙漠南缘已不再显著。在阶段2、阶段4及阶段3的中期,夏季风已不能深入到沙漠—黄土边界带[1]。

可以看出,在晚更新世晚期即阶段3和阶段2,黄土高原的环境变化在时间上可以划分为四个阶段,阶段3的早晚期气候相对湿润,阶段3的中期和阶段2气候则十分干冷。在空间上,阶段3在渭南表现为两层弱发育的古土壤中夹一层黄土,在黄龙和吴堡表现为一厚层古土壤,在米脂和定边已不见古土壤,而是黄土,而在榆林阶段3为黄土,阶段2和4为砂。

(二)动物群变化

在中国北方晚更新世的动物群也发现了不少材料,多数化石地点包含人类文化遗物,这些动物群也在不同程度上反映了当时当地的生态环境。

表6—3 中国北方晚更新世晚期含哺乳动物化石主要层位对比表[2]

时代 \ 地区	西北区		华北组	东北地区			内蒙东部
	新疆	陕甘宁		辽宁	吉林	黑龙江	
晚更新世晚期	坎苏组		虎头梁组	古龙山组	青头山组	群力组	扎赉诺尔组
			峙峪、山顶洞组	小孤山组	榆树组	顾乡屯组	
		乾县组	萨拉乌苏组、迁安组				

在华北地区,代表阶段3早期的萨拉乌苏动物群,共发现了8目30属36种,如诺氏古菱齿象、最后鬣狗、河套大角鹿等,占优势的是啮齿类和有蹄类,几乎占3/4,大部分适应干旱—半干旱气

---

[1] 孙继敏、丁仲礼:《近13万年来黄土高原干湿气候的时空变迁》,《第四纪研究》1997年第2期。

[2] 郑家坚、徐钦琦、金昌柱:《中国北方晚更新世哺乳动物群的划分及其地理分布》,《地层学杂志》1992年第3期。

表 6—4　黄土高原及其临近区晚更新世后期植被对比表 ①

年龄 Ka.B.P.	孢粉亚带	陕西洛川 Sun Jianzhong et al.,1995	陕西富县(何曼红,1993)	甘肃临夏(唐领余等,1991)	陕西岐山渭南阳郭(赵景波,1995)	渭南北庄(何曼红,1991)(孙建中,赵景波,1991)	萨拉乌苏许家窑(孔昭辰,1992)(孙建中,赵景波,1991)	北京女庄,1980 北京饭店,1982 周昆叔,1982	吉林榆树周家油坊 孙建中等,1985	哈尔滨黄山主沟,1985
10.2										
12	II c	蒿藜菊干草原	蒿菊藜草原		菊蒿草原	蒿菊草原		松栎蒿草原		
	b	蒿菊干草原12970±970(¹⁴C)	针阔叶林	铁杉冷杉针叶林		蒿干草原	柳蒿藜灌丛草原	云杉桉针叶林11850±200	蒿草高草原	荒漠
	a	蒿毛良草甸草原蒿藜草原	榛栎疏林草原蒿藜干草原	针阔混交林	菊蒿旬草原	蒿荒疏草原(¹⁴C)17710±400		蒿干草原17900±400(¹⁴C)		
晚	e	云杉松森林草原	云杉冷杉暗针叶林25060±1560 27570±1150(TL)	榛桦森林蒿藜菊森林蒿藜菊森林	榛蒿疏林草原朴桦栎桦针叶林云杉桉针叶林30930±3201⁴C	松云杉森林草原27640±600(¹⁴C)	落叶松云杉针叶林	松,冷杉针叶林29300±1350(¹⁴C)	桦那森林草原24110±800 26100±850 27530±500(¹⁴C)	云杉冷杉针叶林29840±1340 29840±1340 30000±700(¹⁴C)
更	I d		栎桦菊蒿疏林草原		榛蒿疏林草原					
新	c	蒿菊松森林草原31200±200(¹⁴C)			榛蒿森林草原		松栎桦疏林草原			
23	b									
世		蒿菊干草原	蒿菊干草原	菊蒿草原	菊枫杨阔叶林草原	蒿荒疏草原	蒿荒蒿草原		桦蒿干草原	桦蒿干草原
32										
36		臭椿栎榛疏林草原	臭椿栎榛疏林草原	蒿菊草原	栎枫杨阔叶林草甸草原	柳蒿藜灌丛草原草甸混交林	桦桦针阔混交林		桦林草原	水龙骨,高草原或草甸
54	I₁	松,云杉桦林草原40910±9300(TL)								

① 孙建中,何曼红,魏明健等:《黄土高原晚更新世的植被与气候环境》,《地质力学学报》1998年第4期。

候,也有一些森林或灌丛中喜湿性的栖居者。峙峪遗址共发现哺乳动物化石有 5 目 11 属 13 种,与萨拉乌苏动物群颇为类同,所不同的是未发现象类,而适应干旱的野马、野驴数量却十分可观,现今这两类动物的分布已向北偏移 10 度左右,看来峙峪遗址的气候较今天为冷。山顶洞遗址发现的哺乳动物化石有 8 目 37 属 42 种,其中食肉类占较大优势,动物群的性质比较复杂,既有生活在热带亚热带的林栖或林缘地带的种类,也有生活在混交林草地或边缘的种类以及生活在干草原的种类,反映了森林草原种类气温曾一度高于现今。

在东北地区主要是披毛犀—猛犸象动物群,这一动物群曾经发生过两次大规模扩散事件,第一次发生在距今 3.4 万—2.6 万年前(或可能略早),第二次发生在 2.3 万—1.2 万年前,真猛犸象的这两次南迁活动与气候变化相当吻合,第一次 3.5 万年相当于阶段 3 中期的降温事件,第二次则正值末次冰期的极盛期。可以看见,全球气候变化对动物群的繁衍、扩散等产生影响[①]。

(三) 植被演化

十多个剖面上孢粉组合的变化说明各地植被在演化规律上十分相似,说明它们同受全球气候变化控制,但在同一时期各地植被略有差异,这是由于局部自然环境差异所致,这一点和黄土—古土壤研究的结果可以互相印证。前期从距今 5.4 万—2.3 万年,气候相对温湿,在黄土高原、华北平原和东北平原均以云杉、松等暗针叶林为主,在东北地区和华北南部出现栎、桦等阔叶树林;后期

---

① 金昌柱、徐钦琦等:《中国晚更新世猛犸象(Mammuthus)扩散事件的探讨》,《古脊椎动物学报》1998 年第 1 期。

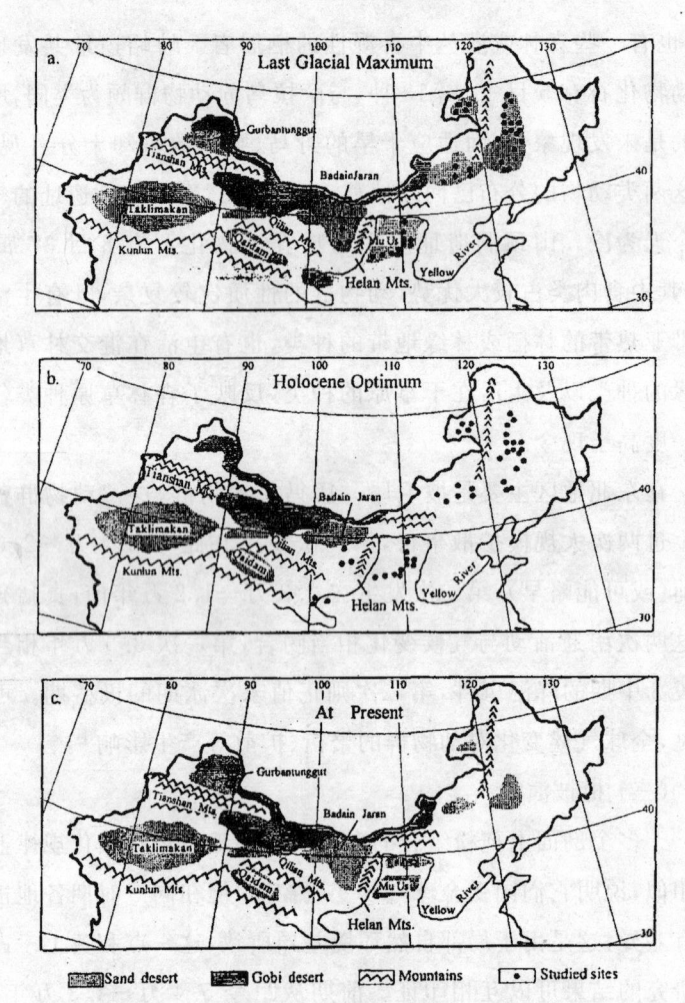

图 6-4　中国北方末次冰期极盛期、全新世大暖期、
现在戈壁—沙漠分布图(Zhongli Ding,1999)
a. 末次冰期极盛期　b. 全新世大暖期　c. 现代

即相当于阶段 2 从 2.3 万—1.0 万年气候干冷,以蒿、藜等干草原为主,在华北南部和东北平原在阶段 2 的后期出现过短暂针阔混

交林。其中前期又可以分三个阶段:从5.4万年到3.6万年气候中国北方主要是针阔混交林或疏林草原景观,从3.6万—3.2万年植被为干草原,从3.2万年到2.3万年植被由演变为针阔混交林或疏林草原景观①。

(四) 古地理格局的演变

晚更新世后期全球气候变化在中国北方古地理格局上引起了两个明显的变化:一个是西北沙漠的扩张;另一个是由于海平面的持续下降使东海大陆架露出海面成为陆地,对动物群和古人类的迁徙、交流造成影响。

中国北部沙漠在末次冰期极盛期扩展到最大,和全新世大暖期相比,除了西北地区外,在河套地区、东北地区都有分布,甚至比现在的分布范围还要大。考虑到现在沙漠边界线不仅受全球气候变化的控制,更重要的因素是受人类活动的破坏导致湿地减少、老沙新翻形成,和全新世大暖期的对比,更能体现末次冰期极盛期时由于沙漠的扩大对人类活动造成的影响②。如果说末次冰期极盛期时,沙漠的扩大对人类扩散造成了不利的因素,那么由于海平面下降所造中国大陆与日本列岛、北美之间陆桥的形成则有利于人类的迁徙,即便是在中国大陆,由于渤海湾已变为陆地,动物群从

---

① 孙建中、柯曼红、魏明健等:《黄土高原晚更新世的植被与气候环境》,《地质力学学报》1998年第4期。

② Zhongli Ding, Jimin Sun, Nat. W. Rutter, Dean Rokosh, Tungsheng Liu, "Change in Sand Content of Loess Deposits along a North-South Transect of the Chinese Loess plateau and the Implication for Desert Variations". *Quaternary Research*, 1999, 52: 56—62.

东北向山东半岛的迁徙也会更为便捷[①]。

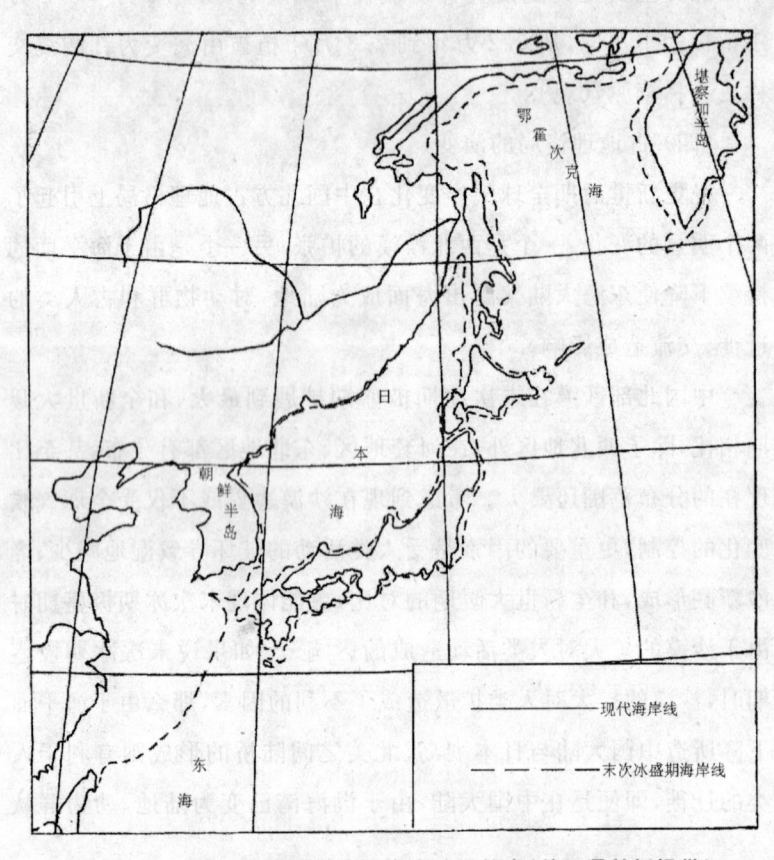

图 6—5 末次冰期极盛期中国海古地理轮廓(翦知湣教授提供)

---

① 谢传礼、翦知湣、赵鸿泉、汪品先:《末次盛冰期中国海古地理轮廓及其气候效应》,《第四纪研究》1996年第1期。

表6-5 中国北方旧石器时代晚期文化发展与环境变化

绝对年代（万年）	深海氧同位素阶段	文化分期	文化分区			主要环境变化事件
1.6—1.0	阶段2晚期	虎头梁文化期	下川型细石器文化		虎头梁型细石器文化	疏林草原或干草原/堆积黄土
2.3—1.6						干草原扩张/沙漠扩大/海平面下降/堆积黄土
3.0—2.6	阶段3晚	峙峪文化期	山西南部的细石器文化（？）	小石片—刮削器文化	西北地区的石叶文化	疏林草原或针阔混交林/黄土高原发育古土壤
3.5—3.0						干草原扩张/黄土
5—3.5	阶段3早期	萨拉乌苏文化期	小石片—刮削器文化			疏林草原和针阔混交林/黄土高原发育古土壤

根据上面的研究，我们可以看出，中国北方旧石器时代晚期文化发展的三个繁荣期和古地理环境的变化有着非常明显的对应关系。萨拉乌苏文化期对应于深海氧同位素阶段3早期，这一阶段正好是末次冰期第一个寒峰过后，北方地区由比较单一干草原环境演变为针阔混交林或疏林草原景观，以云杉、松等针叶林为主，

在东北地区和华北南部出现栎、桦等阔叶树林。峙峪文化期对应于阶段3晚期,从3.2万—2.3万年植被重新由干草原演变为针阔混交林或疏林草原景观。虎头梁文化期对应于冰后期,经过末次冰期极盛期后,环境又一次经历了由干草原向疏林草原的过渡。因此在末次冰期极盛期后繁荣昌盛的细石器工业的起源的时间段应该就在末次冰期极盛期。

从中国北方旧石器时代晚期发展谱系来看,探索中国北方地区细石器工业的起源不能仅仅局限在华北地区的小石器文化中,还需要在更广阔的文化背景中通过寻找细石器文化的技术因素,了解细石器工业的起源过程。

先从当时的古地理环境来看,在末次冰期极盛期时,中国北方的古地理环境变化有两个方面值得注意:一是由于海平面的下降,东海和渤海成为陆地;二是由于海岸线向东推移,水气资源很难深入到内陆地区,因此从西北到东北沙漠扩大。前者为当时古人类生存提供了一个空间,裸露出来的渤海和黄海由于接近海岸线,环境应该相对好一些,因此这一地区应当是末次冰期极盛期时人类活动相对频繁的场所,这一点已为古生物学的发现所证明[1];后者对人类活动的影响不仅表现在古人类难以在这一地区生存,而且他们在中国北部形成一个天然屏障,影响了和西伯利亚地区的文化交流。因此,揭开中国细石器工业起源的谜底不能不考虑这一现象。

再看末次冰期极盛期及早一阶段的文化背景。在深海氧同位

---

[1] 裴文中:《从古文化及古生物看中日的古交通》,《裴文中史前考古学论文集》,文物出版社1987年版,第192—196页。

素阶段 3,以水洞沟遗址为代表的旧石器文化中曾经出现发达的石叶技术。最近,类似的石器工业在东北地区也有发现[①],泥河湾盆地也有石叶工业的线索,虽然它们和细石器工业在时间上还有一定缺环,但从技术上来看,和细石器工业有更多的内在联系,因此我们需要弄清楚石叶工业进入中国北方后,在末次冰期极盛期的背景下,恶劣的环境变化是中断了还是促进了石叶工业在中国的发展以及与北方小石器文化的交流。

从目前发现的材料来看,石叶工业在中国的发展可谓"昙花一现",但如果考虑到当时人类活动最频繁的地区,现在已经被海水占据,冰盛期时与中国东部毗邻的日本列岛石叶技术曾经繁盛一时,这样的结论可能需要慎重斟酌。我们不妨先假设再求证:

大约在深海氧同位素阶段 3 晚期或者稍早,中国北方与邻近地区发生了文化交流,携带着石叶技术的人群开始出现在中国北方。他们在西北地区、东北地区甚至华北北部留下了自己活动的遗迹,但是随着末次冰期极盛期的来临,中国北方沙漠的扩张阻碍了他们与西北、华北地区的文化交流;同时由于海平面下降,中国东部裸露出来的渤海和黄海为他们的交流提供了新的活动舞台。大约在这个时期,由于频繁的迁徙,他们发明了一种全新的石器生产技术——细石器工艺,凭借这种技术它们适应了环境频繁而剧烈的变化。随着冰期的衰退,气候变得更加难以预测,海洋重新占据了原来的位置,他们开始离开这一地区,西部的华北平原、东部的日本列岛都可能是他们的去处。同时由于气候转暖,中国北方

---

① 陈全家、张乐:《吉林延边珲春北山发现旧石器》,《人类学学报》2004 年第 2 期。陈全家、王春雪、方启等:《延边地区和龙石人沟发现的旧石器》,《人类学学报》2006 年第 2 期。

的沙漠开始退缩,西伯利亚和华北、东北地区的文化交流渠道重新打通,一部分人群从西伯利亚迁徙到华北地区,在华北北部泥河湾盆地出现了虎头梁型细石器文化。

上面的描述不完全是推测,可以从两个方面得到佐证:(1)过去曾经有学者提出中国北方地区的细石器文化环渤海呈马蹄形分布,这多少暗示了细石器文化的源头可能在冰期时代的渤海湾[①]。(2)据对日本列岛细石器文化的研究,存在以楔形石核为代表的细石器文化从北海道向南扩散、以锥形石核为代表的细石器文化由南向北扩散的现象[②]。近年来在冀东地区和山东地区发现大量的细石器遗址,如能在年代学、技术工艺上深入研究这些文化,同时如条件允许开展和周边地区的国际合作,如在渤海和东海地区开展岛屿考古,想必会为最终解决这个问题提供坚实的证据。

---

① 谢飞:《河北旧石器时代晚期细石器文化遗存的分布及在华北马蹄形分布带中的位置》,《湖西文化研究》第 14 辑,1996 年版。

② 九州旧石器文化研究会:《九州の细石器文化——细石器文化的开始和编年研究》,九州旧石器文化研究会,1997。Chen Chun and Wang Xiang-qian, "Upper Paleolithic Microblade Industries in North China and Their Relationships with Northeast Asia and North American", *Arctic Anthropology*, Vol. 26, 2, pp. 127—157. 1989.

结　　语

　　根据目前发表的考古资料和多学科研究的成果，华北北部的旧石器文化可以划分为东谷坨文化期、周口店文化期、许家窑文化期、爪村文化期、峙峪文化期和虎头梁文化期六个阶段。虽然每个阶段都有其标志文化进步的特征，如用火的发明、专门化工具的出现、骨角器和艺术品的使用以及细石器工业的繁荣。但从石制品来看，本区旧石器文化可以划分为两种技术类型，一是以小石片—刮削器为特征的旧石器工业，从东谷坨文化期一直延续到峙峪文化期；一是细石器工业，在虎头梁文化出现。

　　关于小石器文化成因其实包含两方面的含义：一是和华北南部、华南地区相比，华北北部为什么在长达 100 多万年的发展历程中一直保持小石片—刮削器为特征的旧石器文化；另一个是和非洲、西亚和欧洲的旧石器文化相比，为什么会缺失模式 II、III、IV 技术。

　　对于第一个问题，笔者认为石料是华北北部保持小石片—刮削器文化的主要原因，其中两类石料在区域文化形成中占有重要地位：一是脉石英，周口店地点群、辽宁东部的金牛山、鸽子洞、小孤山、山西北部的许家窑、峙峪、神泉寺等重要遗址都以脉石英为主要石料；二是隐晶硅质岩，主要分布在泥河湾盆地东部。虽然这两种石料表面特征迥异，但力学性质很相似，打击后很容易粉碎性破裂,难以剥取大型石片,这是本区旧石器文化中大型工具缺失的主要原因,有些遗址如庙后山、周口店第1地点早期文化,在原料合适的情况下,也能生产大型工具。

由于对石料的特性认识不足,在中国旧石器文化研究历史上曾引起一些关于文化进步与原始的激烈争论。对周口店第1地点文化性质的争论主要由于对脉石英以及砸击技术的认识不足,对小长梁文化性质的认识是对隐晶硅质岩的破裂特征了解不够,近年来,有的学者对东谷坨文化的文化性质提出了新的认识,笔者认为充分认识石器原料的最初形态对剥片技术的影响有助于解释这一文化现象。

对第二个问题,笔者认为形成中西间文化差异的原因十分复杂,根据目前的材料用任何单一原因来解释都很难自圆其说,不过石器原料、文化交流障碍以及人类演化过程中的地区差异可能是形成中西文化差异的几个主要原因。

关于细石器工业的起源,有外来说和本土起源说两种观点。笔者首先从解剖细石器工业中楔形石核这一关键性的石制品入手,将细石器工业划分为两种类型即虎头梁型和下川型。虎头梁型先修理楔状缘后确定台面,下川型先确定台面后修理楔状缘。通过比较两种楔形石核所代表的细石器工业的文化特征、地理分布,认为虎头梁型细石器文化起源于西伯利亚一带,而下川型起源于华北地区。其次,通过对中国北方旧石器时代晚期文化的分期分区研究,认为下川型细石器文化和小石器文化之间仍存在比较大的缺环,说下川文化起源于小石器文化仍然缺乏直接证据。最后通过对旧石器时代晚期环境背景的研究,认为下川型细石器文化的起源地可能在末次冰盛期,而冰期时代的东海大陆架可能是当时人类活动的中心区域。

研究人类行为是近年来学术界的新方向。笔者通过对华北北部小石器文化选择石料产地的研究认为,从东谷坨文化期到虎头梁文化期,人类选择石料的行为方式最大的变化发生在虎头梁文化期。

在本区旧石器文化发展过程中,周口店第1地点中砸击技术的繁盛与衰落,无疑是一个很重要的文化现象,通过对直立人和早期智人在行为特征上的比较,结合全球环境变化对人类行为的影响,笔者认为,直立人和早期智人在适应环境能力方面的差异以及倒数第二次冰期的来临,是直立人及其使用的砸击技术退出历史舞台的主要原因。

后　记

　　1997年作者十分荣幸地考入北京大学考古文博学院，师从著名考古学家吕遵谔先生从事旧石器时代考古学研究，从入学的那天起，导师就鼓励我探索中国旧石器文化中石器原料与文化发展的关系。

　　2000年我又十分幸运地进入中国科学院地质与地球物理研究所跟随导师丁仲礼院士从事环境考古研究。他严谨的治学方法，对我影响很大。我开始尝试吸收环境学的最新研究成果来探索所涉及的考古学问题，并把研究题目分解为若干小问题逐一进行研究，本书中的许多章节就是在这样一种思想的指导下逐渐完成并发表。在投稿的过程中，吸收了《人类学学报》、《考古学报》、《华夏考古》、《考古与文物》、《东南文化》等编辑部提出的许多宝贵意见。

　　本书的完成，作者要感谢许多前辈学者和同行无私的帮助与鼓励。中国科学院古脊椎动物与古人类研究所的张森水、黄慰文、李炎贤、林圣龙、卫奇、张银运、邱中郎、高星、侯亚梅研究员，北京大学的夏正楷、黄蕴平、王幼平、孙元林教授、马军博士，中国科学院地质与地球物理研究所的熊尚发、杨石岭博士分别在旧石器考古、地质地貌、古人类学、黄土、岩石学等方面给予许多帮助，使我获益匪浅。笔者尤其感谢李炎贤教授，正是听从了他的建议，我把研究范围确定在以泥河湾和周口店为中心的华北北部。

作者还要特别感谢河北省文物局谢飞研究员和山西省考古研究所陈哲英研究员。1998年笔者在泥河湾盆地实习时，对泥河湾盆地的旧石器考古尚知之甚少，谢飞研究员带领我们参观、讲解，并惠允我观察了河北省文物研究所藏的全部标本，使我认识了泥河湾盆地在中国旧石器考古中的意义。为了增加对小石器的认识，山西省考古研究所的陈哲英研究员允许我整理了塔水河和神泉寺遗址的全部标本。石金鸣、王益人研究员让作者观察了下川遗址和他们在泥河湾盆地新发现的全部标本。如果没有他们的帮助，无法想象我的研究工作将如何开展。

考古工作需要多方协作才能完成。河北省文物研究所李珺、梅惠杰，阳原县文管所所长成胜泉及关惠、高文太、白日有、白润安等，师妹刘丽红、孙秀丽，周口店遗址管理中心的张双全等都曾经给予作者许多帮助，作者谨向他们表示诚挚的感谢！

作者还要感谢家人对我的支持。在论文的写作过程中，妻子杜钧女士不仅承担了大量的家务劳动，书中的部分插图也由她清绘，作者十分感谢她为本书出版所付出的努力。

由于作者水平有限，近年来已脱离了考古工作的第一线，文中一定有不少错误和不当之处，欢迎读者批评指正。